DIE PÄPSTE

Ihr Leben im Laufe der 2000 jährigen Geschichte

TEXT
Antonino Lopes

Fotografie: Gianfranco Crimi

FUTURA EDIZIONI

Titel des Originals: “I Papi”

Übersetzung: besorgt von Raffaella Ciufo
Johannes Paul II und Benedikt XVI: Helmut Schulze

Die Fotos der Päpste wurden von den Mosaiken
der Basilica San Paolo reproduziert

Die Fotos pagina 105, 106-107, 108-109, 111, 113, 115, 117.0 Osservatore Romano

116, 118, Gianfranco Crimi.

Umschlagbild: Osservatore Romano

00156 ROMA - Via Costantino Mortati, 130
Tel. 06/41218931 - Fax 1786004690
futured@tiscali.it

VORWORT

Die Päpstliche Verwaltung, der der Schuts der Patriarchalbasilika St. Paul anvertraut ist, hat die vorliegende Veröffentlichung mit der Absicht gefördert, die in ihr enthaltenen Werke von künstlerischem und historischem Wert bekannt zu machen.

Mit diesem Buch wird beadsichtigt, das einzigartige Charakteristikum hervorzuheben, das die Paulinische Kirche von jeder anderen Kirche unterscheidet, nämlich eine ununterbrochene Reihe von Medaillonen, die "in Öl gemalt" und dann in Mosaiken realisiert wurden.

Sie stellen die Gesichter der Päpste, die sich von Petrus bis zum gegenwärtigen Heiligen Vater bei der Führung der Kirche abwechselten, dar.

Die Pilger, welche die Basilika besuchten, haben immer eine rege Neugier gegenüber dieser eigentümlichen Reihe von Tondi gezeigt.

Jedoch ermöglicht ihre Position oberhalb der ersten Ordnung der Schiffe und des Transpetes keinen bequemen Anblick.

Dieses mit Fertigkeit geschriebene Buch bietet dem interessierten Leser eine historische Kurzbiographie jedes Papstes, die mit einer entsprechenden Reproduktion seines Abbildes und seines Wappens ergänzt wird.

Man hofft, daß diese Veröffentlichung, die für ein breites Publikum konzipiert worden ist, dazu beitragen kann, die im Paulinischen Gebäudekomplex auf der Via Ostiense in Rom aufbewahrten und von der UNO als "Kulturgut von universalem Wert" anerkannten Kunstschätze besser zu schätzen.

Von diesem heiligen Tempel aus, der das Andenken des Völkerapostels, des unvergleichlichen Lehrers des mystischen Leibes Christi - der die Kirche ist - bewahrt und überliefert, wird sich eine immer tiefere Kenntnis der Kirche, seiner Einrichtungen und seiner Heiligen verbreiten.

1. HL. PETRUS

Simon, dem Jesus den Beinamen Cefa, d.h. "Fels" gab, was auf Lateinisch Petrus bedeutet, stammte aus Bethsaida in Galiläa. Mit diesem Namen wurde er von Jesus dazw ernannt, das feste Fundament der Kirche zu bilden. Er war von Beruf Fischer und Jesus verwandelte ihn in einen "Menschenfischer", indem er ihm die Macht zu "binden und lösen übertrug und "die Schlüssel des Himmelreiches" in seine Hände legte. Das Heil, das Christus auf die Erde gebracht hat, geht durch die Hände Petri und von ihm weiter an seine Nachfolger und an die Kirche. Schließlich vertraute ihm Christus seine Herde an, damit er sie nährte. Diese Rolle des Primates wurde seit dem Altertum von allen Kirchenvätern immer unbestritten gebilligt, wenn auch Diskussionen und andersgesinnte Stimmen nicht fehlten. Petrus führte den Vorsitz des ersten Konzils in Jerusalem (im Jahre 49), während dessen es einen lebhaften Gedankenaustausch mit dem Heiligen Paulus gab und wo erklärt wurde, daß das Heil Jesus auch an die Nichtjuden (die Heiden) und nicht nur an die Juden gerichtet sei. Die Lehre des Petrus, die sein Gedenken an Jesus darstellt, wurde im Markusevangelium überliefert. Ihm wird ein Brief an die ersten Christen zugeschrieben, in dem er sie dazu ermunterte, ein frommes Leben unter den Heiden zu führen und dem Beispiel von Jesus im Hinblick auf das Leiden und die Verfolgungen zu folgen. Es wird ihm ein zweiter Brief zugeschrieben, der jedoch fast sicher nicht von ihm stammt, obwohl die Begriffe und die Worte von ihm sein könnten. Seine Anwesenheit in Rom sowie sein Martyrium werden von vielen Vätern wie Irenäus, Clemens von Alexandrien, Ignatius von Antiochien bezeugt. Origenes überliefert uns, daß Petrus zur Zeit Neros sein Martyrium erlitt, indem er mit dem Kopf nach unten gekreuzigt wurde. Er wurde auf dem vatikanischen Hügel, neben dem Zirkus von Caligula und Nero, wo sich heute die ihm gewidmete Basilika erhebt, begraben. In der Vergangenheit wurde mehrmals bezweifelt, daß das Grab, auf dem Konstantin die Basilika errichtete, tatsächlich jenes des Apostels Petrus war. Neuliche archäologische Studien haben mit wissenschaftlicher Genauigkeit die Wahrhaftigkeit dessen nachgewiesen, was die Kirche seit immer aus Tradition geglaubt hat, d.h. daß Petrus unter der vatikanischen Basilika ruht.

2. HL. LINUS (67-76)

Er wurde in Volterra geboren. Er war der Erste, der das Erbe des Heiligen Petrus in einer noch im Untergrund tätigen und sich noch herausbildenden Kirche übernahm. Er stellte sich gegen die Lehre Menanders, eines Schülers von Simon Magus, der das Christentum bekämpfte, indem er ihm die Kraft, Wunder zu erwirken, nicht anerkannte. Wahrscheinlich ernannte er die ersten fünfzehn Bischöfe, die die Sakramente austeilten und eine Kontrollfunktion über mehrere christliche Gemeinden ausübten. Presbyter und Diakone halfen den Bischöfen bei der Abhaltung der religiösen Feiern und bei der Armenfürsorge. Er verfügte, daß die Frauen nur mit bedecktem Haupt die heiligen Orte betreten und den Gottesdiensten beiwohnen konnten. Während seines Pontifikates wurden die Evangelisten Markus und Lukas gemartert (70). Linus erlitt den Märtyrertod im Jahre 76. Er wurde neben dem Heiligen Petrus, in der ersten vatikanischen Begräbnisstätte, beigesetzt. Seine Existenz gilt als sicher jemand hat seine Wahl zum Papst in Zweifel gezogen. In der Tat ist für Tertullianus nicht Linus der Nachfolger des Heiligen Petrus, sondern Cletus.

3. HL. CLETUS oder ANACLET (76-88)

Er wurde in Rom auf dem Hügel Esquilin geboren. Beide Namen beziehen sich auf dieselbe Person. Dieser Fehler hat sich über Jahrhunderte fortgesetzt, jedoch ist dieses Mißverständnis nun geklärt. Unter seinem Pontifikat hat Domizianus die 2. Verfolgung der Christen ausgelöst, da diese nicht zum Wiederaufbau des von einem Brand zerstörten Jupitertempels beitragen wollten. Er erließ Anweisungen für die Bischofsweihe und er schrieb Normen für die Bekleidung der Geistlichen vor, indem er ihnen verbat, sich Bart und Haare wachsen zu lassen. Er ließ eine kleine Ädikula auf dem Grab des Heiligen Petrus erbauen, die der erste Kern war, auf dem Konstantin im Jahre 324 die erste große dem Prinzen der Apostel gewidmete Basilika errichten ließ. Cletus starb als Märtyrer im Jahre 88 und wurde neben dem Heiligen Petrus begraben.

4. HL. CLEMENS (88-97)

Clemens wurde in Rom in der Nähe des Koloseums geboren. Er war einer der Ersten, die vom Heiligen Petrus die Taufe empfingen. Während der Herrschaft des Kaisers Nerva genossen die Christen eine Periode des Friedens. Die Dinge änderten sich mit Trajan, der das Christentum als die Plage der Menschheit betrachtete. Er verfolgte sie jedoch nicht offen, sondern legte fest, daß sie, falls denunziert, verurteilt werden mußten. Zusehends begann man Clemens, eine starke und angesehene Persönlichkeit, mit Mißtrauen zu betrachten. Nerva schickte ihn in den Pontus ins Exil (97), wo er seine Tätigkeit der Evangelisierung fortsetzte. Einige Jahre danach, zu Zeiten Trajans, wurde er aufgefordert, den Göttern Opfern darzubringen. Auf seine Verweigerung hin, wurde er zum Tode verurteilt. Man schrieb das Jahr 1OO. Gemäß der Geschichte wurde Clemens mit einem an seinem Hals befestigten Anker ins Meer geworfen. Aber sein Körper wurde wie durch ein Wunder wieder aus dem Wasser gefischt und in Chersones (Krim) begraben. Von dort wurde sein Leib im Auftrag von Nikolaus I. (858) und mit Hilfe der Heiligen Cosmas und Damianus nach Rom überführt und an dem Ort begraben, an dem heute die ihm gewidmete Basilika steht. Clemens führte als Erster die liturgischen Paramente für die religiösen Feiern und den Gebrauch des Wortes "*Amen*" ein. Er ernannte sieben Notare, einen für jeden Kirchenbezirk Roms, die den Auftrag erhielten, Angaben über die Christen, die das Martyrium erlitten, zu sammeln, niederzuschreiben und zu archivieren. Er kann als der erste Papst, der abdankte, betrachtet werden, auch wenn er dazu von externen Faktoren gezwungen wurde.

5. HL. EVARISTUS (97-105)

Er wurde in Palästina als Sohn jüdischer Eltern geboren, die ihn in Antiochien, in Griechenland, unterweisen ließen. Er vertrat Clemens während seines dreijährigen Exils auf der Krim. Danach wurde er zum Papst gewählt. Die Christengemeinde dehnte sich aus und es wurde nötig, sie zu unterteilen, um sie besser führen und betreuen zu können. So entstanden die Pfarren oder *tituli*, an deren Spitze alte Presbyter gestellt wurden, die in der Folge Kardinäle (d.h. *Angeln* der Organisation) genannt wurden. Das ist wahrscheinlich der Ursprung des Kardinalskollegiums. Er führte auch eine Gruppe von sieben Diakonen ein, die die Aufgabe hatten, die Worte des Papstes niederzulegen, um Mißverständnisse über seine Aussagen zu vermeiden. Die gesamte offenbarte Wahrheit war noch nicht vollkommen kodifiziert und es erforderte eine ständige Arbeit der Verbesserung und Berichtigung. Evaristus wurde im Jahre 1O5 gemartert und - gemäß Tradition - neben dem Heiligen Petrus begraben.

6. HL. ALEXANDER (105-115)

Er wurde in Rom im Viertel S. Lorenzo geboren. Er war eine gebildete und erleuchtete Person, Schüler von Plutarch und Plinius dem Jüngeren. Es scheint, daß er zum Zeitpunkt seiner Wahl nur zwanzig Jahre alt war. Bei dieser Gelegenheit wurde anstatt der testamentarischen Ernennung des Schülers durch den Meister ein Wahlsystem verwendet. Seine missionarische Tätigkeit mußte wohl von großer Wichtigkeit und einschneidend gewesen sein, wenn man ihm die Bekehrung einiger hervorragenden Persönlichkeiten zuschreibt, wie jene des Präfekten von Rom, Hermes und seiner ganzen Familie - weswegen dieser verhaftet wurde -, jene des Tribunen Quirinus, seiner Tochter Balbina und vieler anderen wichtigen Persönlichkeiten. Er führte einige Änderungen ein und erweiterte den Messeritus; er führte den Gebrauch des Weihwassers in den heiligen Stätten und in den Häusern ein und schrieb vor, daß die zu weihende Hostie aus ungesäuertem Brot sein mußte. Er wurde auf der Via Nomentana gemartert und danach in der der Heiligen Sabina gewidmeten Kirche begraben.

7. HL. SIXTUS (115-125)

Er wurde in Rom geboren und stammte aus der Familie Elvidia. Er setzte das Werk seiner Vorgänger auf dem Gebiet der Organisation der kirchlichen Struktur fort; so bestimmte er unter anderem, daß ein Bischof - bevor er seinen Sitz übernahm - ein Begleitschreiben des Papstes vorzeigen mußte. Er schickte den Bischof Pellegrinus nach Gallien, um einige Gebiete, in denen die römische Zivilisierung noch ungenügend verbreitet war, zu bekehren. Er regelte einige Messeriten und schrieb vor, daß die kirchlichen Geräte nur von den Presbytern berührt werden durften. Ihm werden die Einführung des dreimaligen Singens des *Sanctus* während der Messe, zwei apokryphe Briefe über die Glaubenslehre der Dreifaltigkeit sowie das Primat der römischen Kirche zugeschrieben. Es scheint, daß einige Meinungsverschiedenheiten mit der asiatischen Kirche auf ihn zurückgehen. Nach dem Martyrium wurde er nach dem Willen von Paschalis I. neben dem Heiligen Petrus begraben. Tausend Jahre danach verlangten die Grafen von Alife von Benevent seine leiblichen Überreste. Innozenz II. (164) gab seine Einwilligung. Es wird erzählt, daß während der Reise das weibliche Maultier, das die Urne trug, nicht weiter gehen wollte, als es sich in der Gegend von Alatri befand. Die Bevölkerung dieser kleinen Stadt nahm die heiligen Überreste bei sich auf und begrub sie auf der Akropolis, wo sie sich noch heute befinden.

8. HL. TELESPHORUS (125-126)

Es wurde in Kalabrien in einer griechischen Familie geboren und führte für lange Jahre ein Einsiedlerleben. Er wurde in einem Moment zum Papst gewählt, in dem viele Häresien in Rom verbreitet waren. Die gefährlichste war die der *Gnostiker*, die während einer zwanzigjährigen Tätigkeit von Valentinus verbreitet wurde. Sie war auf der Idee begründet, daß, um auf eine immer reinere Weise an das Göttliche zu denken, es nötig war, dieses völlig getrennt vom Menschen und von der Welt, wie Gott von der Hölle, darzustellen. Diese Idee wurde von magischen Handlungen auf die Art von Simon Magus begleitet. Er setzte die organisatorische Arbeit der Kirche fort, indem er einige Normen festlegte. Er schrieb das Fasten und die Buße während der sieben Wochen vor Ostern vor und legte somit den Grundstein für eine noch heute lebendige Tradition in der christlichen Welt. Weiters legte er fest, daß die Presbyter während der Nacht vor dem Weihnachtsfest drei Messen zelebrieren durften. Von ihm wurde auch das "*Gloria in excelsis Deo*" am Anfang der Messe ein geführt, das wahrscheinlich von ihm selbst komponiert wurde. Nach seinem Martyrium wurde er neben dem Grab des Heiligen Petrus beigestzt.

9. HL. HYGINUS (136-140)

Er wurde in Athen geboren. Er wurde als ein Philosoph angesehen und er benahm sich als solcher während seines Pontifikates, besonders im Kampf gegen die Gnostiker. Im besonderen hatte er gegen Kerdon zu kämpfen, der die Gültigkeit des Alten Testamentes und eines Teiles des Lukasevangeliums bestritt. Er traf Anordnungen, die die Herausbildung einer Priesterhierarchie regeln sollte. Diese Maßnahme erwies sich angesichts der Ausbreitung der Christengemeinden als notwendig. Er verfügte die Anwesenheit eines Taufpaten und einer Taufpatin während der Taufe der Kinder, um sie im christlichen Leben zu führen und zu unterweisen. Er schrieb vor, daß die Kirchen gewidmet werden mußten. Sein Pontifikat war von Verfolgungen gekennzeichnet. Wahrscheinlich wurde er in einer dieser Verfolgungen gemartert. Er wurde neben dem Grab des Heiligen Petrus beigesetzt.

10. HL. PIUS (140-155)

Er wurde in Aquileia im Friaul geboren. Im Vergleich zu anderen muß die Dauer seines Pontifikates als lang angesehen werden. Einige Historiker führen die Entscheidung und die Wahl des Osterdatums auf ihn zurück, das auf den ersten Sonntag nach dem Vollmond im März fallen mußte. Andere Forscher schreiben es seinem Nachfolger, dem Heiligen Anicetus, zu. Er bekämpfte die Häresie des Gnostikers Markion. Indem er sich am Gedanken des Heiligen Justinus inspirierte, der im "Dialog mit Thryphon" seinen Ausdruck fand, legte Pius die Vorschriften für die Aufnahme der zum Christentum bekehrten Juden fest. Ihm schreibt man eine besondere Strenge gegen die Lockerung der Sitten, speziell seitens der Presbyter, zu. Unter seinem Pontifikat wurde der hl. Justinus geköpft. Gemäß der Tradition starb auch Pius als Märtyrer und wurde neben dem Grab des Heiligen Petrus beigesetzt.

11. HL. ANICETUS (155-166)

Er wurde in Syrien geboren und kam als Mitarbeiter des Heiligen Justinus nach Rom, um gegen die Häretiker zu kämpfen. Er setzte wieder das Dekret des hl. Anaclet (3. Papst) in Kraft, das die Weihe der Bischöfe und die Bekleidung der Presbyter zum Gegenstand hatte: keinen Bart und keine langen Haare und ein strengeres Verhalten. Er bestätigte, daß das Osterfest an einem Sonntag zelebiert werden mußte, trotz der gegenteiligen Meinung des Heiligen Polykarp, der für sich das Recht beanspruchte, der eigenen, vom Evangelisten Johannes übernommenen Tradition folgen zu können. Im Falle Polykarps bestand Anicetus nicht darauf, noch versuchte er ihn davon abzubringen. Irenäus erzählt, daß die beiden aus Respekt darauf verzichteten, sich gegenseitig zu überzeugen und sie gingen in Frieden auseinander. Auf diese Weise wurde ein Schisma vermieden. In dieser Periode hatte eine weitere Häresie großen Erfolg: der Montanismus. Seine Anhänger bildeten sich ein, eine direktere göttliche Inspiration zu besitzen. Unter den Andachtsübungen dieser Häresie gab es eine Form geistlicher Askese, die von hysterischen Äußerungen begleitet war und die staatsfeindliche Merkmale besaß, was dazu beitrug, die Christen in den Augen der kaiserlichen Macht in ein schlechtes Licht zu stellen. Dies brachte Verhaftungen, Prozesse und einige Verurteilungen mit sich. Viele Christen erlitten das Martyrium, wie Polykarp und derselbe Anicetus.

12. HL. SOTER (166-175)

Er wurde in Fondi (Latium) geboren, jedoch sein Vater war griechischer Abstammung. Er bekämpfte verschiedene Häresien wie die montanistische, nikolaitische, die adamitische, die gnostische ...In jener Periode nahm in Korinth eine heftige Verfolgung gegen die Christen überhand. Soter schickte materielle Hilfe und den Trost des Glaubens. Sein großzügiges und barmherziges Handeln wird in einem Dankschreiben, das der Bischof von Korinth, Dionysius, an die römische Gemeinde schickte, gelobt. Zugunsten der Christen erhob sich die einflußreiche Stimme des athenischen Philosophen Athenagoras, der dem Kaiser Mark Aurel schrieb und danach auch Commodus, um die Einstellung der Verfolgungen zu verlangen. Soter war der Erste, der der Heirat den Charakter eines Sakramentes gab. In der Tat wurde eine nicht von einem Presbyter gesegnete Ehe, als ungültig betrachtet. Er verbat den Frauen während der religiösen Zeremonien, Weihrauch zu verbrennen sowie den Hostienteller und den Kelch zuberühren. Diese übertrieben strenge Haltung gegenüber den Frauen ist der besonderen Situation zuzuschreiben, die mit den sogenannten "sinisacte" entstand. Diese Frauen waren Jungfrauen, darunter auch junge, die mit den Presbytern zusammen wohnten, um ihnen zu helfen. Dadurch wurden Mißverständnisse verursacht und es kam manchmal auch zu Skandalen. Es ist nicht sicher, ob er ein Märtyrer war und man weiß auch nichts Genaues über seine Beisetzung.

13. HL. ELEUTHERUS (175-189)

Er wurde in Nikopolis in Epirus geboren. Er war Schüler von Papst Anicetus, dem er während seines Pontifikates als Diakon diente. Er schickte Phokatius und Damianus nach England, um die dortige Bevölkerung auf Verlangen des Königs Lucius zu bekehren. Er dispensierte die Christen von der Verpflichtung, einige aus dem Judaismus kommende Ernährungsvorschriften zu befolgen. Während seines Pontifikats gingen die Verfolgungen, die Mark Aurel entfesselt hatte, weiter, da der Kaiser von der staatsfeindlichen Haltung der montanistischen Sekte, mit der die Christen verwechselt wurden, verärgert war. Um zu beweisen, daß sie nichts damit zu tun hatten, mußten die Christen nicht weniger als vier Apologien an den Kaiser richten. Ein berühmtes Opfer jener Jahre war die Heilige Cäcilie, die sich der Bekehrung ihres Verlobten Valerianus zum Christentum schuldig gemacht hatte. Unter dem Sohn Mark Aurels, Commodus, gab es für die Christen eine Periode relativen Friedens. Eleutherus starb als Märtyrer.

14. HL. VICTOR (189-199)

Victor war Afrikaner. Seine Regierungszeit als Papst fiel in eine ruhige und für das Christentum günstige Periode, was dem Einfluß und der Protektion zweier Frauen, nämlich Marcia und Julia Domna zu verdanken war. Die eine war die Gattin von Commodus und die andere die von Septimius Severus. Seine Tätigkeit konnte deshalb der Lösung einiger wichtigen Probleme zugewandt werden. Um den Gnostizismus und andere häretische Abweichungen, die sich zunehmend verbreiteten, zu bekämpfen, berief er im Jahre 198 ein Konzil ein. Das Konzil stellte eine gute Gelegenheit dar, um religiöse und disziplinäre Streitfragen zu beenden und zu lösen. Victor tendierte dazu, anderen Kirchen die Lehre Roms aufzuzwingen, anstatt diesen Ratschläge zu geben. Dadurch wurde manchmal bei Bischöfen, die nicht geneigt waren, solche Diktate zu akzeptieren, Unwille erregt. Dies geschah im Falle von Polykrates, Bischof von Ephesus, der sich von dieser Einmischung beleidigt fühlte. Es handelte sich immer um das Osterfest. Victor bestätigte die Entscheidungen von Soter und Eleutherus sowohl in bezug auf das Datum, das auf einen Sonntag fallen mußte, als auch im Hinblick auf einige aus dem Judaismus herrührende Bräuche, die in einigen christlichen Gemeinden noch gepflegt wurden, wie zum Beispiel das Verzehren des Osterlammes bei Tisch. Um diese Bräuche zu eliminieren und um die religösen Riten aller Kirchen zu vereinheitlichen, wurde Polykrates von Victor mit der Einberufung eines Konzils beauftragt. Gemäß den Schlußfolgerungen des Konzils dürfte jeder seine eigenen Rituale und Gewohnheiten verfolgen. Polykrates rechtfertigte sich vor dem Papst mit einem Brief, in dem er unter anderem erklärte: "... man muß mehr Gott als den Menschen gehorchen". Im Laufe der Zeit passten sich alle Kirchen an.

15. HL. ZEPHYRINUS (199-217)

Er war Römer. Eine der ersten Handlungen seines Pontifikates bestand darin, Calixtus als seinen Sekretär und Verantwortlichen für die Verwaltung der der Gemeinde gespendeten Güter zu ernennen. Im besonderen beauftragte er ihn, den Friedhof, der nach ihm benannt ist, neu zu gestalten. Auf diese Periode geht das ständige Erscheinen der Aureole rings um das Haupt der Engel, der Heiligen und der Jungfrau Maria in den Darstellungen zurück. Bereits im Altertum wurde dieses Zeichen als Ehrensymbol benützt. Zephyrinus sprach sich zugunsten der Unauflöslichkeit der Ehe aus und verteidigte den Ritus der Taufe gegen einige Entartungsversuche. Zephyrinus war ein Mann großer Tugend, der sich jedoch auf dem Gebiet der Lehre und der Bildung keineswegs auszeichnete, so daß er von Hippolyt, einem scharfsinnigen christlichen Theologen, beschuldigt wurde, ungebildet zu sein und wenig entschlossen gegenüber der monarchianischen Häresie aufzutreten. Das Thema war die trinitarische Formel, d.h. ob der Vater und der Sohn dieselbe Person waren und wer sich demzufolge wieder verkörperte. Zephyrinus erlitt das Martyrium unter Caracalla. Seine sterblichen Überreste sind heute in der römischen Kirche S. Silvestro in Capite aufbewahrt.

16. HL. CALIXTUS (217-222)

Er wurde in Rom als Sohn der adeligen Familie der Domitier geboren. Nach einem ungestümen und sicherlich nicht erbaulichen Leben, während dessen er wegen Gemeinvergehen auch eingekerkert und ins Exil geschickt wurde, änderte Calixtus schließlich seine Haltung, so daß ihn Papst Zephyrinus zu seinem besonderen Sekretär ernannte. Gleichzeitig mit Calixtus wurde auch Hippolyt gewählt, der von einigen Bischöfen und Presbytern unterstützt wurde und der folglich der erste Gegenpapst der Geschichte war. Die Meinungsunterschiede mit Calixtus waren äußerst heftig und betrafen die kirchliche Disziplin. Hippolyt warf Calixtus vor, zu weich zu sein. Von sich selbst behauptete er, ein Nachfolger der Apostel zu sein und gleichzeitig an der Gnade der höchsten Priesterwürde teilzuhaben. Die von ihm gegründete Gemeinde dauerte eine Zeitperiode, die den Pontifikaten der drei Päpste Calixtus, Urban und Pontianus entspricht. Nachdem er zusammen mit Papst Pontianus nach Sardinien ins Exil geschickt worden war, starb er im Jahre 235. Vor seinem Tod versöhnte er sich wieder mit der Kirche, die ihn unter seinen Heiligen aufnahm. Calixtus ließ die nach ihm benannten Katakomben bauen, in denen 46 Päpste und über 170.000 Märtyrer begraben wurden. Ihm verdankt man auch den Bau der Basilika S. Maria in Trastevere, die reich an Mosaiken ist und die die erste der Jungfrau Maria gewidmete Kirche war. Calixtus starb als Märtyrer während eines gegen die Christen gerichteten Aufruhrs und wurde im Friedhof von Calepodio auf der Via Aurelia begraben.

17. HL. URBAN (222-230)

Über ihn gibt es keine sichere Angaben. Vielleicht wurde er in Rom geboren. Er war Papst unter Alexander Severus in einer ziemlich ruhigen Periode für die Christen, welche von Julia Mamea, der Mutter des Kaisers, die - wie es scheint - Christin war, beschützt wurden. Ihm verdankt man die Bekehrung der Heiligen Cäcilie, ihres Mannes Valerianus und ihrer Schwäger Maximus und Tiburtius. Urban erlaubte den Erwerb von Immobilien zugunsten der Kirche. Er wurde auf Befehl des Präfekten Turcius Almenius' enthauptet. Sein Körper, der von Julia Mamea aufgelesen wurde, wurde in den Katakomben des Heiligen Calixtus begraben. Heute wird er in der römischen Kirche S. Prassede aufbewahrt, während ein Teil der Reliquien nach Frankreich gebracht wurde.

18. HL. PONTIANUS (230-235)

Er wurde in Rom geboren. Während seines Pontifikats war die Kirche einigen Verfolgungen ausgesetzt, die von den Kaisern Alexander Severus und Maximinus Thrax angeordnet wurden. Er selbst fiel diesem Umstand zum Opfer. Pontianus wurde nach Sardinien deportiert und mußte dort ein äußerst hartes Leben führen. Es scheint, als ob er vor seinem Tode auf das Pontifikat verzichtete, um der Kirche zu erlauben, einen anderen Presbyter zu ernennen, der in Rom anwesend sein konnte. Jedoch ist diese Angabe nicht bewiesen. Er ging an den Entbehrungen und Leiden zugrunde, weshalb ihn die Kirche als einen Märtyrer ansieht. Seine sterblichen Überreste sind in der römischen Kirche S. Prassede aufbewahrt. Er bestätigte die von Demetrius von Alexandrien ausgesprochene Verurteilung einiger Texte von Origenes, die direkt zur gnostischen Häresie führten. Er schrieb das Singen der Psalmen in den Kirchen sowie das Beten des *Confiteor* vor der Messe vor und empfahl dieses Gebet auch den Sterbenden. Auf seine Periode geht auch mit Sicherheit die Verwendung der Formel "*Dominus vobiscum*" zurück.

19. HL. ANTEROS (235-236)

Er war ein aus der Magna Graecia stammender Grieche. Er sorgte dafür, daß alle von Notaren verfasste Akten über christliche Märtyrer in den Kirchen gesammelt und aufbewahrt wurden. Er begann auch mit einer offiziellen Sammlung der Kirchenakte, die er an einem Ort, der *Scrinium* genannt wurde, verwahrte. Die Sammlung wurde unter Diokletian von einem Feuer zerstört. Danach wurde diese Tätigkeit wieder aufgenommen, jedoch verschwand die Sammlung endgültig zur Zeit von Honorius III. (1225). Sein Pontifikat dauerte nur wenige Monate, da Pontianus noch lebte. Er erlitt das Martyrium unter Maximinus. Seine Überreste wurden in die Krypta der Päpste in den Katakomben von Sankt Calixtus überführt. Die Reliquien sind heute in der römischen Kirche S. Silvestro in Capite aufbewahrt.

20. HL. FABIAN (236-250)

Er wurde in Rom geboren. Es gab keine Einigung darüber, wer nach Anteros gewählt werden sollte. Man erzählt, daß sich mitten in der Diskussion eine Taube auf das Haupt Fabians setzte, der zufällig dort vorbeiging. Diese Tatsache wurde als göttliches Zeichen interpretiert und Fabian wurde sofort gewählt. Er erwies sich als ein ausgezeichneter Verwalter und widmete sich sofort der Organisation der Diözese Rom, womit er praktisch das Projekt von Papst Evaristus verwirklichte. Er unterteilte die Stadt in sieben Stadtteile unter der Führung von ebensovielen Diakonen, welche die Aufgabe hatten, die Wohltätigkeit zu organisieren sowie die Almosen zu verwalten und sie an die Armen zu verteilen. Unter dem Kaiser Decius gab es eine derart schreckliche Verfolgung, daß viele Christen dazu bewegt wurden, Rom und die großen Städte zu verlassen, um in den Wüsten Arabiens und der Thebais Zuflucht zu suchen und dort ein einsames und bußfertiges Leben zu führen. Diese Eremiten und Einsiedler waren wegen ihrer Heiligkeit berühmt und um sie bildeten sich kleine Gruppen von Anhängern, welche die ersten Klöster des Altertums errichteten (Paulus der Eremit, Hilarion und Pachomius). Im Gegensatz zu diesen Heiligen gaben viele Christen den Glauben aus Angst vor dem Tod auf: es handelte sich um die traurige Erscheinung der "lapsi", der Gefallenen, der Abtrünnigen. Fabian verließ Rom nicht, wo er das Martyrium erlitt. Sein Leichnam ist heute in der römischen Kirche S. Prassede aufbewahrt.

21. HL. CORNELIUS (251-253)

Er wurde in Rom geboren. Seine Wahl fand nach heftigen Auseinandersetzungen statt. Es wurde ihm der Presbyter Novatian entgegengestellt, der sich selbst zum Papst proklamierte und dabei vom Karthager Novatus unterstützt wurde. Beide vertraten einen rigorosen Puritanismus gegenüber den sogenannten *lapsi*, d.h. jenen Personen, die dem christlichen Glauben abgeschwört hatten und die, ihrer Meinung nach, nicht mehr in die Kirchengemeinschaft aufgenommen werden durften. Sie beschuldigten daher Zyprianus und Cornelius, die gegenteiliger Meinung waren, zu milde und zu lax zu sein. Cornelius berief eine Synode ein, die Novitian verurteilte, indem sie ihn zum Gegenpapst erklärte. Unter Cornelius starb Origenes, Bischof von Alexandrien und Lehrer der griechischen Kirche. Dieser hatte zwar manche heterodoxe Ideen geäußert, kämpfte aber mit Hartnäckigkeit gegen den heidnischen Philosophen Celsus, der gegen das Christentum geschrieben hatte. Cornelius wurde vom Kaiser Trebonianus Gallus angeklagt, durch die Beleidigung der heidnischen Götter, in Rom und in einem Teil des Reiches eine ansteckende Krankheit verursacht zu haben. Es wurde ihm deshalb befohlen, den Göttern Opfer darzubringen. Da er dies aber verweigerte, wurde er nach Civitavecchia ins Exil geschickt, wo er im Jahre 253 starb. Obwohl er kein Märtyrer war, berücksichtigt ihn die Kirche als solchen. Cornelius wurde in Rom in der Kirche S. Maria in Trastevere begraben.

22. HL. LUCIUS (253-254)

Er wurde in Rom geboren. Sofort nach seiner Wahl wurde er ins Exil - man weiß nicht genau wohin - geschickt. Dank des Wohlwollens des Kaisers Valerianus konnte er nach Rom zurückkehren. Während seines kurzen Pontifikats bekämpfte er die lockeren Sitten, denen viele Presbyter erlagen. Die Gewohnheit des Zusammenwohnens von Diakonissen und Geistlichen zum Zwecke der Wohltätigkeit und Fürsorge war immer häufiger zu beobachten. Ebenso häufig waren auch die Schwächen. Lucius verbat dieses Zusammenleben und dehnte das Verbot, mit Frauen außerhalb der Ehe zusammenzuleben, auch auf die Laien aus - außer im Falle von sehr engen Verwandten. Außerdem schrieb er vor, daß der Papst während seiner Transferten zum Zwecke religiöser Handlungen von drei Diakonen und mindestens von zwei Presbytern begleitet werden mußte. Lucius starb eines natürlichen Todes und wurde in der Krypta der Päpste in den Calixtus-Katakomben begraben. Heute ruhen seine Überreste in der römischen Kirche S. Cecilia.

23. HL. STEPHAN (254-257)

Er war ein römischer Adeliger, der an der Spitze einer der sieben Diakonien stand. Er übte sein Amt als Bischof von Rom in einer ruhigen Periode der Herrschaft des Kaisers Valerianus aus. Daher konnte er sich den internen Problemen der Kirche zuwenden. Das brennendste Problem war die Frage der Vorherrschaft Roms über alle anderen Sitze. Im Hinblick auf dieses Argument hatte er kein leichtes Leben. In der Tat geriet er mit Zyprianus, dem Bischof von Karthago, und mit vielen anderen Kirchen in Afrika und Asien in Konflikt, die seine Entscheidung, in bezug auf die Taufe von Häretikern und Abtrünnigen, welche wieder in die Kirche eintreten wollten, nicht akzeptieren wollten. Zyprianus war der Ansicht, daß die Häresie die Taufe annullierte und daß es folglich nötig wäre, jene, die nach dem Fehler in die Kirche zurückkehren wollten, wieder zu taufen. Stephan meinte hingegen, unter Berufung auf die Tradition, daß keine Notwendigkeit für eine neue Taufe bestünde und daß es genügte, den Häretikern eine Buße aufzuerlegen. Der Streit wurde viele Jahre danach, als sowohl Stephan als auch Zyprianus bereits gestorben waren, beigelegt. Die Meinung Roms setzte sich durch. Valerianus löste im Jahre 257 eine große Christenverfolgung aus, indem er sie anklagte, dem Staat Güter veruntreuen zu wollen. Sie wurde gegen Bischöfe, Presbyter und Diakone gerichtet. Viele von ihnen wurden getötet. Wahrscheinlich erlitt auch Stephan das Martyrium. Er wurde in der Krypta der Päpste in den Calixtus-Katakomben begraben.

24. HL. SIXTUS II. (257-258)

Er wurde in Athen geboren und war ein Mann von großer Bildung und beträchtlichem Wissen. Man definierte ihn den "Friedensliebenden". Kurz nach seiner Wahl, beeilte er sich, ein wenig Frieden unter die Kirchen Roms und Karthagos zu bringen, die sich wegen der Taufe der Häretiker in einem erbitterten Kampf befanden (siehe Hl. Stephan, Nr. 23). Er versöhnte sich inzwischen wieder mit dem hl. Zyprianus, hatte jedoch nicht die nötige Zeit den Dialog zu vertiefen, weil er einen neuen Notfall lösen mußte und zwar hatte Valerianus zum zweiten Mal eine Verfolgung der Christen ausgelöst. Letztere wurden unter Androhung der Strafe der Vermögensbeschlagnahmung und der Enthauptung aufgefordert, ihrem Glauben abzuschwören. Sixtus wurde verhaftet, vor Gericht gestellt und verurteilt. Während er zum Martyrium geführt wurde, kam es - der Überlieferung nach - zu einer ergreifenden Begegnung mit seinem Diakon Laurentius. Auf dessen Bitte, mit ihm in den Tod zu gehen, antwortete Sixtus auf liebevolle Art mit der Voraussage, daß er in Kürze einen ruhmreicheren Tod in Gottes Namen erlitten hätte. In der Tat sollte Laurentius vier Tage danach sterben, indem er auf dem Rost bei lebendigem Leib verbrannt wurde. Während der erwähnten Begegnung beauftragte Sixtus seinen Diakon, die Schätze der Kirche unter die Armen zu verteilen. Sixtus wurde in die Katakomben S. Pretestato gebracht und auf seinem Bischofsstuhl enthauptet. Danach wurde er in der Krypta der Päpste in den Calixtus-Katakomben beigesetzt.

25. HL. DIONYSIUS (259-268)

Seine Herkunft ist nicht bekannt. Er wurde zum Papst gewählt, da dieses Amt auf Grund der Christenverfolgung durch Valerianus nach einem Jahr noch vakant war. Er war ein einfacher Presbyter. Dank der ruhigen Situation und der Freiheit,die die Christengemeinde unter dem neuen Kaiser Gallienus, dem Sohn Valerianus, genoß, konnte er sich den internen Fragen der Kirche widmen. Die Werke Tertullianus', Zyprianus', Lattanzius' und anderer Apologeten und Philosophen konnten frei zirkulieren. Dies förderte nicht nur die Verbreitung des Christentums in der römischen Welt, sondern erlaubte auch eine genauere Ausarbeitung seiner Doktrin. In diesem Zusammenhang reorganisierte Dionysius die Kirche Roms und brachte sie wieder in eine dominierende Position, die sie bereits vor den Auseinandersetzungen mit Zyprianus einnahm. In diesem Sinne waren die beträchtlichen Hilfsmittel, die der Papst den zerrütteten Ostkirchen schickte, welche durch die Völkerwanderung in noch größere Schwierigkeiten geraten waren, von großem Nutzen. Er kaufte viele christliche Gefangene frei und ließ viele zerstörte Kirchen wiederaufbauen. In Bezug auf die Lehre stellte er sich der Theorie Sabellius entgegen, der die Häresie der Monarchianer wieder aufgefrischt hatte. Er reduzierte das Dreifaltigkeitskonzept auf eine Frage der Wortwahl, während er in der Tat behauptete, daß es sich um eine "einzige Person" handelte. Diese Lehre wurde von einer im Jahre 265 abgehaltenen Synode, verurteilt. Ein weiterer Theologe der Dreifaltigkeit machte damals viele Proselyten in Antiochien und zwar Bischof Paulus von Samothrake, welcher der Königin Zenobia verpflichtet war, da sie ihm die Macht über die Stadt anvertraut hatte. Um den Gefallen zu erwidern, arbeitete er eine Dreifaltigkeitslehre aus, die von einigen Ideen der Königin ausging. Gemäß dieser Theorie wäre Christus "stufenweise und durch Adoption" zum Gott geworden. Nach verschiedenen Wechselfällen und drei Synoden wurde diese Theorie verworfen und Paulus abgesetzt, exkommuniziert und ins Exil gechickt. Dionysius starb im Jahre 268 und wurde in der Krypta der Päpste in den Calixtus-Katakomben begraben.

26. HL. FELIX (269-274)

Er wurde in Rom geboren und übte sein Pontifikat während der Regierung des Kaisers Aurelian in einer am Anfang ruhigen Periode aus. Man schreibt ihm einen Brief zu, der an den Bischof von Alexandrien Maximus gerichtet war und in dem das damals aktuelle Thema der Dreifaltigkeit behandelt wurde. Diesem Brief wurde vom Konzil in Ephesus im Jahre 431 eine große Bedeutung zugeschrieben. Der kurzgefasste aber sehr genaue Text lautet wie folgt: "Unser Glaube an die Menschwerdung ist der von den Aposteln überlieferte. Wir glauben, daß unser Herr Jesus Christus, geboren von der Jungfrau Maria, das Wort, der ewige Sohn Gottes und nicht ein von Gott verschiedener Mensch ist, dem Gott diese Ehre zuteil werden ließ. Der Sohn Gottes hat nicht einen Menschen gewählt, um ihn mit sich zu assoziieren; in Christus existieren keine zwei Personen. Das Wort, der vollkommene Gott,hat sich im Schoße der Jungfrau verkörpert und ist zu einem vollkommenen Menschen geworden". Felix setzte den Bischof von Antiochien, Paulus von Samothrakien, der diesbezüglich von der Doktrin abwich, ab. Er kämpfte auch gegen den Manichäismus welcher die Essenz Christus verneinte und nur zwei die Welt regierende Prinzipien akzeptierte und zwar das Gute und das Böse. Felix starb im Jahr 274 als Märtyrer und wurde in der römischen Kirche von S. Prassede beigesetzt.

27. HL. EUTYCHIANUS (275-283)

Er wurde in Luni in Etrurien geboren. Es gibt über ihn sehr wenig Informationen. Man weiß, daß er sein Pontifikat unter dem Kaiser Probus ausgeübt hat. Die Kirche war zu jener Zeit Ziel vieler Verfolgungen und es gab sehr viele Märtyrer. Er ordnete an, diesen große Ehren zukommen zu lassen. Er selbst begrub über 300. Nach seinen Anordnungen wurden die Körper der Märtyrer nicht, wie normal, in einem einfachen weißen Leintuch eingehüllt begraben, sondern mit einer *roten Dalmatika* bekleidet, einer dem Kaiser vorbehaltenen, reich geschmückten Tunika. In der heutigen Liturgie wird sie von den Diakonen während feierlicher Zeremonien getragen. Er starb als Märtyrer und wurde im Friedhof des hl. Calixtus begraben.

28. HL. CAJUS (283-296)

Er wurde in Dalmatien geboren und war Neffe des Kaisers Diokletian. Und es war gerade Diokletian, der die blutigste Christenverfolgung befahl, weil er wahrscheinlich die revolutionäre Tragweite der neuen Religion und ihre zersetzende Kraft in Bezug auf die absolute Stellung des Staates erkannt hatte. Deshalb erschien ihm die Verfolgung als ein unumgänglicher Schritt zur Verteidigung der römischen Gesellschaft, welche von der christlichen Gefahr, die ihre Grundprinzipien anfechtete, bedroht war. Es handelte sich um einen Überlebenskampf. Cajus befaßte sich mit der Neuregelung der kirchlichen Hierarchie, indem er festlegte, daß nur derjenige zum Bischof geweiht werden konnte, der bereits die anderen Weihen empfangen hatte. Er starb den Märtyrertod, aber nicht auf Befehl seines Onkels, sondern auf jenem Maximians und wurde in der Kirche S. Silvestro in Capite in Rom beigesetzt.

29. HL. MARCELLINUS (296-304)

Er wurde in Rom geboren. Er war Papst, alsDiokletian die zehnte Verfolgung gegen die Christen entfesselte. Sie war total. Es gab keinen Bereich, wo sie nicht getroffen wurden. Die Strafen sahen neben der Tötung, den Auschluß von öffentlichen Ämtern und Stellen, die Beschlagnahme des Vermögens und das Exil vor. Die Kirchen wurden zerstört und die heiligen Schriften verbrannt. In dieser Periode gab es viele bedeutende Märtyrer. Marcellinus wurde von den donatistischen Häretikern beschuldigt, den Götzen Opfer gebracht zu haben, um dem Tode zu entrinnen. Aber diese Anklage erwies sich als falsch. Er erlitt das Martyrium am Weihnachtstag des Jahres 304. Seine sterblichen Reste sind in der römischen Kirche SS. Apostoli aufbewahrt.

30. HL. MARCELLUS (308-309)

Er wurde in Rom geboren. Auf Grund der schrecklichen Umstände,in denen die von Diokletian verfolgten Christen lebten, wurde er erst vier Jahre nach dem Tod von Marcellinus zum Papst gewählt. Während der extrem kurzen Zeit seines Mandates, erließ er ein paar wichtige Normen. Die erste verbot die Einberufung irgendeines generellen Konzils ohne die Genehmigung des Papstes in Rom. Die zweite legte hingegen einige Bedingungen fest, an die man sich in den Fällen zu halten hatte, wo man den Christen, die aus Angst der Religion abgeschworen hatten, die Vergebung aussprach. Marcellus hatte sich geweigert, den Götzen ein Opfer zu bringen. Der neue Kaiser Maxentius ließ ihn verhaften und verurteilte ihn zur Arbeit in den kaiserlichen Ställen, um ihn zu demütigen. Von den Christen befreit, fand er bei der Matrone Lucina Zuflucht, welche ihm erlaubte, ihr Haus in eine Kirche zu verwandeln. Als er entdeckt wurde, wurde er neuerlich verhaftet und dieses Mal dazu verurteilt, in einer Kirche, die der Kaiser in der Zwischenzeit in einen Stall hatte umwandeln lassen, als Wächter zu arbeiten. Marcellus starb an den erlittenenen Entbehrungen und Demütigungen. Er wurde im Friedhof der Heiligen Priscilla begraben.

31. HL. EUSEBIUS (309-309)

Er wurde wahrscheinlich in der Magna Graecia geboren. Sein Pontifikat dauerte nur vier Monate. Auch er mußte sich mit dem Problem der Vergebung hinsichtlich der wieder in die Kirche aufzunehmenden Apostaten auseinandersetzten. Es war nötig, mit großer Vorsicht zu handeln. Die anzuwendenden Vorschriften mußten daher klar, streng und für alle gültig sein, da diese Angelegenheit sehr heikel war. Beurteilungsfehler und eine leichtfertige Handhabung hätten Unzufriedenheit herbeiführen, Zweifel wecken und Polemiken förden können, was für dieselbe Christengemeinschaft verderbliche Folgen mit sich hätte bringen können. Eusebius starb als Martyrer unter Maxentius und wurde in der Kirche S. Callisto begraben. Seine Überreste wurden später in die Kirche des Heiligen Sebastian außerhalb der Stadtmauern überführt.

32. HL. MILTIADES oder MECHIADES (311-314)

Er wurde in Afrika geboren. Sein Name ist mit dem wichtigsten historisch-politischen Ereignis der damaligen Phase des Christentums verbunden: das konstantinische Edikt, das im Jahre 313 in Mailand verkündet wurde. Dank dieses Dokumentes konnte man sich frei zur christlichen Religion, die alle anderen Religionen des Reiches gleichgestellt war, bekennen, ohne eine Verfolgung fürchten zu müssen. Die durch das Gesetz bekräftigte Freiheit sowie die von der kaiserlichen Autorität zur Verfügung gestellte Hilfe bewirkten eine außergewöhnlich rasche Verbreitung der christlichen Lehre, so daß die vorherigen Verhältnisse in Bezug auf die heidnische Religion umgekehrt wurden. Sie wurde recht bald zur Staatsreligion und ging mit Recht in die Weltgeschichte ein. Die Heilige Helena und die Heilige Konstanze, Mutter beziehungsweise Schwester Konstantins, die bereits Christinnen waren, trugen sicherlich dazu bei, in Konstantin die Idee des Ediktes entstehen und reifen zu lassen. Viel mehr fielen jedoch Überlegungen politischer Opportunität ins Gewicht. Die Christen waren nunmehr zu viele geworden und waren auf allen Gebieten des sozialen und politischen Lebens vom niedrigsten bis auf das höchste Gesellschaftsniveau vertreten. Konstantin schenkte Miltiades ein Nymphäum im Lateranspalast, das in ein Baptisterium umgewandelt wurde. Daneben ließ er die Basilika St. Johannes im Lateran errichten. Miltiades starb im Jahre 314. Er ist in der römischen Kirche S. Silvestro in Capite begraben.

33. HL. SYLVESTER (314-335)

Er wurde in Rom geboren. Er führte die Kirche für viele Jahre im neuen von Konstantin geschaffenen Klima der Freiheit. Sylvester erhielt vom Kaiser den Lateranspalast, um dort seinen neuen Sitz einzurichten. Der Palast wurde Patriarchensitz genannt. Sylvester beschäftigte sich nicht nur mit dem Bau von Kirchen (St. Johannes, St. Peter, St. Paul), sondern auch mit der Verteidigung des Glaubens vor den Angriffen der verschiedenen häretischen Lehren, die sich in einem vom Frieden und Freiheit begünstigten Klima zu häufen begannen. Die verbreiteste unter ihnen und auch die gefährlichste war die arianische Häresie, welche im Wesentlichen die Dreifaltigkeit ablehnte. Deshalb berief er das erste ökumenische Konzil von Nizäa in Kleinasien ein, in welchem im Beisein von Konstantin die ariani-sche Lehre verdammt und die Gottheit Christi und seine Wesensgleichheit mit dem Vater wieder bekräftigt wurde. Es wurde das Kredo verfaßt, das alle Wahrheiten des christlichen Glaubens in sich vereint. Es war Sylvester, der Konstantin in Jerusalem aus Anlaß der Einweihung der Kirche des Heiligen Grabes auf dem Kalvarienberg, die von der heiligen Helena gewollt war, die Taufe spendete. Er führte den Sonntag als den Tag des Herren ein und es scheint, daß er als Erster die Tiara trug, von der auch die episkopale Mitra herrührt. Er starb am 31. Dezember und wurde in Rom in der nach ihm benannten Kirche begraben.

34. HL. MARKUS (336-336)

Er wurde in Rom geboren. Sein Pontifikat dauerte nur wenige Monate. Er wurde beim Kampf gegen die Häresie von Arius, die ihn voll in Anspruch nahm, von vielen anderen herausragenden Persönlichkeiten der Kirche wie Athanasius, Hilarius und Basilius unterstützt. Im Falle des Streites zwischen Arius und dem Bischof Athanasius handelte Kaiser Konstantin auf eigene Initiative, indem er Arius wieder in die Kirche von Alexandrien aufnahm und Athanasius ins Exil nach Trier schickte, ohne den Papst im geringsten um Rat zu fragen. In jener Periode wurde der erste kirchliche Kalender aufgestellt. Es wird Markus das Dekret zugeschrieben, das dem Bischof von Ostia das Recht vorbehält, den Papst zu weihen. Es scheint, daß er der Erste war, der das Pallium eingeführt hat. Es handelt sich dabei um eine Art weißen Schals mit schwarzen Kreuzen und Fransen, der vom Papst, von den Patriarchen und von den Metropoliten über den heiligen Paramenten getragen wird. Für seine Herstellung benützt man die Wolle von zwei weißen Lämmern. Die gesegneten Pallien werden in einem Silberschrein neben dem Grab des Heiligen Petrus aufbewahrt. Er errichtete die dem Heiligen Markus gewidmete Kirche in Rom, wo er in der Folge beigesetzt wurde.

35. HL. JULIUS (337-352)

Er wurde in Rom geboren. In der Todesstunde äußerte Konstantin den Wunsch, daß der Bischof von Alexandrien Athanasius, der von ihm exiliert wurde, aus dem Exil zurückkehre und wieder in seinem Bischofssitz eingesetzt werde. Sein Sohn Konstantius, der anfänglich dafür war, sprach sich in der Folge dagegen aus und schickte ihn sogar neuerlich ins Exil. Athanasius wendete sich an Papst Julius, der eine Synode nach Rom einberief, an der Athanasius vollkommen rehabilitiert wurde. Letzterer konnte aber nicht nach Alexandrien zurückkehren, weil ihm dort die Arianer, mit denen Konstantius sympathisierte, mit offener Feindseligkeit gegenüberstanden und weil dort der neue vom Kaiser gewollte Bischof, Gregorius von Kappadozien, sein Amt angetreten hatte. Es war eine weitere Synode erforderlich, welche von Konstantius im Einvernehmen mit Julius nach Sardika, dem heutigen Sofia, mit dem Ziel einberufen wurde, Athanasius vollkommen zu rehabilitieren. Um seinen Sitz wieder einzunehmen, mußte er jedoch den Tod Gregorius, der von Konstantius beschützt wurde, abwarten. An dieser Synode wurden die Regeln für die Reform der Kirchendisziplin im Sinne des Konzils von Nizäa festgelegt und es wurde ein Konzept bekräftigt, das später die Grundlage für die Stärkung der vorherrschenden Stellung Roms auf dem Gebiet der Disziplin, des Rechtes und des Glaubens werden sollte. Man beschloß, daß jede von Synoden oder von den einzelnen Bischofssitzen getroffene Entscheidung von Rom bestätigt werden mußte und erst dann volle Gültigkeit bekam. Derselbe Julius hatte vorher den Bischöfen des Ostens die folgenden Worte geschrieben: “Wenn Streitfragen entstehen, muß man vor allem - wie üblich - uns schreiben, damit man hier das Problem einer gerechten Lösung zuführen kann”. Diese ständigen Stellungnahmen erwiesen sich angesichts der wiederholten Einmischungsversuche der kaiserlichen Macht bei Problemen rein religiöser Natur als notwendig. Papst Julius verdankt man die Gründung des Archivs des Heiligen Stuhls. Er ordnete auch an, daß die Ostkirche ebenfalls das Weihnachtsfest am 25. Dezember und nicht, wie bisher,am 6. Jänner feiern mußte. Sein Körper ist in der römischen Kirche S. Maria in Trastevere aufbewahrt.

36. LIBERIUS (352-366)

Er wurde in Rom als Mitglied der Familie Savelli geboren. Sein Pontifikat war durch Kontraste gekennzeichnet, die auf Grund der Einmischung des Kaisers Konstantius entstanden, welcher offen für die arianische Häresie und für den Versuch des Apostaten Julianus, den antiken Heidenkult wieder einzuführen, eintrat. Von den Arianern sofort auf den Plan gerufen, damit er den Bischof von Alexandrien, Athanasius, nicht anerkenne, versammelte Liberius eine Synode in Rom, die Athanasius entlastete. Die Arianer wollten in der Tat das Symbol von Nizäa treffen. Er gelangte zu der Überzeugung, daß eine neue Synode notwendig war, um das Problem auf gründlichere Weise behandeln zu können. In diesem Sinne richtete er eine Aufforderung an Kaiser Konstantius, der eine erste Synode in Arles abhalten ließ, in der er die anwesenden Väter zwang, Athanasius und die päpstlichen Legaten zu verdammen. Liberius mißbilligte das Verhalten der Bischöfe, akzeptierte die Entscheidungen nicht und berief eine neue Synode ein, die dann in Mailand stattfand. Konstantius, entschlossen wie nie zuvor, wiederholte die vorherige Szene, indem er den Bischöfen mit der Drohung des Exils die Zustimmung abnötigte. Athanasius wurde erneut verurteilt und das nizänische Glaubensbekenntnis abgelehnt. Nachdem sich Liberius mit Empörung verweigerte, seine von Konstantius verlangte Zustimmung zu geben, schickte er ihn ins Exil nach Frankreich. Aber das römische Volk verlangte die Rückkehr des Papstes. Der Kaiser sah sich gezwungen, Liberius wieder aus der Verbannung zurückkommen zu lassen. Die Rückkehr Liberius’ wurde jedoch von zwei scherwiegenden Bedingungen abhängig gemacht: die Akzeptierung der Abtretung der Hälfte seines Amtes an Felix, dem von Konstantius gewählten Gegenpapst, und die Unterzeichnung eines Dokumentes, das eine Formel in Bezug auf das Wort Gottes enthielt, die der arianischen These sehr nahe kam. Die Erfüllung der ersten Bedingung wurde ihm vom Volk erspart, das ihn verehrte und Felix aus Rom vertrieb. In Bezug auf die zweite wurde er hingegen Ziel der Kritik und der Anklagen vieler Persönlichkeiten (Athanasius, Ilarius von Poitiers, Hieronymus ...), welche dieses Nachgeben auf eine von Angst vor dem Tod diktierte Schwäche zurückführten. Nach dem Tod von Konstantius und nach der Thronbesteigung von Julianus dem Abtrünnigen, endete der Alptraum der arianischen Häresie. Es entstand aber eine andere Gefahr und zwar hatte der Kaiser entschieden, den Heidenkult wieder einzuführen. Glücklicherweise verging diese Initiative wie ein

Meteor. Papst Liberius ließ die Basilika S. Maria Maggiore auf dem Esquilin an dem Ort erbauen, der von einem, wie durch ein Wunder bewirkten, Schneefall in der Nacht zwischen dem 3. und 4. Juli angezeigt wurde. Liberius ist in den vatikanischen Grotten begraben.

37. HL. DAMASUS (366-384)

Er wurde in Spanien in einer adeligen Familie geboren. Es wurde ihm fast sofort ein anderer Papst, nämlich Ursinus, entgegengestellt, der von einer beschränkten Anzahl von Presbytern und Diakonen gewählt wurde. Damasus mußte gegen ihn auch mit Waffen kämpfen, um die eigene Wahl zu verteidigen. Nach verschiedenen Wechselfällen, während derer Damasus Gegenstand von Anklagen und Verleumdungen war, wurde Ursinus vom Kaiser Gratian ins Exil geschickt und der legitime Papst konnte sich darauf konzentrieren, dem Papsttum wieder Ansehen und Autorität zu verleihen. Er bemühte sich, die Vorrangstellung Roms über die anderen Bischofssitze akzeptieren zu lassen. Derselbe hl. Ambrosius, Bischof von Mailand, prägte eine äußerst zutreffende Formel: “Wo Petrus ist, dort ist die Kirche”. Zwei Synoden hatten in diesem Sinne Gesetze erlassen und zwar die von Rom im Jahre 369 und jene von Antiochien im Jahre 378. Aber Damasus geht darüber hinaus, indem er behauptet, daß die Kirche von Rom die Vorrangstellung gegenüber allen anderen Kirchen nicht auf Grund einer Entscheidung des Konzils hat, sondern weil Jesus den Apostel Petrus über alle gestellt hat, indem er ihn zum Eckstein der gesamten Kirche auserwählt hatte. Er widmete sich voll und ganz der Tätigkeit der Evangelisierung und Christianisierung der gesamten römischen Gesellschaft und zwar auf allen Ebenen, wobei er auf die Mitwirkung des Heiligen Hieronymus, den er zum Sekretär ernannt hatte, zählen konnte. Eine weitere wertvolle Hilfe erhielt er von den Kaisern Gratian und Theodosius, die offen die Kirche Roms unterstützten. Damasus kann als der erste Mäzen unter den Päpsten in der Geschichte angesehen werden. Auf seine Initiative hin wurde die große Revision der evangelischen Texte in lateinischer Sprache vom hl. Hieronymus durchgeführt, der in großem Maße dazu beitrug, der christlichen Botschaft eine geschlossene Form zu verleihen. Damasus veranlaßte den Bau verschiedener Kirchen und die Restauration der Katakomben und gab dem Märtyrerkult einen starken Impuls. Er wurde in der von ihm erbauten Kirche S. Lorenzo in Damaso beigesetzt.

38. HL. SIRICIUS (384-399)

Er wurde in Rom geboren. Unter Liberius und Damasus war er Diakon. Nach der Wahl durch Zuruf war er der Erste, der den Appellativ *Papst* annahm, ein Wort, das aus dem Griechischen stammt und angeblich Vater bedeutet. Er genoß die Achtung und die Sympathie von Kaiser Valentinian II., jedoch nicht jene des hl. Hieronymus, dem übrigens der gesamte römische Klerus nicht gefiehl. Er machte sich die strenge und “monarchische” Linie von Damasus zu eigen, indem er das Primat des Bischofs von Rom neuerlich bekräftigte und die wichtigsten Entscheidungen auf dem Gebiet der Disziplin und des Kirchenrechtes für diesen beanspruchte. Seine Schriften hatten das Charakteristikum der *decretalia* (Dekrete) in der kaiserlichen Art, wo eine Behauptung nicht auf eine Rechtsbasis gegründet ist, sondern seine Rechtfertigung in sich selbst hat. Siricius fordert nicht auf und ermahnt nicht wie seine Vorgänger, sondern ordnet an und verbietet. Er hielt in Rom eine Synode ab, in der die Vorrangstellung der römischen Kirche gegenüber allen anderen Kirchen erklärt wurde. Es wurde das Zölibat für die Presbyter und die Diakone vorgeschrieben und es wurde angeordnet, daß nur Bischöfe die Presbyter weihen und daß auch die Mönche Bischöfe werden konnten. Die Bekehrung des Heiligen Augustin geht auf jene Jahre zurück. Er war ein energischer Mann, der in der Lage war, sich vor allen und in jeder Situation Achtung zu verschaffen. Der Kaiser Theodosius hatte sich zum Beispiel ein schweres Verbrechen zuschulden kommen lassen und zwar hatte er nämlich die Stadt Saloniki zerstört, die sich gegen ihn erhoben hatte, wobei er über 7000 Personen umbringen ließ. Nachdem er diese Untat bereut hatte, bat er, wieder in den Schoß der Kirche aufgenommen zu werden. Papst Siricius gewährte ihm die Vergebung, verlangte jedoch von ihm eine öffentliche Abbitte und Demütigung. Ein weiteres Beispiel seiner Strenge und seines Ansehens war die Verurteilung - wegen Häresie - des Mönchs Jovinianus, der aus der Kirche ausgeschlossen wurde. Er war, nach einem vom Fasten und von

Mortifikationen gekennzeichnetem Leben, zur Theorisierung der vollständigen Gleichheit zwischen Keuschheit und fleischlicher Sünde gelangt. Ein Christ, sagte er, wenn er einmal "den Sinn der Taufe tief in sich aufgenommen hat", könne keine Sünde begehen. Eine solche Lehre erlaubte jegliche Ausschweifung. Sie wurde auch vom hl. Hieronymus und vom hl. Ambrosius heftig bekämpft. Siricius ist in der Kirche St. Prassedes in Rom begraben.

39. HL. ANASTASIUS (399-401)

Er wurde in Rom in der Familie der Maximi geboren. Er wurde einen Tag nach dem Tod Siricius' zum Papst gewählt. Von ihm stammte das Verbot der Werke Origenes, dessen Theorien als häretisch angesehen wurden. Er gründete verschiedene religöse Institute und schrieb vor, daß die Presbyter der Lesung des Evangeliums mit geneigtem und bedecktem Haupt beiwohnen mußten. Er legte fest, daß niemand mit einem körperlichen Gebrechen, das eine Invalidität verursachte, Presbyter werden konnte. Er wurde im Friedhof von Ursum Pileatum auf der Via Portuense begraben. Heute befinden sich seine sterblichen Übereste in der Kirche S. Martino ai Monti in Rom.

40. HL. INNOZENZ (401-417)

Er wurde in Albano in der Nähe von Rom geboren und war nach Ansicht des hl. Hieronymus der Sohn von Anastasius I.. Er zeichnete sich durch eine starke Persönlichkeit aus, wie seine *decretali* in Sachen Disziplin beweisen. Er erlebte die Invasion der Goten Alarichs in ihrer vollen Dramatik. Der aus Rom kommenden Gesandtschaft, in der sich auch Innozenz befand, gelang es nicht, Honorius, welcher sich in Ravenna in Sicherheit gebracht hatte, zum Kampf gegen Alarich zu bewegen. Letzterer war inzwischen bis nach Rom vorgedrungen. Das erste Mal zog er sich von der Belagerung gegen Bezahlung eines riesigen Geldbetrages zurück, aber das Jahr darauf kehrte er zurück, drang in Rom ein und plündete es auf grausame Weise (410). Unter Ausnutzung seiner Autorität erreichte er vom gotischen König, der zwar Arianer aber immerhin ein Christ war, daß viele Menschenleben erspart und die Kirchen respektiert wurden, im besonderen die Basiliken der zwei Apostel Petrus und Paulus, die von den Bürgern als Zufluchtsort benutzt wurden. Er verteidigte den Erzbischof von Konstantinopel, Johannes Chrysostomus, vor den Angriffen Eudoxias, der Frau von Arcadius, welche auf Grund seiner unnachgiebigen Haltung gegen den Luxus und die Eitelkeit der Frauen und besonderes der Königin, verärgert war. Eudoxia ließ ihn zweimal ins Exil schicken, obwohl sich Innozenz wiederholt für ihn verwendete. Seine Energien wurden von einem anderen großen Kampf in Anspruch genommen und zwar jenem gegen die Häresie der Manichäer und des englischen Mönches Pelagius. In Bezug auf das Heil legte die Lehre von Pelagius nur Gewicht auf die Willensfreiheit und nicht auch auf die göttliche Gnade. Außerdem erkannte er die Erbsünde nicht an. Er konnte beim Kaiser Honorius die Verkündigung eines strengen Gesetzes gegen die Häretiker durchsetzen und bemühte sich um die Befolgung des alten konstantinischen Ediktes, welches die zirzensischen Veranstaltungen verbat. Er wurde neben seinem Vater Anastasius beigesetzt.

41. HL. ZOSIMUS (417-418)

Er war Grieche und wurde auf Empfehlung von Innozenz zum Papst gewählt. Auf Grund der pelagischen Häresie, die sich weiter verbreitete, war sein sein Pontifikat kurz und mühselig. Er beging jedoch aus Naivität den Fehler, den Pelagianer Caelestius, der vom hl. Augustinus und den afrikanischen Bischöfen an der Synode von Karthago verdammt worden waren, zu rehabilitieren. Er versteifte sich auf seine Entscheidung, bis eine neue Synode dieselbe Verurteilung aussprach. Nachdem es soweit gekommen war, nahm Zosimus mit einem "Tractoria" genannten Brief Stellung, verurteilte den Pelagianismus und definierte das Dogma der Erbsünde indem er die göttlichen Gnade als das einziges

Mittel für das geistliche Heil angab. Einen weiteren Fehler beging er, als er festlegte, daß die von den afrikanischen Bischöfen exkommunizierten Presbyter und Diakone sich an Rom oder an andere benachbarte Kirchen wenden konnten, um einem Urteil unterzogen und rehabilitiert zu werden. Diese Anordnung wurde als eine ungebührende Einmischung in Disziplinarfragen angesehen. Dank der konzilianten Haltung der afrikanischen Bischöfe, die keinen weiteren Einspruch erhoben, hatte diese Angelegenheit kein Nachspiel. Zosimus verfügte, daß uneheliche Kinder und Diener nicht Geistliche werden konnten. Sein Leib ist in der römischen Kirche S. Lorenzo fuori le mura beigesetzt.

42. HL. BONIFATIUS (418-422)

Er wurde in Rom geboren. Fast unmittelbar nach dem Tod von Zosimus, wählte ein Teil der Bevölkerung den Archidiakon Eulalius zum Papst, während die Mehrheit des Klerus und der andere Teil der Bevölkerung den alten Presbyter Bonifatius bevorzugte. Die beiden Fraktionen konnten sich nicht einigen, so daß die Entscheidung in die Hände des Kaisers Honorius gelegt werden mußte. Letzterer ordnete das Fernbleiben der beiden Kandidaten von Rom an, während eine Synode eine diesbezügliche Entscheidung getroffen hätte. Man bestätigte die Wahl von Bonifatius. Honorius legte für die Zukunft fest, daß im Falle eines Streites zwischen zwei Prätendenten, nur derjenige Papst werden konnte, der mit einmütiger Zustimmung gewählt würde. Bonifatius mußte sich sofort mit dem Problem der pelagianischen Häresie auseinandersetzen. Wie seine Vorgänger Innozenz und Zosimus hielt er an der Position der Verurteilung fest. Er wiederholte fast auf die gleiche Weise den Fehler Zosimus' gegenüber der afrikanischen Kirche des Heiligen Augustinus, indem er die Wiederaufnahme eines gewissen Bischofs Antonius bewilligte, der vom Heiligen Augustinus wegen Unwürdigkeit abgesetzt worden war. Dieser Vorfall war Grund für eine gewisse Spannung zwischen den beiden Kirchen, die aber zu keinen Konsequenzen führten.

43. HL. COELESTIN (422-432)

Er wurde in Kampanien geboren. Die Tatsache, daß er mit dem Heiligen Augustinus befreundet war, erleichterte die Aussöhnung mit der afrikanischen Kirche (siehe vorheriger Papst). Rom behielt das Primat bei, aber die afrikanische Kirche war in Disziplinarfragen selbstständig. Die schreckliche Invasion der Vandalen in Nordafrika, die die dortige Kirche in eine verzweifelte Situation stürzte, geht auf diese Jahre zurück. Unter seinem Pontifikat wurde die von Nestorius aufgeworfene Frage in Bezug auf die Bezeichnung der Jungfrau Maria, die seiner Meinung nach als "Mutter Christus" und nicht als "Mutter Gottes" bezeichnet werden sollte, gelöst. Coelestin wurde auf den Plan gerufen und verdammte Nestorius. Aber Kaiser Theodosius II., der auf der Seite Nestorius' stand, verlangte, daß die Streitfrage auf einem Konzil gelöst würde. Es wurde in der Folge das ökumenische Konzil von Ephesus einberufen, welches die Verdammung von Nestorius bestätigte. Theodosius nahm dieses Urteil zur Kenntnis. Nestorius zog sich in ein Kloster in Ägypten zurück, wo er starb. Coelestin gab durch das Werk Palladius' und des hl. Patrizius der Missionierung Schottlands und Irlands einen großen Impuls. In seinen Schriften wird zum ersten Male der Gebrauch des *Bischofsstabes* als Zeichen der Pastoralgerichtsbarkeit der Bischöfe zitiert. Coelestin wurde im Friedhof der Priscilla beigesetzt.

44. HL. SIXTUS III. (432-440)

Er wurde in Rom geboren. In Nachahmung Coelestins verdammte er die Lehre von Pelagius und Nestorius, indem er die Berufung Euterius', der nach Rom gekommen war, um die Sache des Letzteren zu vertreten, ablehnte. Auf jeden Fall wurden die letzten Streitfragen geschlichtet und die Jungfrau Maria wurde universell als die "Mutter Gottes" anerkannt. In Erinnerung an dieses Ereignis ließ Sixtus die Basilika S. Maria Maggiore errichten. Er verschönerte und bereicherte sie mit einer außergewöhnlich prunkvollen Ausstattung und mit herrlichen Mosaiken, die noch heute auf den Wänden des Mittelschiffes, auf dem Gebälk und auf dem Triumphbogen sichtbar sind. Sixtus veranlaßte den Bau und die Restaurierung von verschiedenen anderen Kirchen und heiligen Orten in Rom, wie das konstantinische Baptisterium des Laterans und S. Lorenzo in Lucina. Er wurde in S. Lorenzo fuori le mura begraben.

45. HL. LEO (DER GROSSE) (440-461)

Er wurde in Volterra, in Etrurien, geboren. Er wurde einstimmig vom Klerus und von der Bevölkerung zum Papst gewählt. Mit ihm nimmt das Papsttum jenes Charakteristikum an, durch das es sich auszeichnet und zwar die unbestrittene Autorität in Sachen der Disziplin und der Doktrin. Deswegen wird Leo im allgemeinen als der *erste Papst* bezeichnet. Er überragte nicht nur alle seine Vorgänger in der Zuschreibung dieser Rolle, sondern galt als ein Beispiel für die kommenden Jahrhunderte - er war die ideale Gestalt des römischen Papstes. Die zwei Hauptprobleme seiner Zeit, d.h. die Häresie und die Barbaren, wurden von ihm mit demselben Mut und Einsatz angegangen. Unter den von ihm bekämpften Häresien war die vom Griechen Eutyches gepredigte und von Kaiser Theodosius II. unterstützte die Wichtigste. Die Lehre des Eutyches war das Gegenteil der arianischen Lehre, insofern sie die göttliche Natur von Christus so stark hervorhob, daß sie die menschliche annullierte. Leo drängte auf die Einberufung eines ökumenischen Konzils, das dieses schwerwiegende Problem endlich lösen sollte. Dies war erst nach dem Tode Theodosius' möglich, als es von dessen Frau Pulcheria nach Chalcedon einberufen wurde. Von diesem Konzil wurden zwei fundamentale Entscheidungen getroffen und zwar der Erlaß eines dogmatischen Dekretes, das sich von den Doktrinen des Konzils von Nizäa inspirieren ließ und die Akzeptierung der Lehre Leos, welche Wort für Wort dem Bischof von Konstantinopel, Flavian, diktiert wurde. Nachdem man die Worte des Briefes Leos angehört hatte, war der Kommentar der Konzilsversammlung emblematisch: "durch den Mund Leos hat Petrus gesprochen". Dies ist die Anerkennung des Primates von Rom. Die Angelegenheit des Hunnenkönigs Attila sollte ihm unbedingte Autorität verleihen. Dieser war bereit Rom zu besetzen. Als er aber zögerte, wurde eine Gesandschaft, an der Leo teilnahm, beauftragt, mit Attila zu verhandeln. Papst Leo war der hauptsächliche Gesprächspartner Attilas. Man weiß nicht genau, was Leo dem großen Barbaren sagte, auf jeden Fall zog sich dieser zurück. Sicherlich benützte Leo in den Verhandlungen politische und wirtschaftliche Argumente und wohl nicht Beinflussungen oder Drohungen geistlicher Natur. Jedoch gibt es viele legendäre Geschichten, die um dieses Ereignis und um den Papst entstanden sind. Leo konnte den mit Attila erzielten Erfolg nicht mit den Vandalen Geiserichs wiederholen, die auf Grund eines von der Kaiserin Eudoxia angezettelten Intrigenspiels des Hofes in Rom eindrangen und es wild plünderten. Geiserich versprach ihm, nur die Basiliken St. Peter, St. Paul und St. Johannes im Lateran zu verschonen. Außer diesen Gebäuden blieb nichts unversehrt. Diese Invasion ereignete sich im Juni 455. Der Schrecken, die Zerstörungen und die Plünderungen dauerten fünfzehn Tage. Papst Leo blieb nichts anderes übrig, als die vielgeliebte Stadt, von der nur ein Trümmerhaufen übrig blieb, wieder aufzubauen. Er hinterließ viele Briefe und mehrere Predigten. Er wurde in der alten Basilika von St. Peter begraben.

46. HL. HILARUS (461-468)

Er wurde in Cagliari in Sardinien geboren. Er zeichnete sich bereits als Gesandter von Papst Leo am Konzil von Ephesus aus. Von ihm existieren nicht viele Dokumente, aber es ist sicher, daß er sich in der hohen Schule Leos bildete. Er zeigte Standhaftigkeit gegenüber dem Kaiser Anthemius, der eine Gemeinschaft von Häretikern beschützte, die von einem gewissen Philotheus geleitet wurde. Er nahm sich der Bildung des Klerus an und ordnete an, daß weder die Bischöfe noch der Papst ihre Nachfolger auswählen konnten. Im Lateran richtete er zwei Bibliotheken ein, die den Grundstein der vatikanischen bilden sollten. Er achtete besonders auf die Verschönerung von Oratorien und Klöstern,wofür er keine Kosten scheute. Dabei ließ er möglichst viel Gold, Silber und anderes wertvolles Material verwenden. Er fand an Prunk und Reichtum großen Gefallen. In dieser Hinsicht war er kein guter Schüler Leos, der sich auch für die Probleme des Volkes empfänglich zeigte. Diese Zurschaustellung des Reichtums seitens der Kirche stand in krassem Gegensatz zur damals herrschenden Armut. Hilarus wurde in S. Lorenzo fuori le mura begraben.

47. HL. SIMPLICIUS (468-483)

Er wurde in Tivoli geboren. Während seines Pontifikates brach das Westreich unter den Angriffen der Barbaren zusammen und Italien endete in deren Händen. Der erste Barbarenkönig war Odoaker. Er war arianischen Glaubens, gewährte jedoch Religionsfreiheit. Die neuen politischen Bedingungen hatten zu einem Bruch zwischen Italien und Konstantinopel geführt, was Rom in die Rolle einer abgelegenen Provinz abgleiten ließ. Die Stimme des Papstes hatte ein geringeres Echo und verlor an Autorität, was seinen Einfluß in den Beziehungen zwischen Osten und Westen auf den verschiedenen Gebieten verminderte. Aus denselben Gründen wuchs sein Gewicht und sein Einfluß im Westen. Von diesem Zeitpunkt an wird der Papst und die römische Kirche zum Angelpunkt, um den sich in der Folge die gesamte Politik und das gesamte westliche Leben bis in die moderne Zeit drehen soll. Simplicius widmete sich der Organisation des Vermögens des Heiligen Stuhls und erwies sich dabei als ein ausgezeichneter Verwalter. Er setzte die von Hilarus begonnene Bautätigkeit fort. Was jedoch von Simplicius den größten Einsatz verlangte, waren nicht die Barbaren, die sich im Grunde genommen als würdige Fortsetzer des Reiches erwiesen, sondern vielmehr die alten und neuen Häresien. Er schickte die Presbyter überallhin, um die arianische Häresie zu bekämpfen; dasselbe machte er im Falle der Lehre Eutyches', zu der sich auch der Kaiser Zenon bekannte.

48. HL. FELIX III. (483-492)

Er wurde in Rom in der adeligen Familie der Anicier geboren. Er wurde auf Vorschlag Odoakers gewählt und versuchte den Sitz Roms wieder auf dasselbe Niveau wie zur Zeit von Papst Leo zu bringen. Aus diesem Grunde schickte er zwei Bischöfe nach Konstantinopel, um eine Erklärung für das Verhalten des Patriarchen Akakios zu verlangen, welcher mit der Unterstützung Zenons den Bischof von Alexandrien abgesetzt hatte. Akakios bestoch die zwei Bischöfe, die folglich ihren Auftrag nicht ausführten und die deshalb von Felix ihres Amtes enthoben und exkommuniziert wurden. Auch Akakios wurde exkommuniziert, weil er die Worte des römischen Papstes nicht berücksichtigte und so praktisch das erste Schisma verursachte, welches 35 Jahre dauern sollte. Hingegen nahm Felix gegenüber Zenon eine wohlwollendere Haltung ein, die im großen und ganzen väterlich und verständnisvoll war. Felix beschränkte sich darauf, ihn einzuladen, den Willen der legitimen Bischöfe Folge zu leisten, falls er nicht gegen den göttlichen Willen verstoßen wollte und falls er an der Rettung seiner Seele interessiert wäre. Weiters wendete er sich mit der Anrede “Sohn” an den Kaiser, was bis dahin kein Papst gemacht hatte. Zenon folgte diesen Rat nicht und zeigte sich noch dazu über diese Einladung und diese Vertrautheit so verärgert, daß er Theoderich, den König der Ostgoten veranlasste, mit seinen Truppen gegen Odoaker, den Freund und Beschützer von Felix vorzugehen. Dieses Manöver gelang und Theoderich wurde König Italiens, aber sowohl Felix als auch Zenon waren inzwischen verstorben. Felix wurde als einziger Papst in der Basilika St. Paul außerhalb der Stadtmauern begraben.

49. HL. GELASIUS (492-496)

Er wurde in Afrika geboren und war Sekretär von Felix III. Wie sein Vorgänger, versuchte er, eine Wiedervereinigung zwischen der Ost- und der Westkirche herbeizuführen. Sein Vorhaben blieb ohne Erfolg, auch wegen der Opposition des Kaisers Anastasius, der eine spöttische Haltung einnahm. In einem berühmten Brief, den Gelasius an diesen Kaiser sandte, versuchte er, seinen Gedanken über die weltliche und geistliche Gewalt zu erklären. Gemäß seinen Vorstellungen war von den beiden die geistliche Gewalt die höherstehende, der sich folglich auch der Kaiser unterwerfen müsse. Letzterem stehe ausschließlich die Ausübung der weltlichen Gewalt zu. Andererseits würden sich auch die Diener Gottes - in Bezug auf materielle Sachen - den kaiserlichen Gesetzen unterwerfen. Wenn es auch richtig sei, daß die Gläubigen den Bischöfen unterstellt werden, sei es genauso notwendig, daß alle die Vorrangstellung des Hauptes jener Kirche anerkannten, die Gott zur ersten unter allen Kirchen ausgewählt hat, nämlich die Kirche Roms. Nie zuvor war eine Botschaft so klar gewesen. Er bemühte sich, die letzten Reste der heidnischen Feste und Riten, die noch in den Gewohnheiten der Christen fortlebten, zu beseitigen. Er zögerte auch nicht auf das Vermögen der Kirche zurückzugreifen, um den Bedürfnissen der Bevölkerung auf Grund von Hungersnöten, Pestseuchen oder einfach nur der Armut wegen entgegenzukommen. Er wurde "Vater der Armen" genannt.

50. ANASTASIUS II. (496-498)

Er wurde in Rom geboren. Da er den Willen hatte, das Schisma zu beenden, zeigte er sich, auf Grund seines schwachen und konzilianten Charakters, bereit, der Ostkirche Konzessionen zu machen, die sich der monophysitischen Position von Eutyches annäherten. Auf diese Weise zog er sich von vielen Seiten des Klerus und des Volkes Antipathien zu. Anastasius II. konnte nicht das Niveau seines Vorgängers Gelasius erreichen, vor allem was die Verteidigung des Prestiges und des Ansehens der römischen Kirche betraf. Er selbst wurde der Häresie bezichtigt und ging mit diesem Ruf in die Geschichte ein. Er bekam sogar von Dante einen Platz in der Hölle zugewiesen. Während seines Pontifikats bekehrte sich Chlodwig, der König der Franken, zum Christentum.

51. HL. SYMMACHUS (498-514)

Er wurde in Sardinien geboren. Am Tag seiner Wahl wurde auch sein Gegenkandidat, der Archipresbyter Laurentius, zum Papst geweiht. Aber Theoderich, der hinzugezogen wurde, bestätigte die Legitimität der Wahl Symmachus'. Laurentius gab sich nicht geschlagen und kämpfte mit allen Mitteln, auch mit dem der Verleumdung. Der Streit wurde durch eine Synode mit 125 Bischöfen beigelegt, an der Symmachus als Papst bestätigt wurde. Die Angelegenheit der Wahl, die Anklagen und Verleumdungen der Gegenseite beschäftigten ihn für viele Jahre und machten ihm das Leben schwer. Er wandte sich gegen Kaiser Anastasius und exkommunizierte ihn, weil er ein Anhänger von Akakios war und weil er ihn mit Arroganz behandelt, ja sogar verschmäht hatte. Er widmete sich der Verschönerung Roms, indem er neue Kirchen und Paläste bauen ließ. So wird ihm unter anderem der Bau des ersten Kerns des späteren Vatikanspalastes zugeschrieben, wo die Päpste seit der Rückkehr aus Avignon wohnten. Er erklärte den Besitz der kirchlichen Güter als legitim und gab sie dem Klerus zur Nutznießung.

52. HL. HORMISDAS (514-523)

Er wurde in Frosinone geboren. Unter seinem Pontifikat wurde die endgültige Aussöhnung zwischen Ost- und Westkirche verwirklicht. Er erwies sich bei Verhandlungen fähig und einflußreich. In Konstantinopel wurde die sogenannte Hormisdas-Formel unterzeichnet, die sich im Wesentlichen auf die Lehre der Konzile von Nicäa und Chalcedon sowie auf den Brief des hl. Leo d. Gr. berief. Die Formel endete wie folgt: "Ich stimme mit dem Papst in der Bekenntnis der Doktrin überein und mache denjenigen Vorwürfe, denen er Vorwürfe macht". Auf politischem Gebiet kam es wegen des Kaisers Justin zu einem richtiggehenden Bruch zwischen Osten und Westen. Dieser wollte Italien zurückerobern und es wieder in das Reich eingliedern. Aber er mußte mit Theoderich abrechnen. Er verwendete gegen den Letzteren, einen Arianer, das Mittel der Religion, wobei er auf die Unterstützung des Papstes und der Katholiken zählte. Er wiegelte folglich die Bevölkerung Italiens gegen ihn auf, begann mit einem Edikt die Verfolgung der Arianer und ließ ihre Kirche schließen. Die Antwort Theoderichs bestand in der Verfolgung der Katholiken, die er für die kaiserliche Politik verantwortlich hielt. Hormisdas erließ Gesetze auf dem Gebiet der kirchlichen Disziplin: die Bischofsämter durften nicht als Gegenleistung für Privilegien und Schenkungen zugeteilt werden. Während seines Pontifikates gründete der Heilige Benedikt seinen Orden.

53. HL. JOHANNES (523-526)

Er wurde in der Toskana geboren. Sein Pontifikat war kurz, aber stürmisch, weil sich während dieser Periode die feindliche und verfolgerische Haltung Theoderichs negativ auf die römische Kirche auswirkte. Theoderich war überzeugt, daß sich der Senat und der römische Bischof, sich gegen ihn verschworen hatten und daß sie die eigentlichen Anstifter der Verfolgung gegen die Arianer seitens Justins waren. In diesem Zusammenhang waren der Senator Symmachus und Severinus Boethius mit der Anklage des Hochverrates bereits zum Tode verurteilt worden. Von Theoderich aufgefordert, begab sich Johannes mit dem Auftrag nach Konstantinopel, vom Kaiser Justin die Einstellung der Verfolgung gegen die Arianer zu verlangen. Er war der erste Papst, der sich nach Konstantinopel begab. Johannes wurde triumphal als Oberhaupt der Christenheit empfangen. Bei dieser Gelegenheit nahm er die feierliche Krönung des Kaisers vor. Es gelang ihm, das Edikt gegen die Arianer widerrufen zu lassen, jedoch erreichte er nicht - auch weil er es nie verlangt hatte -, daß sich die reuigen Arianer wieder zu ihrem Glauben bekehren durften, wie Theoderich ausdrücklich gefordert hatte. Diese Tatsache reizte den ostgotischen König, der den Papst, nachdem er über seine Reise berichtet hatte, als Gefangener in Ravenna festhielt. Johannes starb in Ravenna und wurde erst später nach Rom gebracht, wo er in den vatikanischen Grotten begraben liegt. In einer Inschrift wird er als "victima Christi" definiert.

54. HL. FELIX IV. (526-530)

Er wurde wahrscheinlich in Benevent geboren. Sicherlich wurde seine Wahl von Theoderich aufgezwungen, aber er wurde in Anbetracht des Terrorklimas, in dem man lebte, dennoch akzeptiert. Theoderich starb einige Wochen danach und so hörten auch dank der guten Beziehungen zwischen dem Papst und der Königin Amalaswintha, Regentin des neuen Kind-Königs Athalarich, die Verfolgungen auf. Es gelang ihm durchzusetzen, daß der Bischof von Rom in Streitfragen zwischen Laien und Geistlichen zu einem über den Zivilgerichten stehenden Schiedsrichter wurde. Er ordnete an, daß jene Aspiranten, die keine starke und feste Berufung zeigten, nicht zu Priestern geweiht werden durften. Auf Grund seines schlechten Gesundheitszustandes war er äußerst darüber besorgt, daß sich die Kirche nach seinem Tode in einer von Spannungen oder Schismen geprägten Situation befinden könnte. Aus diesem Grund bediente er sich des Ediktes von Symmachus aus dem Jahre 529, um seinen Nachfolger zu ernennen. Das Pallium ging an den Archidiakon Bonifatius über, der ihm in der Tat nachfolgen sollte. In diesen Jahren verbreitete sich in Italien der benediktinische Mönchsorden, der das berühmte Kloster von Montecassino erbaute.

55. BONIFATIUS II. (530-532)

Er wurde in Rom geboren, war aber deutscher Herkunft. Felix IV. hatte ihn zu seinem Nachfolger designiert und ein Teil des Klerus war bereit, seinen letzten Willen zu respektieren. Doch die Mehreit der Presbyter stellte ihm den Gegenpapst Dioskur von Alexandrien entgegen, der aber nur 22 Tage nach seiner Wahl starb. Bonifatius wurde danach auch von der Gegenpartei anerkannt. Es scheint, daß seine einzige Sorge der Vorbereitung seiner Nachfolge galt. Zum diesen Zwecke ließ er sich vom römischen Klerus einen Eid unterzeichnen, in dem sich dieser verpflichtete, nie mehr die bei seiner Wahl aufgetretenen Uneinigkeiten entstehen zu lassen. Er setzte die Wahl des Diakons Virgilius zu seinem Nachfolger durch. Darauf reagierte der Senat, indem er den Papst des Machtmißbrauches bezichtigte und ihn vor eine Synode lud, damit er sich dort rechtfertige. Bonifatius erschien vor der Synode und verbrannte vor der Versammlung den Eid mit den Unterschriften, womit es ihm gelang, eine Verurteilung zu verhindern. Dies brachte ihn wahrscheinlich um einen Platz in der offiziellen Liste der Heiligen. In der Tat war er der erste Papst, der nicht heilig gesprochen wurde. Bei dieser Gegenheit wurden für die Wahl des Papstes Regeln festgelegt und im besonderen wurde der Gebrauch von Geld und von Geschenken, um sich ein Amt oder einen Vorteil zu sichern, verboten. Dieses Dekret war das letzte, das vom römischen Senat erlassen wurde.

56. JOHNANNES II. (533-535)

Mercurius - so lautete sein richtiger Name - wurde in Rom geboren. Er verlangte von Athalarich ein Dreket gegen die Simonie, "welche die Ernennung der Bischöfe vergiftete und die Wahl des Papstes negativ beeinflußte". Athalarich gewährte nicht nur dieses Dekret, wobei er sich das Recht vorbehielt, die Wahl zu bestätigen, sondern stellte auch einen Geldbetrag für die laufenden Ausgaben im Falle einer umstrittenen Wahl und bei Streitfragen, zu deren Lösung Ravenna zum Eingreifen aufgefordert wurde, zur Verfügung. Aber bald danach starb Athalarich und auch Amalswintha, die auf einer kleinen Insel inmitten des Bolsenasees mit durchschnittener Kehle gefunden wurde. Ihr Mann Theodahad, den sie im letzten Moment geheiratet hatte, um das Reich der Goten zu retten, hatte sie dorthin verbannt. In der Zwischenzeit erhielt Johannes II. von Justinian, der dabei war, sich Italien wieder anzueignen, reiche Geschenke für die Peterskirche und ein Bekenntnis zum orthodoxen Glauben, welcher die gött-liche Mutterschaft Marias und die Doktrin über die Person Jesus Christus bestätigte.

57. HL. AGAPET (535-536)

Er wurde in Rom geboren und entstammte der adligen Familie Anicia. Von festem Glauben erfüllt, übte er sein Amt mit großem Einsatz und Eifer aus, wie uns zahlreiche Briefe von ihm bezeugen. Kurz nach seiner Wahl mußte er sich mit einem ernsthaften Problem auseinandersetzen. Belisar, ein General Justinians, war in Italien eingedrungen, um gegen die Goten von Theodahad mit dem Ziel zu kämpfen, die Halbinsel wieder unter die Jurisdiktion von Konstantinopel zu bringen. Der gotische König bat den Papst, Justinian von seinem Vorhaben abzubringen. Agapet begab sich daher in den Osten, aber seine Reise blieb ohne Erfolg. Seine Aufmerksamkeit war auf Probleme anderer Art gerichtet. Unmittelbar nach seinem Eintreffen im Osten exkommunizierte er den Patriarchen Anthimus, einen Schützling Theodoras, und zwang ihn, von seinem Amt zurückzutreten. An seiner Stelle wurde der Katholik Mena geweiht, der auch die Zustimmung Justinians hatte. Kurz vor seiner Abreise nach Rom verstarb Agapet plötzlich. Sein Leib wurde jedenfalls nach Rom überführt, wo er auch begraben liegt.

58. HL. SILVERIUS (536-537)

Er stammte aus Kampanien und wurde in aller Eile auf Gebot von Theodahad gewählt, der in Rom weilte, um auf die Rückkehr von Agapet aus Konstantinopel zu warten. Die Ereignisse überstüzten sich: Theodahad wurde ermordet und der neue König Witigis zog sich nach Ravenna zurück, um den Kampf gegen Belisar, der in Italien eingedrungen war und sich bereits Rom annäherte, besser organisieren zu können. Kurz danach und auf Einladung von Papst Silverius zieht letzterer er in Rom ein. Trotz dieser Zusammenarbeit mußte Silverius wegen der Kaiserin Theodora viel durchmachen, da sie sich wegen des vom Papst Agapet erlittenen Mißerfolges im Hinblick auf den Erzbischof von Konstantinopel an Rom rächen wollte. Ihr war bekannt, daß Silverius dieselbe Meinung vertrat wie sein Vorgänger. Deshalb stellte sie ihm den römische Diakon Vigilius entgegen, der danach strebte, Papst zu werden. Außerdem veranlasste sie Belisar mit niederträchtigen Winkelzügen und falschen Anklagen, ihn abzusetzen und ins Exil zu schicken. Silverius wurde nach Lykien geschickt. Justinian erkannte seine Unschuldigkeit an und ließ ihn nach Rom zurückkehren. Mit neuen Vorwänden wurde er wieder festgenommen und auf die Insel Ponza (Palmaria) gebracht, wo er vielleicht auf Grund eines Mordes starb und wo er auch bestattet ist. Vor dem Tod scheint er auf das Pontifikat verzichtet zu haben.

59. VIGILIUS (537-555)

Er wurde in Rom als Sohn einer adligen Familie geboren. Er bestieg den Papstthron mit Hilfe der Simonie und der Verleumdung und dank eines gegen Silverius, unter Mitbeiligung der Kaiserin Theodora, geschmiedeten Komplottes. Von seiner Frau Antonina, die am Komplott teilnahm, dazu verleitet, erklärte Belisar die Wahl von Vigilius für gültig. Letzterer hatte aber Theodora versprechen müssen, daß er im Falle seiner Wahl zum Papst dem Anhänger der Lehre Eutyches', Anthimus, den Sitz von Konstantinopel zurückerstattet hätte und daß er auch die Verurteilung der monophysitischen Theorie, die während des Konzils von Chalcedon ausgesprochen wurde, zurückgezogen hätte. Als man von Vigilius die Einhaltung des Abkommens verlangte, gab er anfangs nach, indem er die Verurteilung zurückzog, was aber den Widerstand aller westlichen und afrikanischen Bischöfe hervorrief. In der Folge machte er seine Entscheidung rückgängig und dies reizte den byzantinischen Kaiser. In der Tat rief ihn Justinian nach Konstantinopel, wohin er mit Gewalt gebracht wurde. Virgilius wurde mit großen Ehren empfangen, wurde aber in Wirklichkeit wie ein Gefangener gehalten. Der Kaiser bestand darauf, daß der Papst die Verurteilung der Lehre Eutyches' widerrief. Dieses Mal zeigte Vigilius mehr als bei anderen Gelegenheiten seine ganze Schwäche, indem er von einer Position zu deren exakten Gegenteil schwenkte. Mit diesem Verhalten machte er einmal die einen, einmal die anderen unzufrieden. Die letzte Entscheidung von Vigilius fiel zugunsten Justinians aus. Um ihn dafür zu belohnen, daß er endlich nach seinem Willen gehandelt hatte, erließ Justinian die sogenannte "Pragmatische Sanktion", gemäß der der Papst an der byzantischen Regierung in Italien teilnehmen konnte und die den Bischöfen neben der zivilen und religösen auch die richterliche Gewalt anerkannte. Diese Tatsache stärkte ohne Zweifel die Macht der Kirche gegenüber dem Staat. Andererseits behielt sich der Kaiser das Recht zur Gültigerklärung der Wahl des römischen Papstes vor. Vigilius starb in Syrakus während der Rückreise nach Rom.

60. PELAGIUS (556-561)

Er wurde in Rom geboren. Während der Reise von Vigilius in den Osten war er in Rom geblieben, um ihn zu vertreten. Da er dies mit Erfolg tat, wurde er ein Jahr nach dem Tod von Vigilius zum Papst gewählt. Seine Persönlichkeit war anfangs beliebt, da er gegenüber Konstantinopel eine distanziertere, entschlossenere und im Hinblick auf die Prinzipien konsequentere Haltung einnahm. Nachdem er aber zum Papst gewählt worden war, zog er - vielleicht um sich die Gunst des Kaiser zu erwerben -, die Verurteilung von Eutyches zurück und akzeptierte die Entscheidungen des Konzils von Konstantinopel, das sich zugunsten der Häresie ausgesprochen hatte. Dieser Umfall sollte ihn für den Rest seines Lebens belasten. Obwohl er dieses Nachgeben mehrere Male und bei verschiedenen Gelegenheiten mißbilligte und seine völlige Treue zum orthodoxen Glauben der vier ökumenischen Konzile und besonders des Konzils von Chalcedon bekräftigte sowie feierliche Eide ablegte, wurde dieser Vorfall nie vergessen. Pelagius war sehr auf die Verbesserung der Lebensbedingungen der verarmten römischen Bevölkerung bedacht, wobei er die von der "Pragmatischen Sanktion" Justinians gewährten Vorrechte ausnützte.

61. JOHANNES III. (561-574)

Er wurde in Rom in einer adeligen Familie geboren. Unter seinem Pontifikat drangen die Langobarden in Italien ein und verbreiteten Tod und Schrecken: " .. die Menschen fielen wie von einem gezogenen Schwert niedergemäht". Dieser Ausdruck stammt von Gregor dem Großen. Narses, der Nachfolger Belisars, wurde nach Konstantinopel zurückberufen und an seiner Stelle wurde vom neuen Kaiser Justinian II. Longinus gesandt. Trotz der guten Absichten der Kaiser und auf Grund eines schwachen Heeres, war Italien gegenüber jeglichem Angriff von außen fast völlig ungeschützt. Johannes starb, als die Situation verzweifelt und dramatisch geworden war.

62. BENEDIKT (575-579)

Er war Römer. Sein kurzes Pontifikat war durch die Langobarden von Cleph, die Rom unter Belagerung nahmen,und durch die große Hungersnot, die die innerhalb der Mauern lebende Bevölkerung traf, gekennzeichnet. Nachdem auf Grund dieser Belagerung die Beziehungen und die Kommunikation mit Konstantinopel abgebrochen worden waren, war Rom allein auf sich gestellt.

63. PELAGIUS II. (579-590)

Er wurde in Rom geboren und war vielleicht gotischer Herkunft. Seine Ernennung zum Papst erhielt keine kaiserliche Zustimmung. Der Grund dafür lag darin, daß der Kaiser darüber nicht informiert wurde. Die Langobarden blieben weiterhin eine Bedrohung für Rom, wenn auch der Druck und die Gewalttätigkeiten dank der Hilfe der katholischen Theolinde, der Frau des neuen Königs Autari, schwächer geworden waren. Die Langobarden waren dagegen Arianer. Auch Pelagius, wie bereits sein Vorgänger, mußte alle Probleme ohne die Hilfe Konstantinopels d.h. allein lösen. Er wandte sich auch an die Franken aber ohne Erfolg. Er widmete sich der Linderung der Beschwerlichkeiten und Bedrängnisse der Armen und der Alten, die er ständig in seinem Palast beherbergte. Er ordnete an, daß alle Presbyter das Brevier beteten. Er wandte sich gegen die Entscheidung des Kaisers, dem Erzbischof von Konstantinopel den Titel "ökumenisch" zu verleihen, und verweigerte diesem seine Anerkennung. Er erlag an den Folgen einer schrecklichen Pest, die in Ägypten ihren Ursprung hatte und Menschen und Tiere dezimierte.

64. HL. GREGOR (DER GROSSE) (590-604)

Er wurde in Rom geboren und stammte aus dem Adelsgeschlecht Anicia. Als er in den Benediktinerorden, dessen Regeln er gewissenhaft befolgte, eintrat, war er Präfekt von Rom und hatte eine glänzende politische Zukunft vor sich. Er führte ein kümmerliches Dasein. Er benützte das Familienvermögen für den Bau von mehreren Klöstern. Papst Pelagius stellte ihn in seine Dienste, weihte ihn zum Diakon und sandte ihn als päpstlichen Apokrisiar nach Konstantinopel, wo er eine wertvolle Tätigkeit im Dienste der Kirche ausübte. In diesen Jahren gelangte er zur Überzeugung, daß Rom für Konstantinopel weder von religiösem noch von politischem Interesse war. Der päpstliche Sitz war allein auf sich gestellt. Nach dem Tode von Pelagius wurde Gregor sofort zum Papst gewählt. Nachdem er die Interesselosigkeit von Konstantinopel für Rom und Italien zur Kenntnis genommen hatte, löste er sich davon los, was ihm erlaubte, die eigene Autonomie zurückzugewinnen. Da ein politisches Machtzentrum fehlte, war die Kirche der einzige Bezugspunkt der italienischen Bevölkerung. Sie übernahm - in einem natürlichen Prozeß - eine Führungs - und Schiedsrichterrolle nicht nur in geistlichen und religiösen, sondern auch in weltlichen Situationen. Gregor, der als Konsul Gottes bezeichnet wurde, benützte diese neue Rolle ausschließlich im Dienste der Kirche und des Volkes. Er stellte die Schätze der Kirche und das Vermögen seiner Familie zur Verfügung, um das Volk zu ernähren. Er zahlte dem Langobardenkönig Agilulf einen Tribut, damit dieser von der Belagerung, die seit Jahren die Stadt peinigte und das Leben trostlos und unmöglich machte, abließ. Diese Initiative wurde von Kaiser Mauritius, der ihn als "einen völlig unfähigen Diplomaten" bezeichnete, kritisiert. Aber Konstantinopel vermochte nur zu kritisieren. Gregor entfernte alle jene Laien und Diakone vom päpstlichen Hof, welche der Kirche mit der Praktik der Simonie Schaden zufügten und setzte rechtschaffene und zuverlässige Benedektinermönche an ihre Stelle. Unter Mitwirkung von Theolinde begann er eine umfangreiche Missionsarbeit, die die Bekehrung der Langobarden zum Katholizismus zum Ziel hatte. Aus diesem Anlaß schenkte er ihr die Heilige Eiserne Krone, die Konstantin gehörte und die heute im Dom von Monza aufbewahrt wird. Mit demselben Eifer und Einsatz ging er an die Reorganisation des liturgischen Lebens der Kirche, indem er das Meßbuch neu gestaltete und die Gottesanbetung mit dem nach ihn benannten Gesang bereicherte, welcher noch heute die Grundlage feierlicher Liturgien ist. Er nahm sich ständig und mit besonderer Aufmerksamkeit der Armen an, mit denen er gewöhnlich die Mahlzeiten einnahm. Um seine Persönlichkeit entstanden viele legendäre Geschichten. In einigen sind - neben seiner Person - die Engel Protagonisten. Als Demutsbezeugung liebte er es, sich als "servus servorum Dei" zu bezeichnen. Von diesem Moment an, fanden die römischen Päpste an dieser Bezeichnung Gefallen. Sein Leib ist in der klementinischen Kapelle der Peterskirche aufbewahrt.

65. SABINIAN (604-606)

Er wurde in der Toskana geboren. Er wurde von Gregor d. Gr. als Nuntius nach Konstantinopel gesandt, wo er sich jedoch nicht an die Weisungen des Papstes hielt, so daß er von ihm zurechtgewiesen und nach Rom zurückgerufen wurde. Er fühlte sich davon schwer beleidigt und als er den Heiligen Stuhl bestieg, wandte er jegliches Mittel an, um Gregor in ein schlechtes Licht zu bringen und dessen Ansehen zu vermindern. Sabinian bezichtigte ihn, daß er Gutes nur getan hätte, um geschätzt zu werden und daß er das Patrimonium Petri verschwendet hätte, auch wenn in ehrlicher Absicht. Dieser große Haß wurde durch die Eifersucht und den Neid genährt, die er verspürte, wenn er sah, wie sehr Gregor vom Volk geliebt und geschätzt wurde. Das Volk merkte dieses Verhalten und hielt es ihm vor. Jedoch verharrte er auf seiner offen feindlichen Haltung gegenüber seinem Vorgänger, der für einen Heiligen gehalten wurde, was dazu führte, daß er sich die Abneigung und den Haß des Volkes zuzog. Er starb wahrscheinlich eines gewaltsamen Todes.

66. BONIFATIUS III. (607-607)

Er wurde in Rom geboren, war aber griechischer Abstammung. Er war mit Gregor d. Gr. befreundet, der ihn als seinen Apokrisiar nach Konstantinopel sandte, wo er auch die Achtung des Kaisers Phokas genoß. Nachdem er zum Papst gewählt worden war, gestand ihm Phokas zu, daß der einzige Bischof, der sich mit dem Titel ökumenisch, d.h. universal, schmücken konnte, der Bischof Roms war. Das ist alles, was man über ihn weiß.

67. HL. BONIFATIUS IV. (608-615)

Er wurde in der Region der Marsi (Latium) geboren. Er war ein Mönch des Benediktinerordens. Bonifatius führte das Allerheiligenfest ein und kümmerte sich um den Lebensstandard sowie um die Bildung des niederen Klerus. Aber das bedeutendste Ereignis seines Pontifikates war die Umwandlung des Pantheons von einem allen Göttern gewidmeten heidnischen Tempel in eine der Jungfrau Maria und allen Märtyrern gewidmete christliche Kirche. Aus diesem Anlaß ließ Bonifatius eine große Menge von Gebeinen der Märtyrer aus den Katakomben entnehmen und in der Krypta unter dem Altar über der Confessio bestatten. Das alles war dank der Freigebigkeit des Kaisers Phokas möglich, der - um sich bei der römischen Bevölkerung beliebt zu machen - den Wunsch und das Verlangen von Bonifatius erfüllte. Vor der Geschichte steht Bonifatius auch das Verdienst zu, eines der schönsten und originellsten Denkmäler des antiken Roms vor der sicheren Zerstörung gerettet zu haben.

68. HL. ADEODATUS (615-618)

Er wurde in Rom geboren. Sein Pontifikat fällt mit einer Periode zusammen, in der sich das Gefühl der Unduldsamkeit und der Willen zur Unabhängigkeit gegenüber der byzantinischen Macht auf immer klarere und heftigere Weise bemerkbar machte. Es gab Aufstände in Ravenna, in Neapel und selbst in Rom. Die von den Langobarden regierten Gebiete genossen dagegen eine gewisse Ruhe. Adeodatus oder Deusdedit genoß den Ruf eines Wundertäters, da er auch die schwersten Formen der Pest heilen konnte, indem er bloß seine Lippen auf die unsauberen Wunden der Kranken legte. Von ihm kennt man das Bleisiegel, mit dem er die offiziellen Akte versah. Darauf waren der Gute Hirte unter den Schafen und die christologischen Symbole Alpha und Omega zu sehen. Er war der Erste, der dieses Siegel benützte. Es hat eine runde Form und die Größe einer Münze und heißt auf Lateinisch *bulla*. Er hinterließ für jeden bei seiner Begräbnisfeier anwesenden Kleriker ein silbernes Geschenk.

69. BONIFATIUS V. (619-625)

Er wurde in Neapel geboren. Nach seiner Wahl sollte er mehr als ein Jahr auf die kaiserliche Bestätigung warten. Es gibt nicht viele Angaben über ihn. Der "Liber pontificalis" und die Grabplatte beschreiben ihn wie folgt: "sehr sanft, liebenswürdig, bescheiden, freundlich und barmherzig" und "freigebig, gelehrt, keusch, ehrlich und gerecht". Seine besondere Sorge galt der angelsächsischen Kirche, was uns einige seiner Schriften bezeugen, wie ein Brief an den Bischof Justus von Rochester und Canterbury und ein anderer Brief an die Königin von Kent, Bertha. Er führte das *Asylrecht* für jeden, der in einer Kirche Zuflucht suchen sollte, ein. Während seines Pontifikates trat im Jahre 622 ein äußerst bedeutendes Ereignis ein und zwar die Hedschra, die Flucht Mohammeds aus Mekka und der Beginn seines Predigens. Es handelte sich um die erste Manifestation einer großen Religion, und zwar der muselmanischen, mit der von diesem Zeitpunkt an die ganze Welt rechnen muß.

70. HONORIUS (625-638)

Er wurde in Kampanien als Sohn einer adligen Familie geboren. Es gelang ihm, die Geistlichen der Kirche von Aquileia in die Kirche Roms zurückkehren zu lassen, die sich zusammen mit jenen von Mailand von ihr abgewandt hatten, weil sie in der berühmten Streitfrage der drei Kapitel des Konzils von Chalcedon, die die Häresie Eutyches verurteilten, eine von Rom verschiedene Meinung vertraten. Honorius selbst wurde als Häretiker verurteilt, weil er dem Patriachen Sergius von Konstantinopel zwei Briefe geschrieben hatte, in denen er die These des Monoenergismus (nur eine einzige Energie in Christus) annahm und dem Monotheletismus (nur ein Wille), einer in der Kirche - besonders in der Ostkirche - sehr verbreiteten Theorie, beistimmte. Er wurde sogar durch ein Konzil, nämlich das 3. Konzil von Konstantinopel im Jahre 68O, d.h. nach seinem Tode, angeklagt und mit einem Bann belegt. Zu seiner Verteidigung kann man sagen, daß die zwei Briefe nicht als dogmatisch angesehen werden können. Außerdem schrieb Honorius diese Briefe nur mit der Absicht, ein praktisches Problem zu lösen und zwar eine Diskussion zwischen Sergius und dem Mönchstheologen Sophronius. Im wesentlichen war Honorius nicht darauf bedacht, die in den Briefen behandelten Themen eingehend zu prüfen, welche daher nur auf eilige und oberflächliche Weise dargelegt wurden. Auf jeden Fall muß man ihm eine beträchtliche Fähigkeit in der Verwaltung des Vermögens des Heiligen Stuhls trotz der enormen Ausgaben für die von ihm veranlassten öffentlichen Arbeiten anerkennen. Es genügt, den Wiederaufbau des Aquäduktes Trajans', das das Wasser vom Braccianosee bis zum Janikulus brachte, die Erneuerung des Daches der Peterskirche sowie die Umwandlung verschiedener heidnischer Bauten in christliche Kirchen zu erwähnen. Er achtete besonders auf die Kirchendisziplin. Während seines Pontifikates fiel im Jahre 638 Jerusalem unter die islamische Herrschaft Omars.

71. SEVERINUS (640-640)

Er war ein römischer Presbyter. Severinus wurde sofort gewählt, konnte aber nicht geweiht werden, weil der Kaiser Heraklius seine Wahl nur unter der Bedingung bestätigen wollte, daß er sein Edikt, die sogenannte *Ekthesis* (Glaubensbekenntnis), die den Monotheletismus als eine orthodoxe Doktrin anerkannte, für gültig erklären würde. Die Boten, die Severinus nach Konstantinopel sandte, um das Problem zu behandeln, versprachen, daß der Papst unmittelbar nach der kaiserlichen Bestätigung für sein Amt seine Zustimmung gegeben hätte. Severinus erklärte dagegen das Edikt nicht nur für ungültig, sondern ließ es auch durch ein Konzil verurteilen. Der Kaiser rächte sich, indem er - mit falschen Vorwänden und falschen Beschuldigungen - den päpstlichen Schatz plündern ließ. Das Pontifikat Severinus' war kurz. Er starb wahrscheinlich an Kummer.

72. JOHANNES IV. (640-642)

Er wurde in Dalmatien geboren. Es gibt nicht viele Angaben über ihn. Auf dem Gebiet der Doktrin trat er in die Fußstapfen seiner Vorgänger, indem er einerseits den Monotheletismus und den Monoenergismus des Patriarchen Sergius verdammte und andererseits das Werk und das Andenken des Papstes Honorius verteidigte. Es scheint, daß er seinen Landsleuten viele Mittel zur Verfügung stellte, um ihnen zu helfen, sich aus den bedrückenden Umständen zu befreien, die sie unter den Slawen erleiden mußten. Er ließ die Leiber von drei Märtyrern, Venantius, Anastasius und Maurus nach Rom überführen. Ihnen ist eine Kapelle im Lateran gewidmet.

73. THEODOR (642-649)

Er wurde in Jerusalem geboren, war aber griechischer Abstammung. Er wurde vom Exarchen Ravennas, Isaak, unterstützt, der glaubte, in ihm einen Alliierten zugunsten des Monotheletismus gefunden zu haben. Theodor lehnte die Lehre jedoch ab und verurteilte ihn. Aus demselben Grund verurteilte er den Patriarchen von Konstantinopel, Petrus, und Pyrrhus, der bereits Patriarch gewesen war und der von Heraklius abgesetzt worden war. Pyrrhus kam mit der Absicht nach Rom, die Unterstützung des Papstes zu gewinnen. Er erklärte sich für orthodox und verleugnete seinen monotheletischen Glauben. Als er sich jedoch bewußt wurde, das Theodor ihm nicht helfen konnte, zog er alles zurück, indem er neuerlich den Monotheletismus annahm und sich Konstantinopel wieder annäherte. Der neue Kaiser Konstans II., der mittlerweile dieser ganzen Situation überdrüssig geworden war, hob die *Ekthesis*, d.h. das Dokument, welches zu all den Streitigkeiten geführt hatte, auf und erließ ein neues Edikt, den *Typos*. Damit verbat er allen - Papst inbegriffen -, theologische Fragen und besonders solche hinsichtlich des doppelten und einzigen Willens der zwei Naturen Christi zu behandeln. Im wesentlichen konnte jeder denken, wie er wollte, jedoch durfte man nicht darüber diskutieren. Anstatt die Gemüter zu beruhigen, entzündete dieses Edikt wieder die Auseinandersetzungen und verschlimmerte sie sogar, ohne eine Lösung herbeizuführen. Theodor starb, ohne in den *Typos* Einsicht genommen zu haben.

74. HL. MARTIN (649-655)

Er wurde in Todi in Umbrien geboren, war aber griechischen Ursprunges. Er wurde geweiht, ohne die kaiserliche Bestätigung der Wahl abzuwarten. Sofort danach beschäftigte er sich mit dem schweren Problem, das die Kirche spaltete und zwar mit der monotheletischen Häresie. Er berief eine Synode im Lateran ein, an der etwa hundert Bischöfe teilnahmen und an der die Patriarchen von Konstantinopel, Sergius, Petrus und Pyrrhus, die *Ekthesis* von Heraklius sowie der *Typos* von Konstans verurteilt wurden. Aber damit begannen die Unannehmlichkeiten Martins. Kaiser Konstans fühlte sich davon persönlich betroffen und sandte den Exarchen Olympius nach Rom, um Martin gefangen zu nehmen und nach Konstantinopel zu bringen. Das Unternehmen schlug wegen eines als mirakulös angesehenen Ereignisses fehl, in dem der Exarch das Leben verlor. Jedoch gelang es dem neuen Exarchen Theodorus Kalliopas, den Papst gefangen zu nehmen und ihn nach Konstantinopel zu führen. Dort wurde Martin einem niederträchtigen Prozeß unterworfen, in dem er sich aber nicht beugte. Trotz der Demütigungen und Leiden und trotz seiner Verurteilung zum Tode, verteidigte er weiters die Orthodoxie. Nach seiner Absetzung als Papst wurde er begnadigt und nach Cherson verbannt. Von allen verlassen - auch vom römischen Klerus, der sich dem unerhörten Gewaltakt nicht widersetzt hatte -, starb er im Exil. Martin wurde zu Recht als Märtyrer sowohl der Ost- als auch der Westkirche angesehen. Er wurde zuerst in Konstantinopel und danach in der römischen Kirche S. Martino ai Monti beigesetzt.

75. HL. EUGEN (654-657)

Er wurde in Rom geboren. Auf ausdrücklichen Willen des Kaisers Konstans wurde er ein Jahr vor dem Tode Martins gewählt, während dieser in Ketten nach Konstantinopel gebracht wurde. Der römische Klerus und Eugen selbst widersetzten sich dem Willen des Kaisers nicht, was wahrscheinlich weniger aus Gründen der Unterwerfung oder Angst, sondern eher aus Zweckmäßigkeitsgründen geschah. Vielleicht wollte man den Kaiser, der - zum Beispiel - einen anderen neomonotheletischen Papst hätte wählen lassen können, nicht reizen; oder vielleicht wollte man mit einer entgegenkommenden Haltung vermeiden, die bereits prekäre Position von Papst Martin weiters zu verschlechtern. Ohne Zweifel war Eugen zu nachgiebig und entgegenkommend, so daß er im Liber pontificalis als zu "gütig, liebenswürdig und sanft" beschriebenwird. Gegen Ende seines Pontifikates konnte er sich rehabilitieren, indem er den Synodalbrief, den ihm der Patriarch Petrus sandte und in dem schwerwiegende doktrinäre Zweideutigkeiten im monotheletischen Sinne enthalten waren, ablehnte und indem er sich weigerte, ein vom Kaiser selbst diktiertes Glaubensbekenntnis zu unterschreiben. Im Gegenteil antwortete er auf die Provokation mit der öffentlichen Bekanntgabe der Gewaltakte und der Verfolgungen, die Martin seitens des kaiserlichen Hofes erlitten hatte. Er hätte sicherlich dieselbe Behandlung seines Vorgängers erfahren, wenn er in der Zwischenzeit nicht gestorben wäre. Eugen schrieb den Presbytern die Einhaltung der ständigen Keuschheit vor.

76. HL. VITALIANUS (657-672)

Er wurde in Segni in der Region Latium geboren. Sein Pontifikat fiel mit der größten Verbreitung der monotheletischen Häresie und mit der Reise von Konstans II. nach Rom zusammen. Der Kaiser wurde vom Papst mit allen Ehren empfangen und besuchte die Basiliken, wobei er eine rührende und erbauliche Frömmigkeit zeigte. Jedoch handelte es sich dabei nur um eine Inszenierung. Als er sich nämlich anschickte, Rom zu verlassen, gestattete er eine schändliche Plünderung der Stadt und verließ sie mit einer riesigen Beute. Unmittelbar danach gab er den Forderungen des Bischofes von Ravenna, Maurus, der vom Papst die Unabhängigkeit vom Papst beanspruchte, nach, indem er beschloß, daß der Bischof von nun an das Pallium - wie es bereits beim östlichen Patriarchen geschah - von Konstantinopel und nicht von Rom erhalten sollte. Es war klar, daß man Ravenna von Rom trennen und auf diese Weise die päpstliche Macht in Italien einschränken wollte. Vitalianus exkommunizierte Maurus, der vom Papst jedoch weiterhin an seinem Anspruch festhielt. Dies führte dazu, daß der Sitz Ravenna für zehn Jahre von Rom getrennt bleiben sollte. Nach dem Tode von Konstans in Syrakus setzte sich Vitalianus für den Sohn Konstantin IV. ein, indem er ihn vor einem anderen Prätendenten und zwar Meretius, der vom Heer unterstützt wurde, verteidigte. Diese Hilfe brachte Vitalianus die bedingungslose Dankbarkeit des neuen Kaisers Konstantin ein, der auf religiösem Gebiet eine achtungsvollere und umsichtigere Politik gegenüber dem römischen Papst ausübte. In jener Periode bestand ein friedliches Verhältnis zwischen Rom und Konstantinopel. Er schrieb dem König von England, Oswin, mehrere Briefe und sandte Apostolische Nuntien in alle Teile Europas.

77. ADEDODATUS II. (672-676)

Er wurde in Rom geboren und war Mönch im Kloster des hl. Herasmus auf dem Caeliushügel. Über ihn weiß man ganz wenig. Auch er unterstützte den Kaiser Konstantin IV. gegen den Usurpator, Meretius, wodurch er die Achtung des Kaisers gewann. Auf ihn geht die in Briefen verwendete Formel "salutem et apostolicam benedictionem" zurück. Im wesentlichen fiel sein Pontifikat in eine ruhige Periode. In diesem Zeitraum begann die Bekehrung der Maroniten, während eine neue Gefahr die Christenheit zu bedrohen begann: die Sarazenen. Nachdem ihre Belagerung von Konstantinopel zurückgeworfen worden war (673), landeten sie in Sizilien, wo sie Syrakus besetzten. Adedodatus gewährte den Venezianern ihren eigenen Dogen.

78. DONUS (676-678)

Er wurde in Rom geboren. Er hatte ein ruhiges Pontifikat, das von der Freundschaft und der Mitarbeit des Kaisers Konstantin IV, der ihn in einem Brief als "ökumenischen Papst" bezeichnete, gestärkt wurde. Während seines Pontifikates wurde das Schisma zwischen Rom und Konstantinopel beigelegt. Der neue Erzbischof Theodor unterwarf sich, dank des entschlossenen Zutuns des Kaisers, dem Papst und verzichtete auf jeglichen Autonomieanspruch. Konstantin IV. schlug dem Papst sogar eine theologische Konferenz der östlichen und westlichen Bischöfe vor, um die Meinungsverschiedenheiten, die die Kirchen noch spalteten, zu überwinden. Donus förderte die Entstehung zweier Schulen, die später sehr berühmte Kulturzentren werden sollten und zwar Cambridge und Trier.

79. HL. AGATHO (678-681)

Bezüglich seines Geburtsortes haben die Historiker keine einheitliche Meinung. Einige geben Palermo an, andere Reggio Calabria. Er genoß den Ruf eines Wundertäters und es scheint, daß er zum Zeitpunkt seiner Wahl fast hundert Jahre alt war. Er nahm den von Kaiser Konstantin IV. an Donus gerichteten Vorschlag an, eine theologische Konferenz einzuberufen und sandte eine Delegation mit einem "Glaubensbekenntnis" nach Konstantinopel, welches Konstantin dem Konzil von 17O Bischöfen vorlegte. Das unter dem Vorsitz des Kaisers geführte Konzil verdammte den Monotheletismus und den Monoenergismus. Gleichzeitig bestätigte es die Doktrin, gemäß der in Christus zwei Naturen existieren, denen zwei Willen, nämlich der göttliche und der menschliche, entsprechen. Dieses Konzil ist unter dem Namen "Trullanum" bekannt, nach dem Namen des kuppelförmigen Saales (Trullus), wo die Versammlung abgehalten wurde. Agatho gelang es, sich von der Bezahlung einer Steuer in der Höhe von dreitausend Scudi zu befreien. Diese Abgabe war von Justinian als Anerkennung für die kaiserliche Bestätigung bei jeder Papstwahl eingeführt worden. Er schickte Gesanglehrer nach England, um den dortigen Geistlichen den neuen gregorianischen Gesang zu lehren. Er lebte wahrscheinlich bis zu einem Alter von 1O7 Jahre.

80. HL. LEO II. (682-683)

Er wurde in Catania geboren. Er bestätigte die Entscheidungen des Konzils von Konstantinopel und ließ sie vom Griechischen ins Lateinische übersetzten. Dabei hob er einen Nachlässigkeitsfehler von Papst Honorius hervor, der darin bestand, daß letzterer nicht sofort gegen die monotheletische Häresie eindeutig Stellung genommen hatte, "wie es für einen Papst angebracht gewesen wäre". Aus diesem Grunde war Honorius "post mortem" durch das gleiche Konzil verurteilt und exkommuniziert worden. Obwohl Leo die Richtigkeit des Konzilsaktes anerkannte, verteidigte er dennoch das Wirken von

Papst Honorius, indem er es mit der besonderen Situation rechtfertigte, die das Handeln Honorius' beeinflußte. Er drängte den Kaiser Konstantin IV. auf die Erlassung eines Dekretes, in dem die Regeln für die Weihe des Bischofs von Ravenna festgelegt werden sollten. Die Weihe mußte auf jeden Fall in Rom vorgenommen werden, jedoch erst nachdem sich der Bischof dem Willen des Papstes unterworfen hatte. Er führte das Weihwasser in die christlichen Riten ein und schrieb vor, daß diese mit viel Gepränge gefeiert werden sollten. Auch der "Friedenskuß" während der Messe geht auf ihn zurück.

81. HL. BENEDIKT II. (684-685)
Er wurde in Rom geboren und stammte aus der mächtigen Familie der Savelli. Er erfreute sich einer so großen Wertschätzung seitens Konstantins IV., daß letzterer seine zwei Söhne Justinian und Heraklius von ihm adoptieren ließ. Derselbe Kaiser gewährte der Kirche und der Bevölkerung Roms größere Autonomie, indem er ihnen das Recht zugestand, den Papst ohne Einholung der kaiserlichen Zustimmung, wie es von Justinian festgelegt worden war, zu wählen. Diese Aufgabe wurde an den Exarchen von Ravenna delegiert. Sehr wahrscheinlich wurde Konstantin von Benedikt davon überzeugt, diese Änderung einzuführen.

82. JOHANNES V. (685-686)
Er wurde in Antiochien, in Syrien, geboren. Vielleicht wurde er auf Vorschlag von Kaiser Konstantin IV. gewählt. Jedenfalls weiß man von ihm sehr wenig. Er war Kardinaldiakon und vertrat Papst Agatho am Konzil von Konstantinopel, dem sogenannten Trullanum, an dem der Monothelitismus und der Monoenergismus verurteiltwurden. Es scheint, daß er dem Erzbischof von Cagliari die Befugnis, Bischöfe zu weihen, entzog und sie wieder für den Sitz Rom beanspruchte.

83. KONON (686-687)
Seine Herkunft ist nicht bekannt. Man weiß aber, daß er, bevor er nach Rom kam,in Sizilien erzogen wurde. Dort wurde er auch zum Presbyter und zum Bischof geweiht. Seine Wahl war eine Überraschung und gleichzeitig eine Notlösung, insofern zwei bekanntere Kandidaten sich die Ernennung strei-tig machten. Er zeichnete sich durch seine große Güte und Barmherzigkeit aus und unterstützte die Klöster und, im allgemeinen, den Klerus. Der Exarch von Ravenna führte wieder die Pflicht zur Einholung der kaiserliche Zustimmung für den neugewählten Papst ein, wie sie von Kaiser Konstantin IV. verfügt worden war. Konon konnte sich nicht widersetzen. Vielleicht wurde er vergiftet.

84. HL. SERGIUS (687-701)
Er war syrischer Herkunft und wurde wahrscheinlich in Sizilien geboren. Zusammen mit ihm wurden zwei weitere Bischöfe gewählt. Aber die Uneinigkeit dauerte nur kurze Zeit, so daß er nach der Zustimmung des Exarchen von Ravenna, Giovanni Platina, in Frieden sein Amt ausüben konnte. Es gelang ihm, die Spaltung zwischen der armenischen und der römischen Kirche zu überwinden. Er hatte mit dem neuen Kaiser Justinian II. eine sehr harte Auseinandersetzung. Der Kaiser hatte nämlich in seinem Palast, ohne die Zustimmung des Papstes einzuholen, eine Synode einberufen, die unter dem Namen Quinto-Sesto in die Geschichte eingegangen ist. Am Anfang wurde Sergius nicht einmal eingeladen. Es wurden ihm aber die 102 ausgearbeiteten Kanones zur Unterzeichnung und zur Billigung

vorgelegt. Offensichtlich lehnte sie der Papst ab. Daraufhin befahl Justinian seine Verhaftung. Diese kaiserliche Maßnahme wurde zum ersten Mal universell als Sakrileg angesehen und es gab deshalb eine allgemeine Erhebung. Selbst Ravenna, die Pentapolis und die angrenzenden Provinzen mit ihren Heeren und der gesamten römischen Bevölkerung mobilisierten sich empört zur Verteidigung des Papstes. Dies bedeutete für Justinian das Ende seiner Macht und seiner körperlichen Unversehrtheit, da er gestürtzt, verstümmelt und ins Exil geschickt wurde. Hingegen war es für den Papst der Anfang einer starken Konsolidierung seiner Macht. Es wurde immer klarer, wer der wirkliche Herr Italiens war. Mit Sergius wurde die Frage der drei Kapitel des Konzils von Calcedon im Hinblick auf die Häresie Eutyches' endgültig gelöst. Am Karsamstag während des Osterfestes von 689 taufte er in der Peterskirche den König der Sachsen, Cedwalla. Er führte den dreifachen Gesang Agnus Dei während der Messe ein. Weiters unterstützte er den Versuch Venetiens, sich von Konstantinopel unabhängig zu machen.

85. JOHANNES VI. (701-705)

Er wurde wahrscheinlich in Ephesus geboren. Auch er mußte gegen den Kaiser des Ostens kämpfen, der sich unter verschiedenen Vorwänden über den Exarchen von Ravenna in religiösen Fragen einmischen wollte. Johannes widersetzte sich ihm immer energischer, wie auch als der Exarch mit feindlichen Absichten nach Rom kam. Man war dabei, denselben bereits von Justinianus II. gegenüber Papst Sergius begangenen Fehler zu wiederholen, indem man nämlich Johannes gefangennehmen wollte. Auch dieses Mal erhob sich das Volk, um den Papst zu verteidigen, und die Aktion des Exarchen scheiterte vollständig. Die italienischen Völker verhielten sich immer weniger wie Untertanen des Kaisers des Ostreiches. Sie fühlten sich dagegen immer mehr an den Papst gebunden, der als neuer natürlicher Machthaber angesehen wurde.

86. JOHANNES VII. (705-707)

Er war griechischen Ursprungs. Justinian II. war in Konstantinopel wieder an die Macht zurückgekehrt und setzte alles daran, um sie auch in Italien wieder an sich zu reißen. Sein Vorhaben war jedoch sowohl wegen des von Johannes geleisteten Widerstandens als auch wegen des neuen feindlichen Klimas gegenüber Byzanz, vermischt mit einem "nationalistischen" Gefühl, das immer häufiger unter den italischen Völkern zutage kam, zum Scheitern verurteilt. Gleichzeitig mit diesem Gefühl entwickelte sich im Bewußtsein dieser Völker die Idee von einem Papstum, als einer Konstantinopel zunehmend gegenüberzustellenden Institution.

87. SISINNIUS (708-708)

Er war syrischer Abstammung und regierte nur 2O Tage. Er war schwer krank und litt an Gicht. In dieser kurzen Zeit begann er jedoch, Geldmittel für die Wiederherstellung der verfallenen Stadtmauern zu sammeln, um sich auf eine eventuelle Verteidigung gegen die Langobarden, welche eine ständige Bedrohung für Rom darstellten, vorzubereiten. Seine einzige dokumenierte kirchliche Handlung war die Weihe eines Bischofes von Korsika.

88. COSTANTINUS (708-715)

Er wurde in Syrien geboren. Im Gegensatz zu seinen Vorgängern hatte er gute Beziehungen zu Kaiser Justinian II.. Er begab sich nach Konstantinopel, um einige Fragen im Bezug auf die letzte dort abgehaltene Synode, d.h. das Trullanum, zu klären. Er wurde mit allen Ehren vom Kaiser empfangen, welcher der Kirche ihre Privilegien bestätigte und den Bischof von Ravenna verpflichtete, dem Papst seine Unterwerfung zu bezeugen. Der Kaiser zielte darauf ab, vom Papst einige doktrinäre Zugeständnisse im monotheletischen Sinne zu erlangen, jedoch ohne Erfolg. Es verging nicht viel Zeit, bis Justinian von Philipiccus Bardanes ermordert werden sollte, um sich selbst danach zum Kaiser zu ernennen. Er suchte die Anerkennung des Papstes, die Constantinus aber verweigerte, weil er ihn als einen monotheletischen Häretiker ansah. Jetzt sind die Rollen umgekehrt: nun ist es der Kaiser, der vom römischen Papst die Anerkennung erwartet, was als eine äußerst wichtige Tatsache angesehen werden muß. Genau so wichtig war die Verweigerung Constantinus', welche unmittelbare Folgen mit sich brachte. Sie bestanden in der Rebellion gegen Philippicus, der von Anastasius II., einem seiner Minister, gestürzt wurde und sich selbst zum neuen Kaiser ernannte. Er bezeichnete sich als einen Orthodoxen, der den Papst und die Entscheidungen des VI. Konzils, eben des Trullanums, respektierte. Constantinus konnte auf Grund seines frühen Todes die positiven Auswirkungen dieser Kapitulation nicht erleben, jedoch hatte er die Stellung des Papstums gestärkt, was sich seine Nachfolger zunutze machen konnten.

89. HL. GREGOR II. (715-731)

Er wurde in Rom als Sohn der Familie der Savelli geboren. Mit ihm beginnt die wahre weltliche Macht der Päpste, insofern als ein erster Kern, d.h. ein Gebiet gegründet wird, von dem aus sich der Kirchenstaat entwickeln sollte. Der neue Kaiser des Ostens, Leo III., erließ ein Edikt, mit dem er den Kult der heiligen Bilder verbat und deren Verbrennung anordnete (Bilderstum). Sofort widersetzte sich Gregor, der vom Klerus und von allen christlichen Völkern, die nicht unter griechischer Herrschaft standen, dabei unterstützt wurde. Er berief eine Synode ein, durch die der Bildersturm verurteilt wurde und er verbat dem Kaiser mit einer Bulle auf dem Gebiet des Glaubens Gesetze zu erlassen. Leo reagierte daraufhin über den Exarch von Ravenna, der sich mit einem Heer nach Rom bewegte und die Gefangennahme des Papstes androhte. Überall kam es zu Erhebungen und Aufständen gegen das Heer Ravennas. Es tritt nun mit dem Langobardenkönig Liutprand eine weitere Persönlichkeit auf den Plan, der die Aufstände förderte und der bereit war, daraus zum Nachteil Roms und Ravennas persönliche Vorteile zu ziehen. In der Tat war es seine Absicht, sich Italiens zu bemächtigen. Er eroberte Ravenna und marschierte nach Rom. Venetienund die Grafen von Spoleto und Benevent, die zum Kampf bereit waren, eilten dem Papst, der an zwei Fronten bedroht wurde, zu Hilfe. Liutprand hielt vor den Toren Roms an. Jedoch war sein Verzicht auf die Eroberung der Stadt nicht den Heeren der Alliierten des Papstes, sondern Gregor selbst zuzuschreiben, der ihn dank seiner geistlichen Autorität dazu überzeugte, ja ihn sogar zwang, sich vor ihm demütig niederzuwerfen und ihm seinen Gehorsam zu beteuern. Der Langobardenkönig versuchte nun mit allen Mitteln, sich beim Papst beliebt zu machen und an die Stelle des Kaisers des Ostreiches zu treten. Er schenkte "den Seligen Petrus und Paulus" die Stadt Sutri und weitere Territorien, die er den Griechen entzogen hatte. Dieser erste Gebietskern wurde als *Römisches Herzogtum* bezeichnet. Neben seiner politischen Tätigkeit, in der sich Gregor besonders auszeichnete, muß noch an seine Seelsorgertätigkeit erinnert werden. Er förderte die Wiederbelebung des Mönchswesens, dessen Entwicklung zu einem Stillstand gekommen war. Er begann die Erneuerung der Abtei von Montecassino zu unterstützen. Außerdem förderte er eine intensive Evangelisation der germanischen Völker.

90. HL. GREGOR III. (731-741)

Er wurde in Syrien geboren. Der Überlieferung nach, wurde er noch vor dem Ende der Begräbniszeremonie von Gregor II. zum Papst ausgerufen. Er war bei den Römern sehr beliebt. Gegenüber Konstantinopel folgte er seinem Vorgänger, indem er eine Synode in die Peterskirche einberief, durch die der Bildersturm verdammt wurde. Gregor schickte auch harte Briefe an Kaiser Leo III., den Isaurier, in denen er die Verurteilung bekanntgab und seine Gedanken über die Beziehungen zwischen der Kirche und dem Reich darlegte. Seiner Ansicht nach, sollten sich diese Beziehungen auf die Beachtung der gegenseitigen Autonomie gründen, wie es von Papst Gregor II. bereits formuliert worden war. In diesem Zusammenhang genoß der Papst sogar eine vorherrschende Stellung gegenüber dem Kaiser. Gregor III. mußte wegen Territorialfragen gegen die Langobarden kämpfen. Liutprand fühlte sich durch die Expansionspolitik Gregors übervorteilt. Deshalb begann er - sein Unterwerfungsbekenntnis und andere vorher gegebene Versprechen vergessend - wiederholt in die Gebiete des *Herzogtums* einzudringen und dort zu wüten. Der Papst wendete sich daher an den Frankenkönig, Karl Martell. Auf Grund seiner Verwandtschaft mit den Langobarden und anderer politischer Motive, folgte er jedoch der Aufforderung des Papstes, gegen diese einzugreifen, nicht und beschränkte seine Unterstützung auf andere Gebiete und besonders auf das religiöse. In der Tat stellte er für den Mönch Bonifatius, der sich der Evangelisierung der Germanen widmete, einen Schutzbrief aus und gewährte ihm weitreichende Vergünstigungen. Auf jeden Fall muß man Gregor das Verdienst und die Intuition anerkennen, ein Volk, d.h. die Franken, ausgemacht zu haben, das kurz darauf sein Schicksal und seine Geschichte mit denen der Kirche verflochten hatte. Ihm verdankt man die Schaffung einer Art *Wohltätigkeitsfonds*; er forderte die Christen fast aller europäischen Nationen auf, Spenden für gute Werke und Wohltätigkeitszwecke nach Rom zu senden. Es handelte sich dabei um eine Art Abgabe, die zwar frei war, jedoch aus moralischen Gründen verpflichtete.

91. HL. ZACHARIAS (741-752)

Er war griechischer Herkunft und ein Mönch des Benediktinerordens. Das Territorium der Kirche war ständigen Quälereien und Streifzügen seitens der langobardischen Truppen ausgesetzt. Zacharias konnte weder auf die Hilfe des Kaisers Artaban, der sich um Italien nicht kümmerte, noch auf die Franken, die sich nach dem Tode Karl Martells mit Nachfolgeproblemen auseinandersetzen mußten, hoffen. Es blieb ihm deshalb nichts anderes übrig, als Liutprand entgegenzutreten. Es gelang ihm, mit diesem zu einer Wiederversöhnung zu kommen und während eines denkwürdigen Bankettes einen zwanzigjährigen Friedenspakt abzuschließen. Zacharias gelang damit ein echtes Meisterstück. Liutprand schenkte Zacharias neue Gebiete, zusätzlich zu denen, die er zuvor bereits zugestanden hatte. Die politischen Fähigkeiten des Papstes Zacharias gingen jedoch beträchtlich über diesen ersten Erfolg hinaus. Er brachte ein zweites Meisterstück zustande. Die Gelegenheit dazu wurde ihm von Liutprand selbst und seinem Nachfolger Aistulf gegeben, die ein weiteres Mal die Übereinkommen nicht einhielten und in die Pentapolis und Ravenna eindrangen. Die Langobarden erwiesen sich daher als unzuverlässig. Zacharias, der einen sicheren Alliierten zur Verteidigung der Kirchenterritorien suchte, dachte an die Franken und an Pippin den Kleinen, der den fränkischen Staat de facto führte, obwohl er noch nicht als König anerkannt worden war. Der rechtmäßige König war Childerich III., dem Pippin Treue geschworen hatte. Pippin hätte an die Stelle von Childerich treten wollen, aber er wurde von Zweifeln gequält. Er wandte sich an den Papst, um ihm die Frage vorzulegen, ob es richtig sei, den eigenen König zu entmachten, an seine Stelle zu treten und damit eine neue Dynastie zu gründen. Zacharias zerstreute seine Bedenken, indem er antwortete, es sei vorzuziehen, daß der Königstitel demjenigen gehöre, der die Macht tatsächlich besitze und nicht demjenigen, der sie verloren habe. Damit billigte er seine Krönung. Zacharias erzielte ein doppeltes Ergebnis. Einerseits fand er sofort einen starken und zuverlässigen Alliierten und andererseits führte er eine Tradition ein, die für Jahrhunderte dauern sollte, insofern von diesem Zeitpunkt an, der Papst zum beinahe unbestrittenen Schiedsrichter in den Angelegenheiten der europäischen Politik wird. Zacharias starb kurz danach und wurde in den vatikanischen Grotten begraben.

92. STEPHAN II. (III.) (752-757)

Er wurde in Rom geboren. Er setzte die Politik der Annäherung an die Franken fort, die bereits von Gregor III. und Zacharias begonnen worden war. Die Gelegenheit dazu gab ihm die Politik des neuen Langobardenkönigs, Aistulf, der in Ravenna und in andere päpstliche Territorien eingedrungen war und die von Liutprand und dem Papst Zacharias unterzeichneten Vereinbarungen nicht eingehalten hatte. Aus diesem Grund begab sich Stephan nach Frankreich, um einen Eingriff Pippins des Kleinen zu verlangen. Er krönte ihn zum König und nannte ihn - alsDank für die Schenkungen und die der Kirche gewährte Hilfe - Patrizius Romanorum. In der Tat bedeutete dies für Pippin eine formelle Verpflichtung und ein Versprechen, die Kirche von Rom gegen die Langobarden zu verteidigen. Das wirkliche Ziel Stephans war jedoch ein anderes und zwar die Ausnützung der Freundschaft Pippins und der mi-litärischen Macht der Franken, um einen ausgedehnten Kirchenstaat mit genauen,gut geschützten Grenzen zu gründen. Dies war für den Papst ein unveräußerliches Recht, das auch von einem im Besitz der Kirche befindlichen Dokument bekräftigt wurde und zwar das berühmte "Constitutum Constantini". Darin sprach man von der Schenkung eines klar begrenzten Gebietes durch Konstantin an Papst Silvester und die Kirche Roms und vor allem von der Macht über Italien und den Westen. Er wurde bewiesen, daß es sich bei diesem Dokument um eine authentische *Fälschung* handelte. Aber Pippin glaubte an seine Echtheit und übernahm eine formelle Verpflichtung. Pippin kam zweimal nach Italien. Beide Male besiegte er Aistulf und erstattete dem Papst die besetzten Territorien zurück. Das zweite Mal übergab er Stephan auch das Exarchat von Ravenna. Die Ausdehnung des Kirchenstaates wuchs zusehends. Stephan wurde von den Römern im Triumph bis zum Lateran getragen, was den Anfang der Tradition der Sedia gestatoria darstellen sollte. Er war ein entschlossener, fähiger und schlauer Papst, der, falls er nicht durch Überzeugung zu seinem Ziel gelangte, dies mit Drohungen erreichte. Seine Einladung an Pippin, ein zweites Mal nach Rom zu kommen, um die Strafe der Exkommunikation und der Höllenqualen zu vermeiden, ist berühmt geworden. Als er starb, war er am Höhepunkt seiner Macht.

93. HL. PAUL (757-767)

Er wurde in Rom geboren und war der Bruder von Stephan II.. Er wurde während der letzten Tagen seines Bruders gewählt. Unmittelbar nach der Wahl beeilte er sich, Pippin seine Ernennung mitzuteilen, wie man es früher mit dem Kaiser des Ostens zu tun pflegte. Paul brauchte Pippin erneut, da der Nachfolger von Aistulf, Desiderius, bis zu diesem Zeitpunkt noch nicht die entzogenen päpstlichen Gebiete zurückerstattet hatte. Die Situation blieb noch einige Zeit unverändert. Er versuchte die Kontakte mit der griechischen Kirche wieder herzustellen, indem er ihr seine Freundschaft und Verfügbarkeit bekundete. Kaiser Konstantin V. versuchte hingegen, unter Umgehung des Papstes, eine Allianz mit Pippin zu schließen, indem er ihm unter anderem vorschlug, die Entscheidungen des Konzils von Konstantinopel, das die Verehrung der heiligen Bilder verurteilte, anzunehmen und dieseim Westen zu verbreiten. Pippin zog diesen Voschlag nicht einmal in Betracht, sondern zeigte seine völlige Treue gegenüber dem Papst, indem er die Bilderverehrung von einer anderen Synode gutheißen ließ. In Wirklichkeit versuchte der Kaiser Zwietracht zwischen dem Frankenkönig und dem Papst zu säen, da er sich den Weg für die Wiederoberung der italienischen Territorien, die einmal zu Konstantinopel gehörten, vorbereiten wollte. Die Streitfrage mit Desiderius wurde mit der gegenseitigen Zurückerstattung der Territorien und der Städte beigelegt.

94. STEPHAN III. (IV.) (768-772)

Er wurde in Syrakus in Sizilien geboren. Vor ihm wurden zwei andere Kandidaten bestimmt. Der Erste war Philipp, der einen Tag nach der Wahl spontan zurücktrat. Der Zweite war Constantinus, ein mit Waffengewalt aufgezwungener Laie, der nach einigen Tumulten ins Gefängnis geworfen und danach ermordet wurde. Man begann, das Papsttum in jeder Hinsicht als eine weltliche Macht anzusehen, die vielen - nicht zuletzt auch den Laien - Appetit machte. Um das Hindernis der Weihe, die den weltlichen Kandidaten fehlte, zu überwinden, genügte es, über einen konniventen oder einen im richtigen Moment mit Gewalt überzeugten Bischof zu verfügen. Um diese gefährliche Tendenz einzuschränken, wurde im Lateran eine Synode abgehalten, an der auch einige französische Bischöfe teilnahmen. Diese Synode legte fest, daß kein Laie zum Papst gewählt werden konnte, ohne vorher Kardinal gewesen zu sein. Während dieser Synode wurde auch Constantinus prozessiert, verurteilt, mißhandelt und mit Füßen getreten, bevor er hingerichtet wurde. Auf dem Gebiet der Politik verhielt sich Stephan ziemlich zweideutig, indem er sich bald den Franken, bald den Langobarden annäherte, um sich schließlich immer enger an die Franken zu binden. Dem Frankenkönig, Pippin, riet er mit Nachdruck davon ab, seine zwei Söhne mit den zwei Töchtern von Desiderius zu verheiraten. Man hörte nicht auf seine Ratschläge, aber er sollte Recht behalten.

95. HADRIAN (772-795)

Er wurde in Rom als Sohn der adligen Familie Colonna geboren. Unter seinem Pontifikat entstand und setzte sich der Stern Karls des Großen durch. Die zwei Söhne Pippins, Karl und Karlmann, hatten die Töchter von Desiderius, Hermengard und Gerberga, geheiratet. Nach dem Tode Karlmanns wurde seine Witwe Gerberga abgesetzt, während Karl seine Frau Hermengard verstieß. Das gab Desiderius den Anlaß, unter dem Vorwand, daß der Papst weder die Rechte Gerbergas verteidigt, noch sich der Verstoßung von Hermengard auf geeignete Weise widersetzt hatte, in die Pentapolis und einen Teil des Exarchates von Ravenna einzudringen. Darauf hin rief Hadrian Karl nach Italien, der sofort herbeieilte und Desiderius wiederholt besiegte, bis dieser mit seiner Familie gefangengenommen und ins Frankenreich gebracht wurde. So endete die langobardische Herrschaft in Italien. Auf Grund seiner Verdienste erhielt Karl den Titel "*der Große*"; er wurde in Rom mit großen Ehren empfangen und zum Patricius Romanorum ernannt, womit er das "Patrimonium Petri" unter seinen Schutz nahm. Er selbst sollte es durch die Schenkung von Territorien weiter bereichern. Karl vertraute die Herrschaft Italiens seinen Sohn Pippin an, der vom Papst gekrönt wurde und Pavia zur Hauptstadt machte. Hadrian regierte die Kirche während einer langen Periode (23 Jahre), in der er viel für sie machte. Er erzielte zahlreiche diplomatische Erfolge. Abgesehen von seinem Freundschaftsbund mit Karl dem Großen, hatte er sehr gute Beziehungen zur byzantinischen Kaiserin Irene, die ihm bei der Wiedereinführung des Kultes der heiligen Bilder half. Aber sein Hauptverdienst war die rege Bautätigkeit und eine - wie man sie heute bezeichnen würde - *Agrarreform und -politik*, die Arbeit brachte, den Reichtum erhöhte und den Wohlstand der Bürger vermehrte. In der Tat ließ er die Kultivierung der Felder rund um Rom, welche unter den Langobarden eingestellt worden war, wieder aufnehmen und deren Produkte in den Lateran bringen, von wo aus sie an die hungernden Armen verteilt wurden. Er erneuerte viele der antiken kaiserlichen Aquädukte und machte sie wieder funktionsfähig. Weiters verstärkte er die Stadtmauern, die von den Langobarden halb zerstört worden waren und begann große Renovierungsarbeiten an den römischen Kirchen, die das Gesicht der Stadt derart veränderten, daß man vom "Rom Hadrians" sprach. Auf ihn geht auch die Gründung des Krankenhauses S. Spirito zurück, das noch heute existiert. Ein derart riesiges Vorhaben wie die Verteidigung des Territoriums und die Ernährung der Armen erforderten riesige finanzielle Mittel, auf deren ständiger Suche Hadrian war.

96. LEO III. (795-816)

Er wurde in Rom geboren. Seiner Wahl widersetzten sich zwei Neffen Hadrians, die auf das Pontifikat abzielten. Es gelang ihnen sogar, ihn gefangenzunehmen, aber er wurde von der Bevölkerung befreit. Da er sich jedoch nicht sicher fühlte, flüchtete er nach Frankreich, wo er von Karl dem Großen einen Eingriff verlangte und ihn auch zugesagt bekam. Danach kehrte er nach Rom zurück, wo er auf triumphale Weise empfangen und wieder auf den päpst-lichen Thron gesetzt wurde. Man schrieb das Jahr 8OO. Am Weihnachtsabend dieses Jahres geschah ein denkwürdiges historisches Ereignis, das in der Folge einen großen Einfluß auf das politische und soziale Leben haben sollte. Papst Leo krönte nämlich in der Peterskirche Karl d.Gr. zum "*Kaiser*", wobei er die berühmte Widmung "Dem sehr frommen und erlauchten, von Gott gekrönten, großen und friedliebenden Kaiser Karl gebühre Leben und Sieg" aussprach. So entstand das "Heilige Römische Reich", das die Fortsetzung des alten weströmischen Reiches war und zu dessen Sitz Aachen gewählt wurde. Der Kaiser wurde zum Beschützer und Garanten der Unversehrheit und der Interessen des Papstes und der Kirche, wobei er sich das Recht vorbehielt, bei der Wahl des Papstes seine Zustimmung zu geben. Seinerseits gewährte der Papst dem Frankenreich den Titel "erstgeborene Tochter der Kirche". Diese Anerkennung bedeutete aber den endgültigen und tiefgehenden Bruch mit Konstantinopel, das sich berechtigt fühlte, Rom sowohl im politischen Bereich, als auch auf doktrinärem Gebiet anzugreifen. Konstantinopel war de facto von der westlichen Politik ausgeschlossen worden. Die römische Kirche trifft eine Wahl, gemäß der sie das Entstehen des neuen europäischen Reiches fördert und sich für die eigene Sicherheit entscheidet, wobei sie sich aber einen Feind, und zwar das Ostreich, schafft. Europa erhielt eine neue Verwaltungsordnung. Es wurden unter anderem die Grafschaften und die Marken geschaffen, welche von "*missi dominici*", die direkt dem Kaiser verantwortlich waren, regiert und kontrolliert wurden. Sie waren meistens Bischöfe. Karl d.Gr. machte dem Klerus große Schenkungen und gründete Klosterschulen. Auch die berühmte Pfälzische Schule, die den ersten Kern der Universität Paris bilden sollte, wurde von ihm gegründet. Leo starb zwei Jahre nach dem Kaiser und wurde in der Peterskirche beigesetzt.

97. STEPHAN IV. (V.) (816-817)

Er wurde in Rom geboren und stammte aus einer adligen Familie. Er kümmerte sich nicht darum, seine Wahl sofort dem neuen Kaiser, Ludwig dem Frommen, dem Sohn Karls d.Gr., bekanntzugeben. Dafür begab er sich aber persönlich ins Frankenreich und in Reims krönte er den Kaiser zusammen mit seiner Gattin Irmingard. Damit wollte er zu verstehen geben, daß er der geistliche Führer war, während die Politik Sache des Kaisers war. Ludwig zeigte sich mit dem vom Papst auferlegten Ansatz einverstanden und demütigte sich während der Zerimonie dreimal vor ihm, indem er sich auf die Knie warf, um auf diese Weise seine geistliche Untertänigkeit zu zeigen. Außerdem bestätigte er alle vorherigen Kirchenprivilegien und gewährte der Kirche seinen Schutz. Seinerseits war sich Stephan bewußt, daß es des sozialen Friedens bedurfte, um gut regieren zu können. Deshalb versuchte er, die Zwiste zwischen den Gegenparteien in Rom zu schlichten, indem er - zum Beispiel - den Verschwörern, die sich der Wahl des Papstes Leo III. widersetzt hatten, vergab und sie wieder in ihr Amt einsetzte. Er konnte die Auswirkungen dieser Friedensaktion nicht mehr erleben, da er bald danach starb.

98. HL. PASCHALIS (817-824)

Er wurde in Rom geboren und gehörte der Familie der Massimo an. Unter seinem Pontifikat bestanden die guten Beziehungen zwischen den Franken und der Kirche weiter und festigten sich. Ludwig schenkte dem Papst Korsika und Sardinien. Paschalis erwiderte, indem er den Sohn von Ludwig, Lothar, zum König von Italien krönte. Damit erkannte er Lothar die gleiche Autorität über die Römer an, die früher von den byzantinischen Kaisern ausgeübt worden war. Paschalis exkommunizierte den Kaiser des Ostens, Leo V., der die ikonoklastische Verfolgung wieder begonnen hatte, während er die unter der

Herrschaft des Islams stehenden Christen mit Zuwendungen unterstützte. Er war ein glühender und ergebener Verehrer der Märtyrer, deren Überreste er mengenweise exhumieren und in viele Kirchen überführen ließ. Im besonderen entdeckte er die Überreste der Heiligen Cäcilie in den Katakomben des hl. Calixtus und ließ sie in die ihr gewidmete Kirche überführen. Vor seiner Wahl wurde er für einen Heiligen gehalten und so verehrte man ihn auch nach seinem Tode als Heiligen weiter.

99. EUGEN II. (824-827)

Er wurde in Rom geboren. Seine Ernennung wurde von Unruhen und Tumulten begleitet. Im besonderen stellte sich ihm der Presbyter Lisinnius entgegen, der sich selbst um den Sitz bewarb. Eugen sandte seine Boten zu Ludwig, um ihn über seine Wahl zu benachrichtigen. Als der Kaiser über die besorgniserregenden Unruhen unterrichtet wurde, sandte er seinen Sohn Lothar nach Rom, der sein Bestes tat, um den Frieden zwischen den Gegenparteien wiederzuherstellen. In Übereinstimmung mit Eugen verfasste er eine "Constitutio Romana", in der einige Rechtsprinzipien festgelegt wurden, die man bei jeder Streitfrage beachten sollte. In dieser Constitutio waren die Beziehungen zwischen dem Papsttum und dem Reich sowie zwischen dem Reich und ihren Untertanen vorgesehen. Im wesentlichen wurde darin vereinbart, daß sich die beiden Mächte gegenseitig stützten, da die eine die andere brauchte. In dieser Gleichgewichtsübung scheint es jedoch, daß das Papstum Macht verloren hatte, da es wieder unter die Kontrolle von Aachen geriet, so wie es vorher unter jener von Konstantinopel stand. Eugen führte eine Kontrollkommission ein, die die Anwendung der Gesetze beaufsichtigen mußte. Aus dieser Gruppe sollte die römische Kurie entstehen. Eugen kümmerte sich auch um die Bildung des Volkes. Er starb zu einem Zeitpunkt, in dem sich seine Beziehungen zu Ludwig zu verschlechtern begannen.

100. VALENTIN (827)

Er wurde in Rom in der Gegend von via Lata geboren. Von ihm weiß man nur, daß er den von Lothar vorgeschriebenen Eid leistete und daß er bei den Römern sehr beliebt war, weil er ein guter und tugendhafter Mensch war. Sein Pontifikat dauerte ungefähr ein Monat. Er ist in den vatikanischen Grotten begraben.

101. GREGOR IV. (827-844)

Er wurde in Rom geboren und stammte aus einer adligen Familie. Er versuchte sich, in Anbetracht der schwierigen Probleme der Zeit, der Wahl zu entziehen. Diese Periode war von Streitigkeiten und erbitterten Kämpfen am kaiserlichen Hof sowie durch die ständigen Einfälle der Sarazenen, die die Meere kontrollierten und Tod und Schrecken säten, gekennzeichnet. Die Streitigkeiten am kaiserlichen Hof betrafen die Aufteilung des Kaiserreiches. Gregor begab sich nach Frankreich, um eine Lösung der strittigen Fragen zu finden. Jedoch gelang ihm das nicht. Erst nach dem Tode Ludwigs (84O) und später des Papstes (844) wurde eine Lösung dafür gefunden. In Verdun wurde ein Vertrag unterzeichnet, nach dem Italien Lothar, Frankreich Karl II. dem Gallier und Deutschland Ludwig dem Germanen zugeteilt wurden. Die sarazenischen Piraten stellten für Italien und für Rom eine echte Gefahr dar. Immer häufiger landeten sie in Ostia und bedrohten Rom. Zur Verteidigung der Stadt ließ Gregor in der Nähe des Meeres eine Festung und ein Dorf errichten, die er Gregoriopolis nannte. Er setzte für das Allerheiligenfest definitiv den 1. November fest.

102. SERGIUS II. (844-847)

Er wurde in Rom geboren. Ihm wurde der von seinen Anhängern gewählte Diakon Johannes gegenübergestellt, welcher aber sofort als Gegenpapst angesehen wurde. Johannes war in seiner Absicht, Papst zu werden, so entschlossen, daß er es wagte in der Laterankirche über Sergius herzufallen. In den Beziehungen zum karolingischen Kaiserreich zielte Sergius darauf ab, die Autonomie des Papsttumes zu stärken, wobei er jedoch besonders darauf achtete, keinen Bruch zu verursachen. Er krönte Ludwig II., Sohn des inzwi-schen zum Frankenkönig aufgestiegenen Lothar, zum König von Italien. Unter seinem Pontifikat landeten die Sarazenen in Ostia und ließen sich dort nieder. Von Ostia drangen sie bis Rom vor, ohne auf Widerstand zu stoßen. Es gelang ihnen, in die Stadt einzudringen, wo sie die Basiliken St. Paul und St. Peter plünderten (846). Da man das eigens von Papst Gregor IV. erbaute befestigte Borgo inzwischen verlassen hatte, konnte es seinen Zweck nicht wie vorgesehen erfüllen. Zum von den Piraten verbreiteten Schrecken kam noch die Hungersnot hinzu. In dieser schwierigen Lage kam die Hirtenseele von Sergius, der sich unermüdlich der Aufgabe widmete, die Leiden des Volkes zu lindern, zum Vorschein. Auf diese Weise erhielt sein Pontifikat, das - nach Meinung der Historiker - ziemlich viele Schattenseiten aufwies,auch einen positiven Aspekt. Sergius ließ im la-teranischen Patriachensitz die Heilige Treppe einbauen, die die hl. Helena - der Überlieferung nach - von Palästina nach Rom hatte bringen lassen.

103. HL. LEO IV. (847-855)

Er wurde in Rom geboren, war aber langobardischer Abstammung. Sein Name ist an die sogenannte “Leostadt”, einer Befestigung rund um den Vatikanhügel, welche die Peterskirche, die Paläste und das rund um die Engelsburg entstandene Stadtviertel, den Borgo, einschloß, gebunden. Das von Sergius und Lothar geplante Bauwerk erwies sich auf Grund der ständigen sarazenischen Einfälle, denen Rom ausgesetzt war, als dringend erforderlich. Um die Piraten zu bekämpfen, wurde eine von Amalfi, Gaeta und Neapel zusammengesetzte Liga, der auch Ludwig beitrat, geschaffen. Selbst der Papst, von den Adeligen aus Kampanien unterstützt, bewaffnete sich und zog in den Kampf. Die Sarazenen wurden besiegt und Leo zeigte seine Dankbarkeit, indem er Ludwig zum Kaiser krönte. Papst Leo wird ein mirakulöses Ereignis zugeschrieben, das sich während der Einfälle der Sarazenen ereignete. Ein heftiger Brand war im Borgo ausgebrochen und drohte ihn zu zerstören. Dem Papst gelang es, ihn zu löschen, als er im Fenster erschien und eine Ikone der Jungfrau Maria zeigte. Diese Szene wurde von Raffaello in einem Fresko in einer seiner Stanzen verewigt und hat von ihm den Titel “Brand im Borgo” erhalten. Aber Leo befaßte sich nicht nur mit Kriegen und Sarazenen. Er hatte sich auch mit Schismen und Fehlern der Doktrin, die er immer mit Entschlossenheit bekämpfte, auseinanderzusetzten. Er war der erste Papst, der auf den offiziellen Dokumenten der Kirche das Jahr seines Pontifikates schreiben ließ. Er führte den Ritus der Weihwasserbesprengung von Personen oder Sachen ein, um sie zu segnen und zu reinigen.

104. BENEDIKT III. (855-858)

Er wurde in Rom geboren. Sein Rivale war ein gewisser Anastasius, der Bibliothekar genannt wurde. Letzterer war ein gieriger und cholerischer Mensch, der den Stuhl Petri mit Gewalt und Betrug bestieg, wobei er nur ein Monat im Amt blieb. Benedikt war ein gebildeter und großmütiger Papst. Er widmete sich im wesentlichen der Wohltätigkeit zugunsten der Armen und der Kranken und hatte es sich zum Ziel gesetzt, das in der Gesellschaft verloren gegangene Moralgefühl neu zu beleben. Er verzieh Anastasius, der ihn ins Gefängnis hatte sperren lassen; er rehabilitierte ihn und teilte ihm auch eine Kirche als Sitz zu. Er ist in den vatikanischen Grotten begraben. Zwischen Papst Leo IV. und Benedikt muß die berühmte “Päpstin Johanna”, von der man im *Chronicon* spricht eingefügt werden. Es gilt nunmehr als sicher, daß es sich um eine Figur und eine Geschichte handelt, die völlig aus der Luft gegriffen worden sind.

105. HL. NIKOLAUS I. (858-867)

Er wurde in Rom geboren. Als geschickter Diplomat und Politiker nützte er die Schwächung der byzantinischen und fränkischen Macht aus, um die des Heiligen Stuhls zu stärken. Er behauptete, daß keine weltliche Macht höher als die der Kirche wäre und zu diesem Zweck erklärte er die "pseudoisidorischen Dekretalen" für gültig. Die Dekretalen waren eine Sammlung von Kirchengesetzen, die einige Jahre zuvor entstanden waren und die nicht einmal zum damaligen Zeitpunkt von allen als gültig angesehen wurden. Er säte einen ersten Samen, der in wenigen Jahren mit Gregor VII. und Innozenz III. eine kräftige Entwicklung erfahren sollte, nämlich die *theokratische* Idee der Macht. Nachdem er sich derart in den Himmel gehoben hatte, verhielt er sich bei der Ausübung seines Amtes wie ein absoluter und unangefochtener Monarch und zwang, als anerkannter Schiedsrichter der weltlichen und religiösen Sphäre, den Bischöfen, den Kardinälen und den Kaisern Gesetze und Bedindungen auf. Der einzige, der sich ihm widersetzte, war der Patriarch von Konstantinopel, Photios, der dabei so entschlossen vorging, daß er ein Schisma verursachte, das die griechische und römische Kirche spalte (1O53). Bereits zuvor hatte die Kirche von Konstantinopel jegliches Abhängigkeitsverhältnis gegenüber der römischen Kirche abgelehnt. Nikolaus schaffte die Folter und die gerichtlichen Beweise ab. Unter seinem Pontifikat bekehrten sich die Bulgaren und König Boris I. zum Christentum. Er ließ den Leib des hl. Clemens von der Krim nach Rom bringen und ihn in unmittelbarer Nähe seines Hauses begraben. Heute steht dort eine ihm gewidmete Kirche. Er führte das Maria-Himmelfahrts-Fest am 15. Ausgust ein.

106. HADRIAN II. (867-872)

Er wurde in Rom geboren. Bevor er Geistlicher wurde, war er verheiratet und hatte auch eine Tochter. Bei seiner Wahl war er 8O Jahre alt. Nachdem er zweimal auf das Amt verzichtet hatte, nahm er es - wenn auch widerwillig - an. Trotz seines Alters erwies er sich als ein sehr aktiver Papst. Er berief ein Konzil nach Konstantinopel ein, an dem Photios verurteilt und exkommuniziert wurde. An diesem Konzil wurde ferner entschieden, daß die Bischöfe auch über den Papst ein Urteil fällen konnten und daß dieser, falls man ihn einer Häresie bezichtigen könne, auch verurteilt werden konnte. Als echter Moralhüter mußte er auch in die persönlichen Angelegenheiten von Ludwig II. eingreifen und ihn an seine sittlichen und familiären Pflichten erinnern. Hadrian hielt ihn dazu an, seine Liebhaberin, Waldraga, zu verlassen und seine rechtmäßige Gattin, Theutberga, die er verstoßen hatte, wieder zu sich zu nehmen. Er krönte Alfred zum König von England. Eine schwerwiegende Bluttat trübte sein Pontifikat und sein Alter. Eleutherius, der Neffe des Gegenpapstes Anastasius, der von Benedikt III. rehabilitiert wurde, hatte die Tochter des Papstes und deren Mutter entführen und dann ermorden lassen. Hadrian konnte diese Gewalttat nicht ertragen und - obwohl er ein sanftmütiger und nachsichtiger Mensch war - verlangte er vom Kaiser Genugtuung. Der Kaiser ließ Eleutherius umbringen, während Anastasius exkommuniziert und ins Exil geschickt wurde.

107. JOHANNES VIII. (872-882)

Er wurde in Rom geboren und wurde am selben Tag zum Papst gewählt an dem Hadrian II. starb. Sein Pontifikat war durch einige Einschätzungsfehler vor allem auf dem Gebiet der Politik gekennzeichnet. Er klagte ungerechterweise den Bischof von Porto, Formosus, an, um ihn danach abzusetzen. Später sollte er aber rehabilitiert und sogar zum Papst gewählt werden. In der Frage der Nachfolge von Ludwig II., nach dessen Tod kein direkter Erbe mehr existierte, verhielt er sich auf widersprüchliche Weise, indem er bald für den einen bald für den anderen Kandidaten (Karl den Kahlen und Ludwig den Deutschen) eintrat. Schließlich krönte er Karl den Kahlen, was die römischen Adeligen, die für Ludwig Partei ergriffen hatten, stark enttäuschte. Aus diesem Grund wurde er gezwungen, Rom zu verlassen und nach Frankreich zu emigrieren. Er kehrte nach Rom zurück, als sich die Gemüter wieder beruhigt hatten (881). Nach dem Tode Karls des Kahlen designierte und krönte er Karl III. von dem er sich versprechen ließ, an seiner Seite gegen die Sarazenen ins Feld zu ziehen. Aber Karl III. ließ nach der Krönung nichts mehr von sich hören. Um den Piraten, die in Ostia landeten und bis nach Rom vordrangen, Widerstand leisten zu können, ließ er die Zone der Basilika von St. Peter befestigen. Der um die Kirche entstehende Borgo wurde als Polis des Johannes bezeichnet. Mit dieser Initiative erwarb er den Titel "defensor civitatis" d.h. Verteidiger der Stadt. Von nun an sollte dieser Titel allen römischen Päpsten verliehen werden. Gegenüber Photios war er zunächst nachgiebig. Infolge des vom byzantinischen Kaiser, Basileios, ausgeübten Druckes, setzte er ihn wieder an den Lehrstuhl des Patriarchats von Kostantinopel, trotzdem er bereits von zwei Päpsten und einem Konzil verdammt und abgesetzt worden war. In den an ihn gesandten Briefen, drückt Johannes zwar seine Wertschäzung ihm gegenüber aus, macht aber seine Rehabilitierung von der Annahme der Doktrin der "Filioque" abhängig. Phothios übersprang beim Vorlesen der päpstlichen Briefe an das Volk gerade diese Stelle der Doktrin, worauf Johannes sich gezwungen sah, ihn neuerlich zu exkommunizieren. Johannes starb eines gewaltsamen Todes; vielleicht wurde er vergiftet oder erstochen.

108. MARINUS (882-884)

Er war englischer Herkunft. Er versuchte, die von seinem Vorgänger begangenen Fehlern zu berichtigen und vertraute unter anderem Formosus wieder seinen episkopalen Sitz in Porto an. Er erneuerte den Kirchenbann gegen den Patriarchen von Konstantinopel, was ihm mit Kaiser Basileios in Widerspruch brachte. Einige Jahre zuvor war Marinus von Letzterem eingesperrt worden, als er ihm, in seiner Eigenschaft als päpstlicher Legat, zwei Briefe von Johannes VIII. überbrachte, in denen Photios rehabilitiert wurde. Marinus war ein guter Mensch und ein Friedensstifter. Er versuchte, mit allen gute Beziehungen zu entwickeln. Die Nachricht der Zerstörung von Montecassino, das zum zweiten Mal in Brand gesteckt worden war, bereitete ihm großen Kummer. Er regierte die Kirche für wenig mehr als ein Jahr. Danach wurde er wahrscheinlich mit Hilfe von Gift ermordet.

109. HL. HADRIAN III. (884-885)

Er wurde in Rom geboren. Er wies den Druck und die Forderungen seitens des Ostkaisers zugunsten Photios zurück. Er behauptete, daß für die Weihe eines Papstes weder die Teilnahme des Kaisers noch die seines Gesandten notwendig wäre. Von ihm erzählt man, daß er einen gewissen Georg blenden ließ, der ein erbitterter Feind von Johannes VIII. war, zu dessen Richtung Hadrian gehörte. Da Karl III. keinen direkten Nachfolger hatte, mußte die Streitfrage der kaiserlichen Thronfolge gelöst werden. Der Kaiser berief einen Reichstag in Worms ein, an den auch der Papst eingeladen wurde. Er nahm die Einladung an und machte sich auf den Weg nach Frankreich. Aber er starb überraschend in der Nähe von Modena, wo er begraben wurde. Er wurde heilg gesprochen, jedoch hatte man seine Kanonisierung angefochten. Sie wurde erst im Jahre 1891 bestätigt.

110. STEPHAN V. (VI.) (885-891)

Er war Römer. Man erzählt, daß Hadrian zum Zeitpunkt seiner Wahl noch am Leben war und daß er deshalb die Ernennung ablehnte. Er verbarrikadierte sich in seinem Haus, jedoch stießen die Kardinäle die Tür ein und führten ihn nach St. Peter. Stephan hatte gute Beziehungen zu Kaiser Leo VI., der sich definitiv gegen die Häresie Photios' aussprach. Dieser wurde in der Tat abgesetzt und in ein Kloster gesperrt, wo er starb. Er wurde auch von seinen Anhängern schnell vergessen. Zum neuen Patriarchen wurde Stephan, der 15jährige Sohn von Basileios I., gewählt. Der Papst tolerierte diese Tatsache vielleicht nur deshalb, um das entstehende Klima der Aussöhnung nicht zu stören. Aber die Spaltungen sollten noch lange Zeit weiterbestehen. Ferner brach das Heilige Römische Reich zusammen, aus dessen Asche die drei Staaten Italien, Frankreich und Deutschland hervorgehen sollten. Karl III. wurde abgesetzt. Der Titel des Kaisers wurde dem Herzog von Spoleto, Wido, zuerkannt, der den Papst im Kampf gegen die Sarazenen unterstützt hatte. Der Papst behielt weiterhin das Recht, den Kaiser zu krönen, auch wenn das nur auf eine Formalität hinauslief, die in Rom abgewickelt wurde. Mit der Auflösung der zentralen Macht wuchs jene der kleinen und großen Lehnsherren. Gleichzeitig nahm der Einfluß und das Reichtum einiger Bischöfe zu, denen die kleinen Lehnsherren ihr Land anvertrauten, nachdem sie nicht mehr in der Lage waren, es vor den Angriffen der Barbaren zu schützen. Stephan war ein intelligenter Mann und förderte die künstlerischen Tätigkeiten und die Handarbeit. Er schaffte die Feuerprobe ab, da sie Gott versuchte.

111. FORMOSUS (891-896)

Er stammte aus Rom oder aus Ostia. Er erlitt ein trauriges Schicksal, insofern er während seines Lebens verfolgt und nach seinem Tod verurteilt und entweiht wurde. Wie erwähnt, wurde er von Johannes VIII. zu Unrecht seines Bischofsamtes in Porto enthoben und danach von seinem Nachfolger Marinus wieder in das Amt eingesetzt. Seine Wahl fiel mit einer stürmischen Periode zusammen, während der sich die Gegenparteien gnadenlos bekämpften. Gleich nach seiner Wahl krönte er Wido von Spoleto und seinen Sohn Lambert, die sich aber später gegen ihn auflehnten. Formosus rief daher Arnulf von Kärnten zu Hilfe, der zu seiner Verteidigung herbeieilte. Um seine Dankbarkeit zu zeigen, krönte Formosus auch ihn. Dieses widersprüchliche Verhalten, das sicherlich auf Opportunismus oder Angst zurückzuführen war, ließ nur noch mehr Zwietracht und Unzufriedenheit aufkommen. Dadurch entstand eine derartige Welle des Haßes gegen ihn, daß sich einige seiner Gegner dazu veranlaßt sahen, eine schreckliche, vorher nie gesehene Untat zu begehen, indem sie seine Leiche schändeten. So ließ der neue Papst Stephan VI., ein Freund des Herzogs von Spoleto, den Leichnam von Formosus ausgraben, prozessieren, verstümmeln und in den Tiber werfen. Barmherzige Hände nahmen seinen Leib auf, um ihn in St. Peter zu begraben.

112. BONIFATIUS VI. (896-896)

Er wurde in Rom oder in der Toskana geboren. Er wurde von der Bevölkerung, die von der den Herzögen von Spoleto gewogenen Partei manipuliert wurde, durch Zuruf gewählt. Sein Pontifikat war sehr kurz - es dauerte kaum 15 Tage - und qualvoll. In jener Zeit begann eine traurige Periode für das Papsttum. Es geriet immer mehr in die Gewalt der mächtigen römischen Patrizierfamilien, die auf Grund verschiedener Interessen versuchten, die Wahl der Päpste zu beeinflußen und nach deren Wahl ihre Tätigkeit zu konditionieren

113. STEPHAN VI. (896-897)

Er wurde in Rom geboren. Seine Wahl stand unter dem Schutz des Herzogs von Spoleto und mit ihr endeten die Unruhen und die Tumulte. Jedoch war dieses Ende sicherlich nicht auf seine Verdienste und seine moralischen Eigenschaften, die - im Gegenteil - fragwürdig waren, zurückzuführen, sondern weil die Spoletiner die Stadt beherrschten und keine Rivalen hatten. Für diesen Schutz mußte Stephan einen sehr hohen Preis bezahlen. Er wurde dazu gezwungen, eine Synode einzuberufen und einen Prozeß "post mortem" gegen seinen Vorgänger Formosus anzustrengen, dessen Schuld angeblich darin bestand, die Hilfe Arnulfs von Kärnten verlangt zu haben, um sich gegen die Übermacht und den Machtmißbrauch von Wido von Spoleto zu verteidigen. Stephan - wie schon gesagt - stellte den exhumierten Leichnam von Formosus unter Anklage, indem er ihm einen schändlichen und barbarischen Prozeß machte. Er ließ ihn verstümmeln - ihm wurden die drei Finger, mit denen er den Segen erteilte, abgeschnitten - und seine Glieder in den Tiber werfen. Außerdem verdammte er sein Andenken und erklärte alle seine Handlungen - die von ihm erteilten Priesterweihen inbegriffen - für ungültig. Jemand hat ihn als den schlechtesten Papst der Geschichte bis zum damaligen Zeitpunkt bezeichnet. Diese und andere Handlungen machten ihn dem Volk verhaßt, das ihm auf seine Art und Weise verurteilte. Auf Anstiftung der für enthoben erklärten Presbyter wurde Stephan verhaftet und erdrosselt. Seine Leiche wurde jedoch nicht geschändet, sondern in den vatikanischen Grotten begraben.

114. ROMANUS (897-897)

Er war englischer Herkunft. Als Freund des Papstes Formosus rehabilitierte er dessen Andenken, indem er die Entscheidungen der von Stephan VI. geleiteten Synode für ungültig erklärte. Er bestätigte der Kirche von Gerona den Besitz der Inseln von Mallorca und Minorca. Sein Pontifikat war sehr kurz und man weiß darüber sowie über seinen Tod nicht viel. Einige sprechen von Giftmord, andere berichten, daß er nach seiner Absetzung gezwungen worden sei, in ein Kloster zu gehen, weshalb er als "Mönch" gestorben sei.

115. THEODOR II. (897-897)

Er war römischer oder griechischer Abstammung. Sein Pontifikat dauerte nur zwanzig Tage. Er hatte die Zeit, eine Synode einzuberufen, die das Andenken des Papstes Formosus und daher alle Akte seines Pontifikates rehabilitierte. Er sorgte für ein würdiges Begräbnis der inzwischen aus dem Tiber gefischten Überreste des unglücklichen Papstes. Auch im Falle des Todes von Theodor sprach man von Giftmord.

116. JOHNANNES IX. (898-900)

Er kam aus Tivoli. Er bestätigte die Rehabilitation des Papstes Formosus. Gleichzeitig berief er eine Synode ein, während der die Bischöfe, die sich Stephan VI. bei der "Leichensynode" angeschlossen hatten, exkommuniziert und ins Exil geschickt wurden. Es wurden alle jene Bischöfe und Presbyter, die er geweiht hatte und die eben aus diesem einzigen Grund ausgeschlossen und entfernt worden waren, zurückgerufen und wieder in ihre Ämter eingesetzt. In derselben Synode, die in Ravenna unter Beteiligung von 74 Bischöfen stattfand, wurde in Übereinstimmung mit dem römischen Patriziat und dem Volk festgelegt, daß ein Vertreter des Kaisers an der Wahl des Papstes als Gewähr für deren Gültigkeit und Richtigkeit teilnehmen mußte. Es wurden auch Vereinbarungen mit Lambert von Spoleto getroffen, der zum Kaiser und König von Italien gekrönt wurde, um die Kirche und den Papst zu schützen und damit die Ausführung der päpstlichen Mission zu erlauben. Aber Lambert starb bald danach und Italien verfiel wieder in die Anarchie. In jenem Jahr (898) drangen die Ungarn in Norditalien ein. Sie waren grausam und blutrünstig und verwüsteten und plünderten das Land und im besonderen die Abteien und die Klöster.

117. BENEDIKT IV. (900-903)

Er war Römer. Er war eine großzügige und tugendhafte Person, die jedoch ihrer Aufgabe in einem so entsetzlichen und grausamen Moment der Geschichte sicher nicht gewachsen war. Die Situation war durch die Bedrohung der Ungarn im Norden und der Sarazenen im Süden gekennzeichnet. Rom war der zunehmenden Gewalt der unkontrollierten und räuberischen Gier der Familien und der Herren ausgesetzt, die sich mit ständigen Handstreichen an der Macht abwechselten und die Stadt beraubten, mit Blut befleckten und demütigten. Benedikt versuchte, diese Situation zu überwinden, indem er Ludwig von der Provence den Kaisertitel und die Kaiserkrone verlieh. Aber Ludwig kehrte nach der Krönung wieder nach Deutschland zurück. Auch der ausgeglichene und kluge Berengar zog sich jenseits der Alpen zurück. Der Papst und Rom blieben allein und ohne Schutz und waren den Gewalttaten einer neuen Persönlichkeit, nämlich Theophylakt, seiner Gemahlin Theodora sowie deren Tochter Marozia ausgeliefert. Rom erreichte das niedrigste Niveau des Verfalls und der Korruption. Benedikt starb verbittert, weil es ihm nicht gelungen war, diese Widerwärtigkeiten abzuwenden.

118. LEO V. (903-903)

Er wurde in der Nähe von Rom geboren. Er war ein schwacher und unentschlossener Mensch, der eben deswegen nicht geeignet war, das hohe Amt in einem so ungestümen Moment zu bekleiden. Ein Monat nach seiner Wahl, ließ ihn sein geistiger Assistent, Kardinal Christophorus, mit Gewalt absetzen und in ein Kloster sperren, wo er bald danach - vielleicht durch einen gewaltsamen Tod - starb. Christophorus übernahm nun selbst auf rechtswidrige Weise das Amt Leos und regierte ein Jahr lang. Danach wurde auch er mit Gewalt abgesetzt und wahrscheinlich von seinem Nachfolger Sergius III. erdrosselt.

119. SERGIUS III. (904-911)

Er war Römer. Er war einer der Kardinäle, die die Schändung des Körpers von Formosus erlaubt und sich sogar daran beteiligt hatten. Aus diesem Grund hatte ihn Johannes IX., dem er die Wahl streitig gemacht hatte, exkommuniziert und ins Exil geschickt, das er in der Toskana, am Hof des Markgrafen Adalbert verbrachte. Als Leo starb, kehrte er nach sieben Jahren Wartens wieder nach Rom zurück und wurde dank der Unterstützung und dem Schutz Adalberts zum Papst gewählt. Er verjagte den Gegenpapst Christophorus, der in ein Kloster gesperrt wurde und dort starb. Seine erste Handlung war die Aufhebung aller Entscheidungen derjenigen Synoden und Konzile, die im Jahre 898 Formosus rehabilitiert hatten. Ebenfalls erklärte er alle von Papst Formosus vorgenommenen Weihen als ungültig und zwang die Betroffenen hohe Geldsummen zu bezahlen, um deren Gültigkeit wieder bestätigt zu bekommen. Diese Periode war von einer großen moralischen Verkommenheit geprägt, in der die schlimmsten Nachrichten zirkulierten, wie etwa die der fleischlichen Beziehungen von Sergius III. mit Marozia und anderen von ihm auch geheirateten Frauen. Nun griff der byzantinische Kaiser Leo VI. ein und erinnerte den Papst an seine Pflichten als Seelsorger und Geistlicher. In diesem Sumpf von Skandalen, in denen er die Hauptfigur spielte, hatte er zwei Verdienste und zwar die Erneuerung der Basilika St. Johannes im Lateran und die Gründung der Abtei von Cluny. Letztere sollte dem Benediktinerorden wieder neue Kraft geben und zu einem der wichtigsten geistlichen Zentren der Kirche werden. Auf den Medaillen, wo er abgebildet ist, wurde zum ersten Mal die *Tiara*, die typische, kegelförmige päpstliche Kopfbedeckung, eingraviert.

120. ANASTASIUS III. (911-913)

Er war Römer. Im Gegesatz zu Sergius war er ein tugendhafter und rechtschaffener Mensch. Auf Drängen des Königs Berengar gewährte er dem Bischof von Pavia viele Vorrechte. Während seines Pontifikates bekehrte sich ein normannisches Expeditionskorps unter der Führung von König Rollo zum Christentum. Es ließ sich in jenem Teil Nordfrankreichs nieder, der mit den Namen "Normandie" bezeichnet wurde. Die Normannen sollten in der Folge eine äußerst wichtige Rolle in der Geschichte Europas und der Kirche spielen. Über Anastasius weiß man sonst nichts. Bei seinem Tod hat man hinsichtlich der Ursache von Gift gesprochen und Theophylakt damit in Verbindung gebracht.

121. LANDO (913-914)

Er stammte aus der Sabinergegend. Von ihm wird weder über besondere noch bedeutende Taten berichtet. Es wird ihm eine Maßnahme zugeschrieben, mit der er die Versetzung des Bischofes Johannes von Bologna nach Ravenna anordnete. Nach der Überlieferung war Johannes der Sohn von Marozia und Sergius III. und er sollte nach Lando Papst werden. Wahrscheinlich starb er unter tragischen Umständen.

122. JOHANNES X. (914-928)

Er wurde wahrscheinlich in Imola in der Region Romagna geboren. Er war der Sohn von Marozia und - nach einer Geschichtsquelle - von Sergius III. Er verdankte seine Wahl den Intrigen seiner Großmutter Theodora, die Rom beherrschte. Seine Wahl wurde vom römischen Klerus ungefähr ein Jahr lang angefochten. Später wurde sie angenommen, auch weil er sich bei Berengar in diesem Sinne verwendet hatte. Johannes versuchte, Berengar davon zu überzeugen, gegen die Sarazenen zu Felde zu ziehen. Aber Berengar, der als Gegenleistung für seine Dienste die Kaiserkrone verlangt hatte, hielt sein Versprechen nicht. So wandte sich Johann an den Herzog von Spoleto, Alberich I., den Ehemann Marozias. Die Initiative führte zu einem Bund zwischen Alberich, dem Herzog von Neapel und dem byzantinischen Kaiser. Der Papst spielte die Rolle des charismatischen Führers. Die Sarazenen wurden am Fluß Garigliano besiegt und aus Italien verjagt. Inzwischen lebte man in Rom in einem von Intrigen und Delikten geprägten Klima. Eine gewiße Zeit lang hatte Johannes die Kraft und den Mut, sich dieser Situation zu widersetzen, aber er wurde bald vom Sturm der Gewalt und der Korruption mitgerissen. Er versuchte, seine Aufgabe mit Würde und Autonomie auszuführen, jedoch zog man ihn erbarmungslos in die Grillen und Schrecken hinein, die von den drei schönen und mächtigen Frauen, d.h. Hermengard von Ivrea, Berta von der Toskana und, natürlich, seiner Mutter Marozia, welche sich als Herrinnen Roms aufspielten, begangen wurden. Unter ihrem Druck krönte er Hugo von der Provence, dem Stiefbruder Hermengards, der kurz zuvor Marozia geheiratet hatte, zum Kaiser. Trotz der Hörigkeit Johannes' ließ seine Haltung doch eine Verdammung der Schandtaten der drei Frauen durchblicken. Diese Tatsache paßte den betreffenden Personen nicht, was sein Schicksal besiegelte. Marozia ließ ihn ins Gefängnis werfen, wo er zwischen zwei Polstern erstickt wurde.

123. LEO VI. (928-928)

Er war Römer. Er wurde auf Verlangen von Marozia gewählt. Während seines sieben Monate dauernden Pontifikates bemühte er sich, unter den kampflustigen römischen Familien Frieden zu stiften. Von ihm ist der Inhalt eines an die Bischöfe von Dalmatien gerichteten Briefes bekannt, in dem er sie ermahnt, dem Erzbischof Johannes von Split Gehorsam zu leisten. Sonst widmete er sich ausschließlich der Gottesverehrung, wobei er ein bescheidenes und frommes Leben führte.

124. STEPHAN VII. (VIII.) (928-931)

Er war Römer und wie seine Vorgänger ein Günstling von Marozia. Er war ein guter und friedlicher Mensch. Er machte sich um einige Klöster verdient, denen er einige Privilegien gewährte. Er ist in den vatikanischen Grotten begraben. Was die auf Verlangen und durch die Ränke Marozias gewählten Päpste anbelangt, kann man darauf aufmerksam machen, daß diese zwei gemeinsame Merkmale hatten. Erstens hatten sie im allgemeinen einen guten und friedlichen Charakter, was bedeutete, daß sie wegen ihrer Nachgiebigkeit nicht in der Lage waren, sich den Absichten von Marozia zu widersetzten und zweitens war ihr Pontifikat ganz kurz. Wenn die Natur nicht für ihren Tod sorgte, dann sorgte sie dafür.

125. JOHANNES XI. (931-935)

Er war Römer und stammte aus der Familie der Grafen von Tuscolo. Er war der Sohn von Marozia und Alberich I. Er wurde auf Verlangen seiner mächtigen Mutter gewählt, die inzwischen eine dritte Ehe mit dem Kaiser Hugo von der Provence eingegangen war. Johannes war kaum 25 Jahre alt und wegen seines Alters sowie seiner Erfahrungslosigkeit nicht in der Lage, die verworrenen Situationen jener gewalttätigen Periode zu meistern. Er war einfach zu schwach, um sich mit gierigen und skrupellosen Figuren auseinandersetzen zu können. Es handelte sich um eine für ihn schwierige Situation, die ihn auch auf gefühlsmäßger Ebene auf eine totale und für ihn unheilvolle Weise verwickelte. Nachdem sein Bruder, Alberich II., Sohn Marozias und Alberichs I., der Gewalttaten seitens Hugo von der Provence überdrüssig geworden war, wiegelte er das Volk gegen letzteren auf und verjagte ihn aus der Stadt. Dann ließ er sich zum Prinzen und Senator von Rom ausrufen. Marozia wurde eingesperrt. Außerdem entzog er Johannes - unter Ausnutzung seiner Schwäche - jegliche Macht und ließ ihn ins Gefängnis werfen. Nun regierte er selbst die Kirche, wobei er dem Papst nur den religiösen Bereich überließ. Unter diesen Umständen widmete sich Johannes der Reform des Mönchstums, wobei er das Wirken des hl. Odo von Cluny unterstützte und ihm seine Hilfe für dessen Verbreitung gewährte. Johannes starb, als er 3O Jahre alt war. Er ist in St. Johannes im Lateran begraben.

126. LEO VII. (936-939)

Er war Römer. Wahrscheinlich wurde er auf Verlangen von Alberich II. zum Papst gewählt. Er schätzte den römischen Senator, weshalb es zu einer Vereinbarung kam, gemäß der sich Alberich der weltlichen Gewalt annahm und der Papst der geistlichen. Leo war ein Benediktiner gewesen, weshalb seine größte Sorge der Neuordnung der Klöster galt. Er bediente sich dabei der Mitarbeit des hl. Odo von Cluny und setzte auf diesem Gebiet die Tätigkeit seines Vorgängers fort. Unter anderem ließ er das Kloster S. Paolo fuori le mura wieder aufbauen. Er bemühte sich, auf religiösem Gebiet Klarheit zu schaffen, indem er Bischöfe und Klerus vor der Gefahr der Hexerei, einem sehr verbreiteten Phänomen, warnte. Er drohte den Magieren und den Hexen einen formellen Kirchenbann an.

127. STEPHAN VIII. (IX.) (939-942)

Er wurde in Rom oder - wie andere behaupten - in Deutschland geboren und wurde einen Tag nach dem Tode Leos VII. gewählt. Er griff als Vermittler in den Streit zwischen Ludwig IV. und den französischen Prinzen, die ihn nicht als ihren König anerkennen wollten, ein. Er hatte dabei Erfolg und erzielte das erhoffte Resultat. Jedoch mußte er die unbequeme Anwesenheit Alberichs II. in Rom ertragen, der mit Unbekümmertheit gegenüber dem Papst selbst die Stadt quälte. Andererseits verdankte ihm Stephan seine Wahl. In dieser Periode wurde Berengar II., Markgraf von Ivrea, zum König Italiens ausgerufen.

128. MARINUS II. (942-946)

Er wurde in Rom geboren. Auch die Regierung der Kirche unter Marinus war vom Willen und von den Interessen Alberichs II. abhängig. Er war jedoch ein an Geist und Humanität reicher Mann und nahm sich die Armenfürsorge zu Herzen. Außerdem setzte er das Werk Leos VII. fort, indem er sich der Neugestaltung der Klöster und auch der Regel widmete. Während seines Pontifikates dankte Hugo von der Provence zu Gunsten seines Sohnes Lothar ab, der unter den Schutz des italienischen Königs Berengar II. gestellt wurde.

129. AGAPET II. (946-955)

Er wurde in Rom geboren. Sicherlich war auch seine Wahl das Werk Alberichs II. Auf jeden Fall war die Stellung Alberichs beträchtlich schwächer geworden und Agapet konnte sich in einem gewissen Maße seiner aufdringlichen Autorität entziehen. Obwohl er eine gewisse Unabhängigkeit von Alberich erreichen konnte, erschien gleichzeitig eine neue Bedrohung am Horizont, nämlich die deutsche Herrschaft von Otto I. Agapet wurde gegen seinen Willen in die Ereignisse der kaiserlichen Politik verwickelt, ohne sich allerdings daran beteiligen zu können. Lothar, der unter dem Schutz Berengars II. stand, starb und vielleicht wurde er sogar von seinem Beschützer selbst vergiftet. Berengar versuchte die Witwe Adelheid zu zwingen, den eigenen Sohn zum Mann zu nehmen. Sie weigerte sich aber standhaft und suchte die Hilfe und den Schutz Ottos I. von Sachsen. Adelheid vermählte sich mit ihm und er wurde dann auch zum König Italiens gekrönt. Es blieb Berengar nichts übrig, als sich Otto zu unterwerfen. Dennoch erreichte Berengar sein Zeil, weil ihn der Kaiser beauftragte, als sein Vasall Italien zu regieren. Italien wurde daher zu einem Lehen des Reiches. Alberich II. starb im Jahre 954 und ließ der Kirche ein freies Rom zurück, das auf nichts anderes wartete, als gut regiert zu werden. In diesen Jahren bekehrte sich der König von Dänemark, Harald, zum Christentum.

130. JOHANNES XII. (955-964)

Er wurde wahrscheinlich in Rom geboren und stammte aus der Familie der Grafen von Tuscolo. Er hieß Oktavian und wechselte daher den Namen. Er war der Sohn von Alberich II. Bereits mit 18 Jahren wurde er zum Papst gewählt. Berengar, der auf kaiserliche Ernennung hin, für deren Erhalt er sich jedoch hatte demütigen müssen, Italien regierte, revanchierte sich in diesen Jahren an jenen Feudalherren, die ihm ihre Unterstützung dem Kaiser gegenüber versagt hatten. Auch Johannes bekam die Folgen zu spüren, nachdem er auf ungeschickte Weise versucht hatte, das Territorium St. Peters auf Kosten Berengars auszuweiten. Auf die Drohungen des Letzteren hin, beeilte sich der Papst, König Otto um Hilfe zu rufen, worauf dieser nach Italien zog, um die Ordnung wieder herzustellen. Otto zwang Johannes ihn zum Kaiser zu krönen und de facto führte er das Heilige Römische Reich wieder ein. Johannes hatte ihm Treue geschworen, begann aber bald seinen Eid zu vergessen und sich obendrein wieder an die alten Feinde Berengar und Lambert anzunähern. In aller Eile begab sich Otto nach Rom aber dieses Mal mit bösen Absichten gegenüber dem Papst. Mit dem Vorwand der unzüchtigen Lebensführung des Papstes, berief Otto eine Bischofsynode ein, ließ Johannes absetzen und an seiner Stelle den päpstlichen Sekretär Leo zum neuen Papst wählen. Er nahm die Gelegenheit wahr, um ein Recht geltend zu machen, das bereits der byzantinische Kaiser besaß, aber mit einem nicht unwesentlichen Zusatz: die Wahl des Papstes mußte nicht nur vom Kaiser gebilligt werden, sondern der Gewählte mußte diesem auch seine Treue schwören. Um sich die Unterstützung der Bischöfe zu sichern, gab er ihnen auch die politische Macht über die Städte, indem er sie von der Bindung an die Autorität der Grafen befreite. Dadurch wurden die Bischöfe unabhängig und es entstand die Institution der Bischofsgrafen, die für lange Zeit die Ursache der Kämpfe zwischen Kirche und Reich war. Johannes gab sich jedoch nicht geschlagen. Nach seiner Flucht aus Rom, kehrte er mit einem Heer zurück. Er berief eine Synode ein, die Leo, der bereits zu Otto geflüchtet war, absetzte und begann mit den Racheakten gegen seine Feinde. Otto war gezwungen, ein drittes Mal nach Rom zu ziehen. Aber Johannes starb vor seinem Eintreffen in einem Alter von nur 27 Jahren.

131. LEO VIII. (963-965)

Er wurde in Rom geboren. Seine von Otto I. gewollte Wahl, fand am selben Tag, an dem der unzüchtige Johannes XII. abgesetzt wurde, in einer in Rom versammelten Synode statt. Aus diesem Grund wird er von einigen als ein Gegenpapst angesehen. Sein kurzes Pontifikat war jedoch den kaiserlichen Interessen unterworfen und verlief nicht ruhig. In der Tat mußte er zuerst mit Johannes XII., dessen Platz er einnahm, und später mit Benedikt V., der vom römischen Volk nach dem Tode von Johannes (964) gewählt wurde, auseinandersetzen. Er wurde von den Römern nicht geliebt, vielleicht auch wegen der Tatsache, daß seine Wahl von einem fremden König aufgezwungen wurde. Unter seinen wenigen Taten ist der Kirchenbann gegen die Laien, die während des Breviers ins Presbyterium eintraten, zu erwähnen.

132. BENEDIKT V. (964-966)

Er wurde in Rom geboren. Nach dem Tode von Johannes XII. wurde er vom Volk als Gegenkandidat von Leo VIII., der auf Verlangen Ottos I. bereits inthronisiert worden war, gewählt. Der Kaiser gewährte seine Zustimmung nicht und hielt ihn für einen Gegenpapst. Er ließ ihn einsperren und nach Deutschland bringen. Nach dem Tode Leos VIII. ging Otto auf die eindringlichen Forderungen der Römer, der Franken und eines Teils seiner Untertanen ein und erlaubte seine Rückkehr nach Rom. Aber der im Ruf eines Heiligen stehende Benedikt starb in Hamburg. Später sorgte Otto III. für seine Überführung nach Rom, wo er in den vatikanischen Grotten begraben wurde. Es ist zu bemerken, daß sowohl Leo als auch Benedikt von der Kirche anerkannt worden sind, da sich ihre Wahl auf Grund des Kirchenrechtes als gültig herausstellte.

133. JOHANNES XIII. (965-972)

Er wurde in Rom geboren und stammte aus der Familie der Crescentier. Er war der Sohn von Bischof Johannes und der Schwester Marozias, Theodora II. Seine Wahl fand unmittelbar nach dem Hinscheiden von Leo VIII., jedoch zehn Monate vor dem Tod Benedikts V. statt. Sie wurde von Otto aufgezwungen, der weiterhin bei den Wahlen seine Günstlinge gegenüber dem römischen Klerus, welcher eine unabhängige Linie verfolgte, durchsetzte. Johannes wurde von den Römern nicht akzeptiert; er wurde gezwungen, Rom zu verlassen und bei Pandolf, dem Prinzen von Capua und Benevent, Zuflucht zu nehmen. Von dort suchte er die Hilfe des Kaisers, der sein baldiges Eintreffen in Italien ankündigte. Aus diesem Grunde riefen die Römer Johannes zurück. Auf Befehl Ottos wurden diejenigen, die den Aufstand gegen Johannes - unter denen sich auch der Präfekt von Rom, Petrus befand - geleitet hatten, auf barbarische Weise niedergemetzelt. Der Kaiser blieb ohne Unterbrechung für sechs Jahre in Rom. Während dieser Periode ließ er seinen Sohn und Nachfolger Otto II. krönen. Nach Meinung der Historiker hat sich Johannes durch seinen pastoralen Eifer ausgezeichnet, vor allem hinsichtlich der Förderung der Missionen bei den Ungarn und den Polen. Er unterstützte das Mönchstum und berief mehrere Synoden ein, um die kirchliche Struktur neu zu gestalten und zu reorganisieren.

134. BENEDIKT VI. (973-974)

Er wurde in Rom geboren. Sein Pontifikat war kurz und unglücklich, trotzdem er der Kaiser Otto II. günstig gewogenen Partei angehörte. In der Tat wurde er vom Kaiser anerkannt und unterstützt. Aber die Thronbesteigung Ottos II. hatte eine sehr heftige Reaktion in der deutschfeindlichen Partei unter der Führung von Johannes Crescentius verursacht. Er leitete seine Gewalttaten gegen deutsche Ziele von der Engelsburg aus. Benedikt, der die kaiserliche Fraktion vertrat, setzte alles daran, um die Gemüter zu beruhigen. Er wurde aber deshalb gefangengenommen. Nach seiner ersten Befreiung wurde er von einem gewissen Franco, der mit dem Namen Bonifaz VII. den päpstlichen Thron unrechtmäßig bekleidet hatte, wieder in die Engelsburg gesperrt. Jedoch ergriff Franco nach einem Monat aus Angst vor den Grafen von Tuscolo, die offen den Kaiser unterstützten, die Flucht. Folglich konnte Benedikt wieder sein rechtmäßges Amt einnehmen. Die Lage änderte sich jedoch nicht. Im Gegenteil sie verschlechterte sich noch mehr. Die deutschfeindliche Partei setzte ihren Kampf fort und nochmals zählte Papst Benedikt VI. zu denen, die die dramatischen Folgen erleiden mußten. Kurz bevor der kaiserliche Gesandte Siccone in Rom ankam, um ihm zu helfen, wurde er erwürgt und in den Tiber geworfen. Sein Leib, der sofort aus dem Fluß gefischt wurde, wurde in der vatikanischen Grotten begraben.

135. BENEDIKT VII. (974-983)

Er wurde in Rom geboren und stammte aus der Familie der Grafen von Tuscolo. Daher war er deutschfreundlich. Er führte ein frommes und tugendhaftes Leben und war ein dynamischer und energischer Mann. Zu seinen bedeutendsten Handlungen sind auch zwei Synoden zu zählen, an denen Otto II. teilnahm. Die eine wurde einberufen, um Franco, der den Heiligen Stuhl unrechtmäßig bestiegen hatte, zu exkommunizieren; die andere, um die Simonie zu verdammen. In dieser Zeit starb Otto II., der nur 28 Jahre alt war. Ihm folgte sein kleiner Sohn, Otto III. (983) auf dem Thron, nach. Dieses Ereignis war eine willkommene Veranlassung für den Beginn vieler Unruhen mit Toten und Gewalttaten aller Art. Die Kämpfe wurden von der nationalistischen deutschfeindlichen Partei ausgelöst, deren Führung immer ein Vertreter der Familie der Crescentier innehatte. Diese Partei setzte sich zwei Ziele, nämlich die Befreiung Italiens von der deutschen Herrschaft und die Neugründung der römischen Republik. Benedikt wurde in der Kirche Santa Croce in Gerusalemme begraben.

136. JOHANNES XIV. (983-984)

Er wurde in Pavia geboren. Er hieß *Petrus von Canepanova*. Er änderte seinen Namen aus Achtung vor dem Apostel Petrus. Otto II. war vor kurzem gestorben und in Rom herrschte das Chaos. Diese Situation wurde von Franco ausgenützt, welcher aus seinem Exil in Kostantinopel zurückkehrte und zum zweiten Mal den Heiligen Stuhl unrechtmäßig bestieg, wobei er wieder den Namen Bonifaz VII. annahm. Es gelang ihm, Johannes loszuwerden, indem er ihn in die Engelsburg sperren ließ, wo dieser nach vier Monaten vor Hunger und an den Mißhandlungen, vielleicht sogar durch Gift starb. Sein Leib wurde in St. Peter begraben. Nach dem Tode Johannes herrschte Franco in Rom uneingeschränkt ungefähr ein Jahr lang, wonach auch er - vielleicht durch einen Giftmord - starb (985). Sein Leib wurde vom Volk durch die Straßen der Stadt geschliffen und vor der Basilika St. Johannes im Lateran liegen gelassen. Einige Priester lasen ihn auf, um ihn zu begraben. Nach einer anderen Version wäre sein Leib hingegen zerstückelt und in den Tiber geworfen worden.

137. JOHANNES XV. (985-996)

Er wurde in Rom geboren. Er wurde einen Monat nach dem Tode des Gegenpapstes Bonifaz VII. und ein Jahr nach dem Tode seines rechtmäßigen Vorgängers Johannes XIV. gewählt. In Anbetracht der damaligen Zeiten hatte sein Pontifikat mit 11 Jahren eine sehr lange Dauer, was wahrscheinlich daran lag, daß er gute Beziehungen sowohl zu der Familie der Crescentier, als auch zum kaiserlichen Hof hatte. Daher konnte er ungestört und erfolgreich für die Kirche arbeiten. Auf Verlangen von Hugo Capet sandte er den Abt Bonifaz nach Frankreich, um die innerhalb der Kirche von Reims entstandenen Streitigkeiten zu schlichten. Johannes war der erste Papst, der formell ein Konsekrationsdekret erlassen sollte. Das geschah aus Anlaß der Heiligsprechung von Ulrich von Augsburg. Ihm wird jedoch auch eine Schwäche zugeschrieben und zwar sein übertriebenes Bestreben, die Macht und das Reichtum seiner Familie zu vermehren. Aus diesem Grunde zog er sich die Antipathie der Römer zu.

138. GREGOR V. (996-999)

Bruno stammte aus der Familie der Herzöge von Kärnten und wurde in Sachsen geboren. Er wurde auf Verlangen seines Vetters Otto III. zum Papst gewählt. Der Kaiser begab sich nach Italien, um die von der unabhängigen nationalistischen Partei unter der Führung des Patriziers Crescentius provozierten Erhebungen zu unterdrücken. Es gelang Otto schlecht und recht den Kämpfen ein Ende zu bereiten. Nachdem er Crescentius vergeben hatte, kehrte er nach Deutschland zurück. Der Frieden sollte aber nicht lange dauern. Crescentius begann wieder mit seinen aufrührerischen Aktionen, so daß sich der Papst gezwungen sah, nach Pavia zu flüchten. An seiner Stelle wurde ein Gegenpapst und zwar Johannes XVI. (Philagathos), ernannt. Otto kehrte in aller Eile nach Italien zurück, setzte Gregor wieder in sein päpstliches Amt ein und ließ Crescentius enthaupten. Die Römer beklagten seinen Tod, weil sie ihn geschätzt und liebgewonnen hatten. Der Gegenpapst wurde verstümmelt und in ein Kloster gesperrt, wo er nach einigen Jahren starb. Gregor erlag der Malaria als er erst 27 Jahre alt war.

139. SILVESTER II. (999-1003)

Er wurde in Frankreich geboren und war der erste französische Papst. Er war ein Benediktinermönch und hieß Gerbert. Er wurde von Otto III., dessen Lehrer er war, zum Papst ernannt. Sein Pontifikat fiel mit der Jahrtausendwende zusammen, die von den Christen als ein entscheidender Augenblick angesehen wurde. Alle erwarteten sich das Ende der Welt und hatten sich darauf mit Gebeten, Bußübungen und Wallfahrten in das Heilige Land vorbereitet. In Übereinstimmung mit dem Kaiser, versuchte er den Klerus zu reformieren und dessen moralisches Niveauzu heben, ohne aber beachtenswerte Resultate zu erzielen. Die zunehmende Bereicherung aller geistlichen Schichten und das wachsende Phänomen der mit einer Grafschaft belehnten Bischöfe hatte eine starke Verweltlichung mit einem beträchtlichen Verfall des moralischen und religiösen Niveaus mit sich gebracht. Die Bischofgrafen waren, unter anderem, zuerst Untertanen des Kaisers und erst dann Bischöfe der Kirche. Der Konflikt, den diese Persönlicheiten sehr oft auf Grund der aus den beiden Sphären herrührenden widersprüchlichen Forderungen lebten, wurde im allgemeinen zugunsten des weltlichen und zum Nachteil des religiösen Bereichs gelöst. Seine Reformfreudigkeit wurde daher von den Bischöfen stark behindert. Andererseits hatte sich die autonome nationalistische Partei, die auf die Schaffung einer römischen Republik abzielte, in der Zwischenzeit in Tivoli versammelt, um sich der päpstlichen Autorität zu widersetzen. Dabei wurde sie von einigen italienischen Feudalherren unterstützt. Otto griff ein und unterwarf sie. Jedoch starb Otto kurz danach und es fehlte Silvester die notwendige Unterstützung, um die gefährliche Situation bewältigen zu können. Schließlich verzichtete er auf seine Reformpläne und widmete sich nur mehr den religiösen Fragen. Er wurde dazu auch von der arroganten Haltung des neuen Herren von Rom, Johannes Crescentius, gezwungen, der sofort dafür sorgte, daß sich Silvester seiner Herrschaft unterwarf. Er starb an Malaria oder vielleicht wurde er sogar ermordet. Nach der Überlieferung wurde Silvester für seine Tätigkeit als Astrologe, als "Schwarzkünstler und Hexenmeister" von Gott bestraft. Daher kommt sein Grab nicht zu Ruhe und jedes Mal, wenn ein Papst im Sterben liegt, bildet sich auf ihm eine Art Schweiß (sudans).

140. JOHANNES XVII. (1003-1003)

Er wurde in Rom geboren und stammte aus einer Familie, die Seco oder Sechi hieß. Sein Name war *Siccone*. Er war verheiratet und hatte drei Kinder. Er wurde auf Verlangen von Johannes Crescentius gewählt. Während seines sehr kurzen Pontifikates - von kaum sechs Monaten - kann man keine bedeutende Tat verzeichnen. Er ist in St. Johannes im Lateran begraben. Hinsichtlich der Ordinalzahl "XVII." ist zu sagen, daß sich Johannes Philogathos, der von Crescentius ernannte Gegenpapst, dieselbe Zahl zugeschrieben hatte, während es nie einen Papst Johannes XVI. gegeben hat. Unserem Siccone haben einige mittelalterliche Chroniken die Zahl XVIII. zugeschrieben, was bedeutet, daß entweder der Gegenpapst Philagathos als rechtmäßiger Papst anerkannt worden war oder daß Johannes XVI., der historisch nie existierte, hingegen als solcher betrachtet wurde. Außerdem ist Johannes XVIII. - man weiß nicht aus welchem Grund - manchmal als XIX. und manchmal als XX. bezeichnet worden. Dieser Fehler ist praktisch bis heutzutage wiederholt worden. Es ist fast unmöglich, völlig Klarheit zu schaffen.

141. JOHANNES XVIII. (1004-1009)

Er wurde in Rom geboren. Er hieß *Fasano*. Hinsichtlich der Ordinalzahl XVIII., siehe den vorstehenden Papst. Er krönte Heinrich II. von Bayern zum König Italiens. Die Feier wurde in Pavia begangen. Aber die Stadt erhob sich, weil sie der Gewalttaten der deutschen Truppen müde und erbittert war. Heinrich eroberte darauf die Stadt und ließ sie plündern. Johannes griff nicht ein, um ihre Zerstörung zu vermeiden. Er bemühte sich, die Auseinandersetzungen zwischen Rom und Konstantinopel zu überwinden, was ihm jedoch nicht gelang. Er wurde in der Basilika S. Paolo begraben, in deren Kloster er sich als Mönch zurückzog und wo er starb.

142. SERGIUS IV. (1009-1012)

Er wurde in Rom geboren. Er hieß *Petrus Bocca di porco*. Der Überlieferung zufolge war er der erste Papst, der seinen Namen änderte. Das ist aber nicht ganz wahr. Vor ihm hatten andere Päpste bereits dasselbe aus verschiedenen Gründen gemacht. Es stimmt dagegen, daß alle nach ihm gewählten Päpste - mit Ausnahme des Holländers Hadrian VI. und des Marcellus II. - seinem Beispiel folgten. Er wurde mit der starken Unterstützung der Crescentier gewählt, ohne sich jedoch den Interessen dieser Familie zu unterwerfen. Er war aufrichtig um das Wohl der Kirche besorgt und überzeugte die italienischen Prinzen von der Notwendigkeit, ein Bündnis gegen die Sarazenen zu schließen, um das "Heilige Grab" vor der Zerstörung zu bewahren. Mit großem Einfluß griff er in die Probleme und Streitigkeiten zwischen der Kirche und dem Kaiserreich ein, um eine Lösung zu finden. Er bemühte sich ständig, das Verhalten des Klerus zu versittlichen, besonders im Falle der Bischöfe und Äbte, die zu sehr nach dem Ausbau ihrer Macht und nach der Vermehrung ihres Reichtumes strebten. Er erkannte den Kamaldulenserorden des hl. Romuald an. Er wurde in S. Giovanni in Laterano begraben.

143. BENEDIKT VIII. (1012-1024)

Theophylakt, der *aus dem Geschlecht der Grafen von Tuscolo* stammte, wurde in Rom geboren. Diese mächtige Familie schickte sich an, den Crescentiern die Herrschaft über die Stadt streitig zu machen. Der Versuch der Letzteren, ihren Günstling Gregor durchzusetzten, schlug fehl. Gregor wurde verjagt und Benedikt konnte sein Amt auch dank der Unterstützung Heinrichs II., den er selbst inzwischen in Deutschland wieder zum Kaiser gekrönt hatte, antreten. Während der zwölf Jahre seines Pontifikates ereigneten sich bedeutende Tatsachen. So wurden die Sarazenen von der Flotte, die Benedikt mit der Hilfe von Neapel, Genua und Pisa bewaffnet hatte, besiegt. Weiters landeten die ersten Normannen in Italien. Die aus Skandinavien stammenden Normannen waren zuvor in Jerusalem gewesen, um das Heilige Land zu verteidigen. Von der französischen Normandie kommend, ließen sie sich in Süditalien nieder. In der Folge standen sie im Kampf gegen die kaiserliche Macht immer an der Seite der römischen Kirche. Benedikt hielt eine Synode in Pavia (1O22) ab, auf der Dekrete für die Reform des Klerus erlassen wurden. Im besonderen wurde beschlossen, die Priesterehe zu verbieten. Außerdem wurden Vorschriften gegen die Simonie und gegen die damals sehr verbreitete Gewohnheit der Herausforderung zum Duell verkündet.

144. JOHANNES XIX. (1024-1032)

Romano, der *aus der Familie der Grafen von Tuscolo* stammete, wurde in Rom geboren. Er war der Bruder Benedikts VIII. Er war ein Laie und empfing alle heiligen Weihen an einem Tag. Er vertraute seinem Bruder Alberich die Wahrnehmung der weltlichen Angelegenheiten an, während er sich selbst den kirchlichen Verpflichtungen widmete. Mit einer großen natürlichen Autorität ausgestattet, genoß er die Achtung und den Gehorsam vieler Machthaber der damaligen Zeit. Nach dem Tode Heinrichs II., lud Johannes Konrad II. den Salischen nach Rom ein und krönte ihn zum Kaiser. Der neue Kaiser setzte die Politik der völligen Unterstützung zugunsten des Klerus fort, die von seinem Vorgänger verwirklicht worden war. Das führte zu einer Zunahme der Macht und Autorität der Bischöfe gegenüber den weltlichen Vasallen, jedoch auch zu einer Zunahme der Streitigkeiten und Kämpfe. Der von Konrad gewährte Schutz erlaubte Johannes, eine entschlossene und unversöhnliche Position bei Streitfragen mit Konstantinopel anzunehmen, sowie die Kirche ohne besondere Sorge zu regieren. Im besonderen förderte er das Mönchstum. Er gewährte seinen Schutz Guido von Arezzo, dem berühmten Erfinder der Notenschrift. Für die Ordinalzahl XIX. siehe Johannes XVIII. (14O).

145. BENEDIKT IX. (1032-1044)

Theophylakt aus der Familie der Grafen von Tuscolo wurde in Rom geboren. Er war der Neffe von Benedikt VIII. und Johannes XIX. Er wurde auf den Heiligen Stuhl erhoben, als er noch sehr jung war - nach einigen Quellen soll er noch ein zwölfjähriges Kind gewesen sein. Seine Wahl wurde von seinem Vater Alberich, dem wahren Herrscher Roms, durchgesetzt. Sein eigenartiges Schicksal wollte es, daß er dreimal gewählt und zweimal abgesetzt werden sollte. Das erste Mal dauerte sein Amt zwölf Jahre lang. Seine zügellose und verwerfliche Lebensführung war ein richtiger Skandal für alle. Trotzdem wurde er, um des Friedens willen und auch um Unruhen und Blutvergießen zu vermeiden, vom Klerus und vom Volk akzeptiert. Hingegen wurde er von den Crescentiern, den historischen Feinden der Grafen von Tuscolo, nicht anerkannt. Zwischen den zwei Familien entfesselte sich ein unerbittlicher Krieg. Benedikt hielt mehrere Synoden in Spello, Rom und Marseille ab. Nach einem von den Crescentiern ausgelösten Aufstand der Bevölkerung wurde er zum ersten Mal abgesetzt und an seiner Stelle wurde Silvester III. inthronisiert.

146. SILVESTER III. (1045-1045)

Johannes wurde in Rom geboren. Er wurde an Stelle von Benedikt IX. gewählt, jedoch sofort - nach 50 Tagen - auf Betreiben der Tusculaner, die ihren Benedikt IX. wieder nach Rom gebracht hatten, abgesetzt. Silvester flüchtete in die Sabinergegend, wo er weiterhin das Bischofsamt ausübte. Um ihn von Rom wegzubringen, mußte man Gewalt anwenden. Seine Wahl war ganz offenkundig das Resultat einer politischen Aktion, weshalb er eigentlich als ein Gegenpapst bezeichnet werden müßte. In der Tat wird er, infolge der offiziellen Verfügung der Synode von Sutri im Jahre 1046 als solcher angesehen. Man weiß über sein Leben und sein Lebensende nichts.

147. BENEDIKT IX. (1045-1045)

Siehe Nr. 145. Er wurde wieder mit Gewalt auf den Heiligen Stuhl gesetzt, der ihm von Rechts wegen gehörte. Er verblieb aber nur 20 Tage in seinem Amt, um es seinem Vetter Gregor VI. gegen eine hohe Geldsumme abzutreten. Die ganze Situation ist ein Spiegelbild des Lebens und der Lebensauffassung der damaligen Zeit, die durch eine verbreitete und akzeptierte Simonie, einem niedrigen moralischen Niveau, Skrupellosigkeit bei der Machtausübung, Gewaltanwendung und Unterdrückung gekennzeichnet war.

148. GREGOR VI. (1045-1046)

Johannes Gratianus Pierleoni wurde in Rom geboren. Er war ein würdiger und tugendhafter Geistlicher. Vom Verhalten seines Vetters Benedikt skandalisiert, überzeugte er diesen, gegen eine hohe Geldsumme auf das päpstliche Amt zu verzichten. Nachdem sich Benedikt zurückgezogen hatte, wurde Johannes Gratianus vom Volk gewählt und in sein Amt eingesetzt. Dies geschah mit der Billigung des römischen Klerus. Man könnte daher sagen, daß dieser Wechsel in ehrlicher Absicht durchgeführt wurde, um dem Skandal und der Verunstaltung des Sitzes des hl. Petrus durch Benedikt, ein schnelles Ende zu bereiten. Gregor bemühte sich sofort, die Gebräuche zu reformieren und die Ordnung in Rom wiederherzustellen. Auf ihn führt man das erste päpstliche Heer zurück, das mit dem Zweck gegründet wurde, die Territorien der Kirche zu befreien und zu verteidigen. Aber die Geschichte mit dem Geld als Gegenleistung für das päpstliche Amt war Heinrich III. zuwider. Er bediente sich der ihm auf Grund des "Privilegium Othonis" zustehenden Vollmachten, um eine Synode nach Sutri einzuberufen (1046), die offiziell die Absetzung Benedikts und des Gegenpapstes Silvester III. bestätigte. An dieser Versammlung wurde auch der spontane Verzicht Gregors auf den Heiligen Stuhl angenommen. Dieser zog sich als Mönch nach Cluny zurück, wo er bis zu seinem Tod, von Hildebrand von Soana, dem zukünftigen Gregor VII., betreut, lebte.

149. CLEMENS II. (1046-1047)

Suitger der Herren von Morsleben und Hornburg wurde in Sachsen geboren. Er wurde von der in Sutri versammelten Synode gewählt, die gleichzeitig Benedetto IX. und den Gegenpapst Silvester III. abgesetzt und den Rücktritt Gregors VI. angenommen hatte. Diese Synode wurde von Heinrich III. einberufen, nachdem er des Durcheinanders und der Immoralität, die die Wahlen des Papstes begleiteten, überdrüssig geworden war. Er wollte dieser skandalösen Situation ein Ende setzen, indem er alle Kandidaten ausschloß und einen würdigen und fähigen Mann für das päpstliche Amt suchte. Deshalb wählte er einen Prälaten, der sein Vertrauen genoß und von bewährter Moralität war. Die Wahl fiel auf Clemens, der vom Klerus und vom römischen Volk akzeptiert wurde. Seine erste Handlung als Papst war die Krönung Heinrichs und die Entscheidung, nach der vor jeder neuen Papstwahl eine Ernennung des Kandidaten durch den Kaiser erfolgen mußte. Die Wahl fiel wieder unter die kaiserliche Kontrolle, wodurch sie jedoch dem verderblichen Einfluß der römischen Patrizierfamilien und der mächtigen weltlichen Lehensherren, die nur die eigenen materiellen Interessen verfolgten, entzogen wurde. Er berief eine Synode ein, welche die Simonie verdammte. Er begab sich, im Gefolge Heinrichs III., nach Deutschland. Auf dem Rückweg bekam er heftiges Fieber, an dem er erlag. Er wurde in Bamberg, in seinem Heimatland, begraben.

150. BENEDIKT IX. (1047-1048)

Siehe Nr. 145 und 147. Nach dem Tode von Clemens II., gelang es den Tusculanern, ihren Benedikt zum dritten Mal zum Papst zu erheben. Aber zu seinem Glück und dem der Kirche war es das letzte Mal. Er befolgte die weisen Ratschläge des heiligen Mönches Bartolomeus, dem Abt von Grottaferrata (bei Rom), und verzichtete definitiv auf den Heiligen Stuhl. Er bereute sich und zog sich in ein Kloster zurück wo er starb und begraben wurde.

151. DAMASUS II. (1048-1048)

Der aus der Familie der Curagnoni stammende *Poppo* wurde in Bayern geboren. Er war Bischof von Brixen und war von Heinrich III. von Deutschland vorgeschlagen worden, nachdem der Bischof von Lyon, Aliardus, auf den Heiligen Stuhl verzichtet hatte. Sein Pontifikat war ganz kurz und zwar dauerte es nur 23 Tage. Er starb in Palestrina an Malariafieber. Er wurde in der römischen Basilika S. Lorenzo fuori le mura begraben.

152. HL. LEO IX. (1049-1054)

Bruno aus dem Geschlecht der Grafen von Egisheim-Dagsburg wurde im Elsaß geboren. Er war ein Verwandter Heinrichs III., der ihn durch eine in Worms abgehaltene Versammlung von Prinzen und Bischöfen zum Papst wählen ließ. Leo kam nach Rom und betrat die Stadt zum Zeichen der Demut mit nackten Füßen. Er wurde vom Herzog von Lothringen und vom Mönch Hildebrand begleitet, den er als Mitarbeiter an seiner Seite haben wollte. Mit einer starken Persönlichkeit und einem energischen Charakter ausgestattet, übte er sein Amt mit Schwung und Mut aus. Sein Ziel war die Moralität der Geistlichen zu heben, unter denen sich die Simonie und das Konkubinat zunehmend verbreiteten. Unermüdlich durchkreuzte er Europa, indem er überall Synoden einberief und alle Anwesenden zur Disziplin und Redlichkeit aufforderte. Um die Kirche zu verteidigen, zögerte er nicht, zum Krieger zu werden. In der Tat organisierte er ein Heer, um gegen die Normannen zu kämpfen, die in Süditalien der Kirche einige Gebiete entzogen, sowie Kirchen und Klöster geplündert hatten. Er griff sie im Jahre 1053 an, wurde aber besiegt und gefangengenommen. Um die Freiheit zu erlangen, mußte er ihnen viele Zugeständnisse machen. Aber vor seinem Tod sollte ihm das Schicksal einen noch größeren Schmerz bereiten und zwar kam es zur entgültigen Spaltung zwischen der römischen und der Ostkirche, die das Werk des Patriarchen von Konstantinopel, Michael Kerullarios (1054) war. Die wichtigste Streitfrage betraf das Primat der römischen Kirche über alle anderen Kirchen, das Kerullarios nicht anerkennen wollte. Die Zwiste und Widersprüche hatten bereits vor zwei Jahrhunderten (858) begonnen. Leo starb kurz nachdem er von den Normannen befreit worden war. Er wurde in St. Peter beigesetzt.

153. VICTOR II. (1055-1057)

Gebhard aus dem Geschlecht der Grafen von Dollnstein-Hirschberg wurde in Bayern geboren. Auch er war ein Verwandter des Kaisers Heinrich III. sowie sein Kanzler, wie in Falle des hl. Leo IX. Er wurde ein Jahr nach dem Tode des letzteren gewählt und war ein sehr aktiver Papst. Mit Hilfe des Kardinals Hildebrand, der auch sein Ratgeber war, begann er eine weitreichende Reformtätigkeit sowie eine "Säuberung" der Institutionen, der Klöster und des Klerus, wobei er das Werk Leos IX. fortsetzte. Das Ziel blieb immer dasselbe wie in der Vergangenheit und zwar die Bekämpfung der Plage der Simonie und des Konkubinats. Es gelang ihm jedoch nicht, sein Programm zu Ende zu führen, einerseits weil er auf einen starken Widerstand jener Kreise stieß, die er reformieren wollte, andererseits weil er frühzeitig starb. Er versuchte den Einfluß des Kaisers in kirchlichen Fragen zu beschränken und zwar beginnend mit der Papstwahl, für die er eine weitreichende Autonomie beanspruchte. Victor stand Heinrich III. in der Todestunde bei und dieser vertraute ihm den kleinen Heinrich IV. an, der dem Vater unter der Regentschaft der Mutter Agnes nachfolgte. Victor starb überraschend in Arezzo an Malariafieber und ist in Ravenna begraben.

154. STEPHAN IX. (1057-1058)

Friedrich wurde in Lothringen geboren und gehörte dem Geschlecht der Herzöge dieser Region an. Er setzte die Moralisation Victors II. fort und verbat die Ehe der Geistlichen sowie die Ehe zwischen Blutsverwandten. Er sandte Kardinal Hildebrand von Soana nach Deutschland, um Heinrich IV. zu überzeugen, den Handel der Dignitäten und der kirchlichen Ämter einstellen zu lassen. Auch in Deutschland waren der Machttausch und die simonischen Gewohnheiten zur normalen Praktik geworden. Die großen Schwierigkeiten und die beträchtlichen Widerstände gegen die er kämpfen mußte, veranlassten ihn, für einige Monate das Feld zu räumen und sich niedergeschlagen und enttäuscht ins Kloster von Montecassino zurückzuziehen. Er kehrte aber bald nach Rom zurück. Danach begab er sich nach Florenz, um mit seinem Bruder Gottfried einen Plan zur Bekämpfung der Normannen zu diskutieren. Dort wurde er von einem heftigen Malariafieber befallen an dem er in der Folge starb. Der Abt von Cluny, Hugo, eilte an sein Bett. Stephan ließ ihn und alle anwesenden Kardinäle schwören, den neuen Papst nicht vor der Rückkehr Hildebrands aus Deutschland zu wählen. Nach seinem Hinscheiden, wurde er im Dom von Florenz begraben. Der Wunsch Stephans sollte unerfüllt bleiben, da die römischen Adeligen nicht warteten und Johannes von Tuscolo unter dem Namen Benedikt X. zum Papst wählen ließen. Nachden dieser jedoch nicht konsekriert wurde, wird er als ein Gegenpapst angesehen.

155. NIKOLAUS II. (1059-1061)

Gerhard wurde in Chevron in Burgund (Frankreich) geboren. Er wurde zehn Monate nach dem Tode Stephans IX. in Siena gewählt, wohin Hildebrand von Soana nach seiner Rückkehr aus Deutschland die Kardinäle einberufen hatte. Diese Wahl wurde derjenigen entgegengesetzt, die inzwischen in Rom auf Betreiben der Grafen von Tuscolo stattgefunden hatte. Bei der römischen Wahl hatten die Tusculaner einen ihrer Verwandten und zwar Benedikt X. mit Gewalt durchgesetzt. Letzterer wurde jedoch von den Kardinälen nicht anerkannt und daher für einen Gegenpapst gehalten. Mit der Unterstützung Hildebrands und des hl. Pier Damiani, berief Nikolaus - bevor er in Rom einzog - eine Synode in Sutri ein, an der Benedikt abgesetzt und wo ihm die priesterliche Würde entzogen wurde. Benedikt starb um 117O. Nikolaus setzte den Kampf gegen die zügellose Lebensführung des Großteils des Klerus und gegen die Gier nach Macht und Reichtum, was bereits zu einem normalen Verhalten geworden war, fort. Zu diesem Zweck berief Nikolaus eine Synode in Rom ein, auf der einige wichtige diesbezügliche Vorschriften erlassen wurden. So wurden die simonistischen Zuweisungen aller kirchlichen Ämter sowie die Priesterehen verboten und wer bereits eine Frau hatte, mußte sie unter der Strafe der Enthebung verlassen. Den Laien wurde verboten, die Bischöfe ohne päpstliche Genehmigung zu belehnen. Weiters wurde beschlossen, daß der Papst nur von den Kardinälen und ohne Einmischung seitens des Klerus, der Lehensherren, des römischen Volkes und des Kaisers, dem nur das Zustimmungsrecht anerkannt wurde, gewählt werden durfte. Es kam zu einer heftigen Reaktion und der Ungehorsam war sehr verbreitet. In Deutschland wurde sogar eine andere Synode einberufen, welche die in Rom getroffenen Entscheidungen für ungültig erklärte. Nikolaus wurde sich der Notwendigkeit bewußt, einen treuen und sicheren Alliierten zu finden, der in der Lage gewesen wäre, die Kirche vor Unruhen aller Art und vor der deutschen Einmischung zu schützen und der außerdem im Bedarfsfall dazu bereit gewesen wäre, die Waffen zu ergreifen, um die Widerwilligen zu "überzeugen". Er glaubte, ihn in der Person von Robert Guiscard, dem Normannenkönig, gefunden zu haben. Robert Guiscard war der Herrscher von ganz Süditalien und wartete nur auf die offizielle Legitimation. Der Papst gewährte sie ihm, indem er ihn zum Vasallen der Kirche erklärte. Nikolaus starb in Florenz und wurde im Dom dieser Stadt begraben.

156. ALEXANDER II. (1061-1073)

Anselm von Baggio wurde in Mailand geboren. Er wurde auf Empfehlung des Kardinals Hildebrand in Terracina gewählt. Aber Kaiser Heinrich IV. erkannte ihn nicht an, da man seine Rechte, die durch die vom Papst Nikolaus II. gewollt römisch Synode aufgehoben wurden, nicht respektiert hatte. Auf kaiserliches Verlangen wurde ein anderer Papst in der Person des Bischofs Cadalus von Parma gewählt, welcher den Namen Honorius II. annahm. Dieser regierte für fast elf Jahre, ein Jahr weniger als Alexander. Natürlich hält ihn die Kirche für einen Gegenpapst, vor allem nachdem eine eigens dafür einberufene Bischofssynode in Mantua die Wahl Alexanders als rechtsgültig anerkannte. Auf Grund dieser Doppelwahl brachen zahlreiche und blutige Tumulte aus, die sowohl von der einen als auch von der anderen Partei verursacht wurden. Die Normannen, die dem Pakt mit der Kirche einhielten, standen ihr immer zur Seite und griffen oft hilfreich ein. Alexander rief Kaiser Heinrich mehrmals zur Ordnung, jedoch ohne Erfolg. Er hatte dagegen gute Beziehungen mit dem neuen König Englands, Wilhelm, den er den Segen erteilte, und mit der spanischen Kirche, die Rom stets feindlich gesinnt war. Alexander starb, nachdem er die Kirche über elf schwierige und qualvolle Jahre lang regiert hatte.

157. HL. GREGOR VII. (1073-1085)

Der überall anwesende Kardinal *Ildebrando Aldobrandeschi* (Hildebrand) wurde in Soana in der Toskana geboren und stammte aus einer bescheidenen Familie. Mit großer Intelligenz, energischem Temperament und ausgeprägtem politischem Verstand ausgestattet, war er Mitarbeiter und Ratgeber von nicht weniger als vier Päpsten gewesen. Sein erleuchtetes und unermüdliches Handeln zugunsten der Kirche wurde auf eine fast natürliche Weise durch die Erhebung auf den päpstlichen Thron gekrönt. Seine Wahl zum Papst erfolgte durch Zuruf des aus Anlaß des Begräbnisses von Alexander II. anwesenden Volkes und wurde von den Kardinälen sofort gebilligt. Seine erste Handlung bestand in einem Angriff auf Kaiser Heinrich IV., der sich erlaubt hatte, die von Nikolaus II. erlassenen Entscheidungen der römischen Synode in Sachen Papstwahl, Disziplin und kirchlicher Moralität, nicht zu beachten. Wie bereits erwähnt, hatte Heinrich der Wahl Alexanders II. sogar eine andere Synode und einen Gegenpapst (Honorius II.) entgegengesetzt. Daher drohte Gregor jeden, der sich solchen Entscheidungen und Dekreten widersetzt hätte, mit dem Bann. Heinrich, der nunmehr großjährig war, nahm die Herausforderung an. Er löste in Rom eine Erhebung aus, die von einem gewissen Cencio oder Crescentius geleitet wurde. Während der Papst die Messe in der Basilika Santa Maria Maggiore las, wurde er abgeführt und in einen Turm gesperrt. Er handelte sich dabei nicht nur um eine Gewalttat, sondern auch und vor allem um eine sakrilegische Handlung. Gregor wurde kurz darauf vom Volk befreit und rief Heinrich nach Rom, damit er sich dort rechtfertigte. Anstatt zu antworten, hielt er eine bischöfliche Synode in Worms ab und ließ von den Bischöfen die Absetzung des Papstes erklären und ihm als einen "Eindrindling und unrechtmäßigen Papst" definieren. Damit hatte der Kaiser jede Grenze überschritten. Gregor berief eine Synode in Rom ein, die den berühmten "Dictatus Papae" billigte und erließ. Diese Schrift ist als sein Meisterwerk zu betrachten. Es handelt sich dabei um eine explizite und sehr klare Synthese seiner Auffassung von der Gewalt. Sowohl die geistliche, als auch die weltliche Gewalt sei eine Ausstrahlung der göttlichen Macht, die in der Welt über die Kirche wirkt; der natürliche Verwahrer dieser Macht sei das Haupt der Kirche, nämlich der römische Papst, der demzufolge auch über dem Kaiser stehe. Es sei der Papst, der den Kaiser zum Regieren berechtige und nicht umgekehrt. Da Heinrich die göttlichen Gesetze hatte umstoßen wollen, wurde er exkommuniziert. Sofort wurde er von allen Untertanen verlassen, die der Papst von der Pflicht des Gehorsames und der Treue befreit hatte, was einen ungeheuren Eindruck hinterließ. Es blieb Heinrich nichts anderes übrig, als sich mit dem Papst wieder zu versöhnen. Es wurde ihm vergeben, jedoch zu einem äußerst teuren Preis. Das Ereignis von Kanossa ist wohl bekannt. Heinrich, der zum Zeichen der Buße nur eine Kutte trug, mußte drei Tage und drei Nächte lang vor dem Schloß warten, bevor der Papst ihn empfing. Das statuierte Exempel entsprach einer Demütigung. Die Tatsache, daß er sich auf so vollständige Weise unterworfen hatte, erlaubte ihm einerseits, sich in den Augen Gregors zu rehabilitieren, andererseits, brachte sie ihm einen beträchtlichen Verlust an Achtung bei seinen Lehensherren, die ihn aber vorher beharrlich darauf gedrungen hatten, sich zu versöhnen. Jedoch genügte ihm die erteilte Lektion nicht. In der Tat, nach seiner Rückkehr nach Deutschland, eröffnete er wieder die Feindseligkeiten gegen den Papst. Aus diesem Grund verhängte der Papst gegen ihn einen zweiten Kirchenbann. Anstatt um dessen Widerruf zu ersuchen, entschloß sich Heinrich dieses Mal, Gewalt anzuwenden. Er berief eine Synode in Mainz ein, die Gregor absetzte und die ihm den Gegenpapst, Clemens III., gegenüberstellte. Bald danach zog Heinrich nach Italien, belagerte Rom und nach drei Jahren gelang es ihm, die Stadt zu erobern. Tatsächlich war es, das Volk selbst, das, der Belagerung nunmehr müde geworden, die Tore der Stadt öffnete, und den Papst dazu zwang, sich in die Engelsburg zurückzuziehen. Um die Befreiung des Papstes kümmerte sich der treue Robert Guiscard, der nach Rom marschierte, ihn aus der Engelsburg holte und nach Salerno brachte, wo Gregor starb. Er liegt auch dort begraben.

158. SEL. VICTOR III. (1086-1087)

Desiderius wurde in Montecassino geboren und entstammte dem Fürstenhause der *Epifani*. Er war ein Benediktiner und wurde auf ausdrücklichen Wunsch Gregors VII. gewählt, dem er in der Todesstunde beistand. Er war ein sanftmütiger Mensch mit einer Neigung zum Mystizismus, weshalb er sich nicht ganz in der Lage sah, eine weltliche Macht auszuüben, besonders in einer für das Papsttum so schwierigen Phase, in der es sich in einer offenen Auseinandersetzung mit Kaiser Heinrich IV. und dem Gegenpapst Clemens III. befand. Gregor hinterließ ihm ein Erbe, vor dem er zurückschreckte. Aus diesem Grund entschloß er sich, darauf zu verzichten und sich in sein geliebtes Kloster in Montecassino zurückzuziehen. Ein Jahr später kehrte er wieder nach Rom zurück, weil er durch eine Synode, die er selber in Capua einberufen hatte, definitiv überzeugt worden war, das päpstliche Amt anzunehmen. Nach seiner Einsetzung berief Victor eine neue Synode ein, die in Benevent stattfand, und durch die der über Clemens verhängte Kirchenbann bestätigt und Gesetze in Sachen kirchlicher Disziplin erlassen wurden. Während der ganzen Dauer seines Pontifikates genoß er die Hilfe der Gräfin Mathilde und den Schutz Robert Guiscards. Aber Rom war für ihn nicht die richtige Umgebung und nach kurzer Zeit kehrte er nach Montecassino zurück, wo er starb und begraben wurde.

159. SEL. URBAN II. (1088-1099)

Odo von Lagéry wurde in der Nähe von Reims in Frankreich geboren. Er konnte nicht in Rom einziehen, da der päpstliche Sitz noch von Clemens III. besetzt war. In seinem Handeln folgte er dem Beispiel seines großen Vorgängers Gregor, einerseits indem er sich dem Kaiser Heinrich IV. entgegenstellte, andererseits indem er eine immer engere Allianz mit den Normannen schloß. Er schaffte auch die Grundlagen für eine neue Beziehung mit dem Kaiser von Konstantinopel, Alexios I. Komnenos, dessen Aufforderung nach einer bewaffneten Intervention gegen die Ungläubigen, die das Heilige Land besetzten, er annahm. Er erneuerte den Bann gegen Heinrich IV. und den Gegenpapst Clemens, gegen den er kämpfte, bis sich Clemens in die Lombardei zurückzog und Urban freie Hand ließ. Da er die Situation nunmehr beherrschte, konnte er sich endlich dem widmen, wofür er in die

Geschichte eingegangen ist: der Organisation des ersten Kreuzzuges. Die Befreiung des Heiligen Grabes und des Heiligen Landes erwies sich aus mehreren Gründen - wenn auch nicht alle religiöser Natur - als notwendig. Dasselbe wurde auch vom französischen Mönch, Petrus dem Eremiten, welcher bereits darüber gepredigt und das Volk auf dieses Ereignis vorbereitet hatte, eindringlich gefordert. Urban gab dem Kreuzzug die offizielle Zustimmung, indem er eine Synode nach Clermont einberief, an der den Ungläubigen der Krieg erklärt und denjenigen, die am Kreuzzug teilnehmen würden, der Sündenerlaß versprochen wurde. Dieses Versprechen stellte für die damalige Mentalität einen großen Ansporn dar. Dieser erste Kreuzzug war der einzige, der Erfolg haben sollte. Seine Teilnehmer gingen in die Sage ein. Wahrscheinlich erfuhr Urban nichts über den Sieg, weil er vor der Eroberung Jerusalems durch das christliche Heer starb.

160. PASCHALIS II. (1099-1118)

Rainer von Bieda stammte aus der Romagna. Sein Pontifikat wurde durch ein unruhiges und verworrenes Klima und durch den Kampf gegen die deutschen Kaiser, der noch gewaltsamer werden sollte, gekennzeichnet. Der von Heinrich IV. aufzwungene Gegenpapst Clemens III. hatte die Gelegenheit des unbesetzten Heiligen Stuhles ausgenützt, um seinen Sitz nach Rom zu verlegen. Paschalis berief eine Synode im Lateran ein, auf der der gegen Heinrich IV. verhängte Bann erneuert und die Vertreibung Clemens' angeordnet wurde. Diese Maßnahme wurde mit Hilfe von Rüdiger von Sizilien durchgeführt. Heinrich IV. reagierte darauf mit der Ernennung eines neuen Gegenpapstes mit dem Namen Theoderich. Er wurde von Paschalis verhaftet und in die Abtei von Cava gesperrt. Er starb bald danach. Inzwischen wurde Heinrich IV. von seinem eigenen Sohn, Heinrich V., abgesetzt und starb im Jahre 11O5 in Elend und von allen verlassen. Der neue Kaiser erwies sich seinem Vater äußerst ähnlich. Er kam mit einem Heer nach Rom, nahm den Papst gefangen und schickte ihn in die Sabinergegend ins Exil. An seiner Stelle ernannte der Kaiser einen neuen Gegenpapst, Albert, von dem er sich krönen ließ. Auch Albert starb bald und Heinrich versuchte, sich mit Paschalis II. wieder zu versöhnen. Dieser war jedoch nach Frankreich an den Hof Philipps I. gezogen. So beabsichtigte Heinrich, einen neuen Gegenpapst - den vierten - in der Person des Römers Maginulf, der den Namen Silvester IV. annahm, zu ernennen. Diese Ernennungen dienten Heinrich jedoch nur der Ablenkung, da er sich im wesentlichen mit Paschalis wieder versöhnen und die schweren Unstimmigkeiten mit diesem - womöglich zu seinem Gunsten - überwinden wollte. Der Grund des Streites war immer derselbe und zwar die Investiturfrage und welche der zwei Gewalten vorherrschen sollte. Die beiden stießen wiederholt aufeinander, konnten jedoch nie zu einer Einigung gelangen. Schließlich starb Paschalis, den der lange Kampf erschöpft hatte. Er wurde im Lateran begraben. Paschalis II. achtete besonders auf den Städtebau und auf die religiösen Bauwerke. Er ließ viele Kirchen restaurieren und andere neu bauen. Während seines Pontifikates wurden mehrere Ritterorden gegründet, die den Auftrag hatten, das Heilige Land und die Pilger, welche sich dorthin begaben, zu schützen. Es handelt sich um die Orden der berühmten Tempelritter, Deutschherren und Johanniter.

161. GELASIUS II. (1118-1119)

Johannes Caetani wurde wahrscheinlich in Gaeta geboren. Er arbeitete 30 Jahre lang als Kanzler der Kirche. Sein Pontifikat war kurz und qualvoll. Bald nach seinem Eintreffen in Rom wurde er von den Anhängern Heinrichs V., die unter dem Befehl von Cencius Frangipane standen, überfallen. Cencius packte ihn an der Kehle und prügelte ihn brutal, während er die anderen dazu einlud, mit den Kardinälen, die ihn gewählt hatten, auf dieselbe Weise zu verfahren. Gelasius wurde im Turm der Frangipane eingesperrt. Später wurde er jedoch vom Volk befreit und konnte daher nach Rom zurückkehren. Aber die plötzliche Ankunft Heinrichs V. zwang ihn, die Flucht zu ergreifen. Er suchte Zuflucht in Gaeta, wo er geweiht werden konnte. Heinrich ernannte einen neuen Gegenpapst - den fünften! - mit dem Namen Gregor VIII. Von Gaeta aus wurden beide von Gelasius exkommuniziert. Nachdem der Kaiser nach Deutschland abgereist war, kehrte der Papst nach Rom zurück. Er wurde aber während eines Aufruhrs, der von den Adeligen entfesselt und vom üblichen Cencius Frangipane angeführt wurde, wieder aus der Stadt verjagt. Nun begab er sich nach Frankreich an den Hof Ludwigs VI. Er hielt in Vienne eine Synode ab und zog sich dann nach Cluny zurück, wo er bis zu seinem Tode lebte. Dort wurde er, nur mit einer Mönchskutte bekleidet, in der bloßen Erde begraben.

162. CALIXTUS II. (1119-1124)

Guido von Burgund wurde in Frankreich geboren. Er wurde in Cluny gewählt, wo Gelasius II. gestorben war. Das Amt wurde von ihm unter dem Vorbehalt akzeptiert, daß er zuerst die Meinung der in Rom gebliebenen Kardinäle und des römischen Volkes kennen wollte. Seine Wahl erhielt deren Zustimmung. Dank seines ausgeprägten politischen Talents und der Arbeit Lamberts von Fiagnano, des zukünftigen Honorius II., konnte die schwierige Investiturfrage endlich einer Lösung zugeführt werden. Die Einigung und der Frieden wurden mit dem Abschluß des Wormser Vertrages im Jahre 1122 erreicht. In diesem Vertrag wurde festgelegt, daß die Bischöfe vom Klerus der Diözese gewählt werden mußten und daß sie erst dann die Zustimmung der kaiserlichen Legaten erhalten sollten. Auch die Investiturphasen mußten dem Ort, an dem die Investitur stattfand, angepaßt werden. So mußte man in Deutschland zuerst die Investitur und dann die kirchliche Konsekration erteilen, während in Italien die Abfolge umgekehrt sein mußte. Die letzte wichtige Tat des Pontifikates von Calixtus war die Einberufung des 1. Laterankonzils, auf dem zum zeiten Kreuzzug aufgerufen wurde. Mit Hilfe der Normannen zwang Calixtus den Gegenpapst Gregor VIII., Rom zu verlassen und sich in ein Kloster zurückzuziehen. Calixtus starb plötzlich und wurde im Lateran begraben. Nach einigen Monaten starb auch Heinrich V. im Alter von nur 44 Jahren.

163. HONORIUS II. (1124-1130)

Lambert Scannabecchi von Fiagnano wurde in Imola geboren. Seine Kandidatur wurde von der Familie Frangipane auferlegt. Sie war dieselbe Familie, die den Überfall gegen Gelasius II. organisiert hatte. Es wurde Honorius Theobald Boccadipietra entgegengestellt, der von der Familie Pierleoni unterstützt wurde und der den Namen Coelestinus II. annahm. Beide wollten sich nicht gegenseitig bekämpfen und erklärten, daß sie zum Verzicht bereit wären. Daher überließen sie die entsprechende Entscheidung dem Kardinalskollegium, das Honorius bestätigte. Dieser hatte im Auftrag von Calixtus II. eine sehr wichtige Rolle in den Verhandlungen zum Abschluß des Wormser Konkordats gespielt. Er setzte die Politik seines Vorgängers fort, die auf die Anerkennung der Vorherrschaft des Papsttums gegenüber dem Kaisertum abzielte. Ein weiteres Ziel Honorius' war, eine Koalition der christlichen Prinzen für den Heiligen Krieg zu bilden. Inzwischen war Heinrich V. gestorben. Beim Kampf um die Nachfolge zwischen Lothar von Sachsen und Konrad von Schwaben ergriff Honorius für den ersten Partei. Mit Lothar bahnte er eine Beziehung gegenseitigen Vertrauens und der Mitarbeit an. Er bestätigte Roger von Sizilien die Investitur des Herzogtums von Apulien und Kalabrien. Obwohl er es ungern tat, sah er sich dazu auf Grund der Befürchtung vor dessen skrupellosen und klaren Ausdehnungsbestrebungen veranlaßt. Er bekämpfte die albigensische Irrlehre, die durch eine Synode in Toulouse verdammt wurde. Er litt an der Bedrängnis durch das heiße und turbolente römische Klima, das wegen der blutigen Auseinandersetzungen zwischen den Familien Frangipane und Pierleoni, die um die Herrschaft Roms kämpften, entstanden war. Schließlich zog sich Honorius auf Grund seiner schweren Krankheit in das Kloster S. Gregorio al Celio zurück, wo er starb. Er wurde in der Lateranbasilika begraben.

164. INNOZENZ II. (1130-1143)

Gregor Papareschi oder Guidoni wurde in Rom geboren. Seiner von der Familie Frangipane gewollten Ernennung wurde die Anaklets II., welche von der Familie Pierleoni unterstützt wurde, entgegengesetzt. De facto wurde Anaklet zum Herrscher Roms, während Innozenz die Stadt verlassen mußte, um nach Frankreich zu flüchten. Dank der Unterstützung des hl. Bernhard kehrte er nach Italien zurück, wobei er das Land durchkreuzte und überall Synoden gegen Anaklet einberief. Schließlich wandte er sich an Lothar von Sachsen, der von Papst Honorius II. bereits als Nachfolger Heinrichs V. empfohlen worden war, um Hilfe. Lothar begleitete Innozenz nach Rom, wo er dem Papst öffentlich seine Ehrerbietung bezeigte, indem er den Fuß Innozenzens küsste, das weibliches Maultier, auf dem der Papst saß, führte, sowie seine Unterwerfung und Untertänigkeit zu erkennen gab. Dafür wurde er vom Papst zum Kaiser gekrönt. Der Streit zwischen Innozenz und Anaklet dauerte acht Jahre - jeder konnte für sich einige Elemente der Rechtmäßigkeit beanspruchen. Nach dem Tode Anaklets wurde ein neuer Gegenpapst gewählt, nämlich Victor IV., der dem Geschlecht der Grafen von Tuscolo angehörte. Er verzichtete nach kaum drei Monaten darauf. Endlich hatte Innozenz freie Hand, seinen Auftrag unbesorgt auszuführen. In der Tat berief er zwei Synoden ein; die eine in Rom und die andere in Frankreich. Auf der ersten wurde der Gegenpapst Anaklet verurteilt und Roger von Sizilien exkommuniziert, weil er die päpstliche Souveränität über Apulien und Kalabrien unrechtmäßig erworben hatte. Um seine Rechte geltend zu machen, erklärte Innozenz Roger den Krieg, wurde aber zusammen mit seinen Kardinälen gefangengenommen und gezwungen, einen demütigenden Friedensvertrag zu schließen. Auf der zweiten Synode, die in Sens stattfand, wurde die Häresie des Philosophen Abälard verdammt. Auch Ludwig VII. von Frankreich, der sich als ein Gesinnungsfreund dieser Doktrin erwiesen hatte, wurde exkommuniziert. Er ließ die Kirche S. Maria in Trastevere restaurieren und mit prunkvollen Mosaiken schmücken.

165. COELESTIN II. (1143-1144)

Guido di Castello wurde in Umbrien geboren. Er war der päpstliche Legat Honorius' II. in Frankreich. Hier lernte er Abälard kennen, von dem er - wie es scheint - ein Schüler war, wenn auch nur für kurze Zeit. Aus diesem Grund wurde er vom hl. Bernhard hart kritisiert, vor allem wegen der Tatsache, daß er mit dem Philosophen auch nach dessen Verdammung durch Innozenz II. gute Beziehungen unterhielt. Nach seiner Wahl zum Papst verdammte er jedoch die Doktrin Abälards. Er weigerte sich, Roger die Investitur des Königreiches von Sizilien und Apulien zu bestätigen, während er den Bann gegen Ludwig VII., den König Frankreichs, welcher ihm um Vergebung gebeten hatte, widerrief. Er bediente sich beim Versuch, die Meinungsverschiedenheiten und die Streite innerhalb der Kirche beizulegen, der Mitarbeit des hl. Bernhard. Jedoch blieb die Initiative ohne Erfolg. In diesen Jahren spielte Arnold von Brescia eine wichtige Rolle, indem er durch seine heftigen Predigten gegen die Korruption die Gemüter erregte und sogar so weit ging, die päpstliche Autorität zu beanstanden. Durch das überhitzte Klima verängstigt, zog sich Coelestin in ein befestigtes Kloster zurück, wo er sein kurzes Pontifikat und seine Tage beendete.

166. LUCIUS II. (1144-1145)

Gerhard Caccianemici wurde in Bologna geboren. Seine Wahl fand ohne Kontraste statt, aber die Situation in Rom war sehr kritisch. Im Einklang mit der Entwicklung in anderen Teilen Italiens, wo sich die Stadtrepubliken durchzusetzen begannen, war auch in Rom eine freiheitliche Bewegung entstanden, die sich der päpstlichen Macht offen widersetzte. Im Kirchenstaat nahm diese Opposition auch einen religiösen und moralischen Charakter an. Der Wortführer dieses Unbehagens und dieser Bewegung war der Mönch Arnold von Brescia. Er predigte vehement gegen die weltliche Macht der Päpste, gegen die maßlosen Interessen, die Geldgier und die zügellosen Sitten der Geistlichen. Die Sittenlosigkeit war konkret, offenkundig und verwurzelt. Im Kapitol hatte der Senat und eine von

Giordano Pierleoni - dem Bruder des Gegenpapstes Anaklet II. - geführte Regierung das Amt angetreten. Er erklärte die weltliche Gewalt der Päpste als abgeschafft und anerkannte ihnen nur die geistliche Gewalt. Lucius kämpfte energisch gegen Giordano Pierleoni und mobilisierte sogar einige Truppen gegen ihn. Während einer dieser Kampfhandlungen, bei der seine Truppen das Kapitol belagerten, wurde er durch einen Stein getroffen und starb in wenigen Tagen an den Folgen. In diesem Jahr (1145) gründete Alfons I. das Königreich von Portugal, das den Arabern entzogen worden war. Er stellte es unter den Schutz der Kirche und erklärte sich als deren Vasall. Lucius wurde in S. Giovanni in Laterano begraben.

167. SEL. EUGEN III. (1145-1153)

Petrus Bernhard Paganelli wurde in Pisa geboren. Er war ein Zisterziensermönch und Schüler des hl. Bernhard von Clairvaux. Eugen wurde jeglicher Eingriff und jegliche Einmischung in die Zivilverwaltung der Stadt Rom verweigert. Daher begann er eine lange Wallfahrt, die ihn von Stadt zu Stadt brachte, bis er in Frankreich ankam, wo er einige Synoden und ein Konzil abhielt. In Reims gelang es ihm, den zweiten bereits von Calixtus II. vorgeschlagenen Kreuzzug zu organisieren. Aber der Krieg gegen die Moslems, an dem - neben anderen Persönlichkeiten - Ludwig VII. von Frankreich und Konrad III. von Deutschland teilnahmen, erwies sich jedoch als ein völliger Mißerfolg. Der unermüdliche Bernhard von Clairvaux, der dem Papst stets treu zur Seite stand, hatte für den Kreuzzug geworben. Im Jahre 1152 starb Konrad III. und Friedrich Barbarossa wurde sein Nachfolger. Eugen traf einige Vereinbarungen mit dem neuen Kaiser. So verpflichtete sich Friedrich im Vertrag, der in Konstanz abschlossen wurde, "die Ehre der Kirche" und das "Patrimonium Petri" zu schützen, während der Papst ihm die Krönung und "die Ehre des Kaisertumes" ("honor imperii") versprach. Dank dieser Unterstüzung konnte Eugen nach Rom zurückkehren, die Stadt in Besitz nehmen und auch eine Vereinbarung mit den Römern treffen. Er behandelte Arnold von Brescia mit großer Strenge, indem er ihn exkommunizierte und aus der Stadt verjagte. Eugen begann den Bau eines "neuen Palastes", der als der erste Kern der heutigen vatikanischen Paläste angesehen wird und ließ die Basilika Santa Maria Maggiore gründlich restaurieren. Er schrieb die Normen für die Zusammensetzung des Kardinalskollegiums vor, das offiziell im Jahre 115O gegründet wurde. Eugen anerkannte den Malteserorden. Er starb in Tivoli und ist in den vatikanischen Grotten begraben.

168. ANASTASIUS IV. (1153-1154)

Konrad "der Suburra" wurde in Rom geboren und gehörte einem adeligen Geschlecht an. Er war ein Verfechter von Innozenz II. gegen den Gegenpapst Anaklet II. gewesen. Trotz seines vorgerückten Alters wurde er mit allgemeiner Zustimmung gewählt. Er regierte die Kirche in einer ziemlich ruhigen Periode. Er bestätigte die Anerkennung des Ordens der Malteserritter und erlaubte ihnen, die von den Gläubigen zum Zweck der Unterstützung der Pilger im Heiligen Land geschenkten Güter zu akzeptieren. Erwähnenswert ist auch seine Barmherzigkeit, mit der er dem Volk während einer Hungersnot beistand. Er wurde im Lateran beigesetzt. Gemäß einem alten Brauch wurde sein Leib in die Urne gelegt, die der hl. Helena gehörte.

169. HADRIAN IV. (1154-1159)

Nikolaus Breakspear wurde in London geboren und war von niedriger Herkunft. Er war der einzige englische Papst in der Geschichte. In Rom war eine Situation entstanden, die er nicht akzeptieren konnte. Einerseits hatte eine weltliche Regierung mit einem vom Papst unabhängigen Senat ihr Amt angetreten und andererseits wiegelte Arnold von Brescia das Volk mit seinen trommelnden Predigten unaufhörlich auf. Der Papst verhängte das Interdikt über die Stadt, das so lange gelten sollte bis Arnold die Stadt verlassen hätte. Es war das erste Mal, daß so etwas geschah und das Volk war davon äußerst beeindruckt. Der

Senat beugte sich und Arnold wurde verjagt. Hadrian verteidigte die Vorherrschaft des Papsttums gegenüber dem Kaiserreich mit allen Mitteln und unter Herausforderung des Kaisers Friedrich Barbarossa. Dieser war, von den großen Feudalherren zu Hilfe gerufen, nach Italien gekommen und hatte in kurzer Zeit viele Städte des Nordens, die ihre Unabhägigkeit erklärt hatten, unterworfen. Danach zog er nach Rom, um sich krönen zu lassen. Hadrian traute Barbarossa nicht, erklärte sich aber zu einer Begegnung in Sutri bereit. Hier ereignete sich der berühmte Vorfall des Steigbügels: Friedrich wollte dem Papst nicht den Steigbügel seines Pferdes halten, worauf sich dieser weigerte, ihm den Friedenskuß zu geben. Der Zwischenfall wurde auf diplomatischem Weg überwunden und Friedrich konnte zum Kaiser gekrönt werden. In der Folge wurde der arme Arnold von Brescia gefangengenommen und dem Papst ausgeliefert, der ihn auf dem Scheiterhaufen verbrennen ließ. Das ganze Wirken Hadrians gründete auf der Überzeugung, daß die Kirche das zentrale und vereinigende Element der christlichen Welt war und daß sie als solches eine privilegierte Stellung über alles und allen geniesen sollte. Barbarossa dachte genau das Gegenteil. Nachdem er die kaiserlichen Rechte und die Regierung über ganz Norditalien wiederhergestellt hatte, beanspruchte er auch das exklusive Recht der "römischen" Kaiser über Rom, indem er die weltliche Macht der Päpste und die Unabhägigkeit des Kirchenstaates ernsthaft bedrohte. Die beiden Persönlichkeiten entfernten sich immer mehr voneinander. Hadrian näherte sich, auf Grund der Unzuverlässigkeit Friedrichs, wieder den Normannen an und schloß mit ihnen das Konkordat von Benevent ab. Es war eine so konfliktgeladene Atmosphäre entstanden, daß Hadrian drohte, über Friedrich den Bann zu verhängen. Er kam aber nicht dazu, diesen auszusprechen, da er starb.

170. ALEXANDER III. (1159-1181)

Roland Bandinelli wurde in Siena geboren. Mit seinem kämpferischen Temperament widersetzte er sich energisch Friedrich Barbarossa, dessen expansionistische Absichten er gut kannte. Die Partei des Kaisers stellte ihm den Gegenpapst Victor IV. entgegen. Barbarossa rief beide zu sich aber nachdem Alexander nicht erschien, wurde Victor bestätigt, der darauf in Rom sein Amt antrat. Dies war für Alexander der Anfang einer langen Periode, die durch Leiden, Kontraste und Reisen gekennzeichnet war. Auf der Suche nach Alliierten für den Kampf gegen Friedrich, für den er seine besten Energien einsetzte, begab er sich in verschiedene italienische Städte und nach Frankreich. Nach der Verhängung des Bannes gegen Victor und Friedrich, ging er eine Allianz mit den Venedigern und den Normannen ein und trat dem Lombardischen Städtebund bei. Victor starb im Jahre 1164 und an seiner Stelle wurde ein neuer Gegenpapst gewählt, der den Namen Paschalis III. annahm und für vier Jahre bis zu seinem Tod (1168) sein Amt ausüben sollte. Er wurde durch Calixt III. ersetzt, der sich seinerseits, nachdem er zehn Jahre regiert hatte, spontan Alexander unterwarf und dafür dessen Vergebung und Gratifikationen erhielt. Es waren wahrscheinlich Gründe politischer Opportunität, die Calixt überzeugten, sich zu unterwerfen. In der Tat begann sein Beschützer Friedrich manche Niederlage und eine starke Einbuße seiner Macht zu erfahren (1176 wurde er vom Lombardischen Städtebund in der Schlacht von Legnano geschlagen). Friedrich hatte begriffen, daß sich die Machtverhältnisse verändert hatten und verzichtete auf den Kampf. Er unterzeichnete einen Vertrag, in dem er auf alle kaiserlichen Ansprüche verzichtete und erkannte Alexander als den einzigen und wahren Papst an. Die Bedingungen, die er annehmen mußte, waren aber besonders demütigend. Es war der Papst selbst, der ihn erbarmungslos behandelte und zwar drückte er ihm seinen Fuß auf das gebeugte Haupt, während er aus der Bibel den Vers "Du wirst die Giftschlange und den Basilisk zertreten". Alexander konnte nun endlich in Rom einziehen. Inzwischen hatte Barbarossa, der zwar gedemütigt aber nicht gezähmt war, noch die Kraft, einen vierten Gegenpapst, nämlich Innozenz III. ernennen zu lassen. Letzterer starb nach einem knappen Jahr. Alexander hatte gewonnen und konnte sich daher den eigentlichen kirchlichen Fragen zuwenden. Er versammelte und leitete das 3. Laterankonzil, durch das 27 Kanones verabschiedet wurden. Der wichtigste war der "Licet de vitanda", welcher festlegte, daß der Papst ausschließlich von den Kardinälen und mit einer Zweidrittelmehrheit gewählt werden mußte. An einer anderen Synode, die man in Alby in Frankreich abhielt, wurde die Albigensersekte verdammt, die gegen einige Dogmen, gegen die päpstliche Autorität und gegen die Korruption des Klerus predigte. Auch nach der Kapitulierung von Barbarossa war das Pontifikat von Alexander nicht leicht. In der Tat gab es in Rom weiterhin eine starke kaiserfreundliche Partei, die dem Papst feindlich gesinnt war. Mehrmals wurde der Papst gezwungen, die Stadt zu verlassen, um anderswo Zuflucht zu suchen. Er starb als Sieger aber erschöpft in Civita Castellana und wurde im Lateran begraben.

171. LUCIUS III. (1181-1185)

Ubaldo Allucignoli wurde in Lucca geboren. Obwohl er von Kaiser Friedrich Barbarossa hoch geschätzt wurde, hatte er aber Alexander III. die Treue bewahrt. Nach der Wahl blieb er nur einige Tage in Rom, da er die Stadt wegen der qualvollen Unruhen verlassen mußte. Er ließ sich in Verona nieder und blieb für immer in Norditalien. In Verona traf er mit Friedrich Barbarossa zusammen, mit dem er über einige hängige Fragen verhandelte, wofür eine Lösung gefunden werden konnte. Er bat den Kaiser um Hilfe, um nach Rom zurückkehren zu können. Der Kaiser lehnte ab und der Papst verweigerte sich daraufhin, seinen Sohn, Heinrich VI., zu krönen. Lucius erließ eine Verfassung und zwar die "Ad abolendam", die eine Reihe von Normen zur Unterdrückung der äußerst zahlreichen Häresien enthielt. Die Verfassung wurde so konzipiert, daß sie ein schnelles und wirksames Instrument für die Ausmachung und Verdammung jeglicher Abweichung von der katholischen Orthodoxie darstellte. Es handelte sich dabei um den ersten Keim des berühmten Inquisitionsgerichtes und des Heiligen Offiziums. Der Auftrag, die Häretiker körperlich zu bestrafen, wurde dem "*weltlichen Arm*", d.h. der weltlichen Gewalt erteilt. Eine der ersten häretischen Vertreter, die davon getroffen wurden, waren die Valdenser. Lucius starb in Verona und wurde in der dortigen Kathedrale begraben.

172. URBAN III. (1185-1187)

Humbert Crivelli wurde in Mailand geboren und übte dort das Amt des Erzbischofes aus. Er behielt dieses Amt auch nach seiner Wahl zum Papst bei. Man wählte ihn im Konklave von Verona, wo er seinen Sitz einrichtete, nachdem in Rom das Chaos herrschte. Auch Urban mußte erbitterte Kämpfe mit Barbarossa austragen, der nach dem Tode des kämpferischen Alexander III. seine offen feindselige Haltung gegenüber dem Papsttum wieder annahm. Er versuchte sich Friedrich anzunähern, indem er auf ein Abkommen drängte. Er hätte die von Lucius III. unerledigten Probleme - das Erbe von Mathilde von Canossa und die sizilianische Frage - lösen wollen. Deswegen lud er den Kaiser nach Verona ein, der jedoch der Einladung nicht folgte. Zu dieser Beleidigung kamen noch zwei andere Vorfälle hinzu, die den Groll des Papstes noch weiter verstärkten und die zu einem endgültigen Bruch führen sollten. Es handelte sich dabei einerseits um die Ehe zwischen dem Sohn Friedrichs, Heinrich VI., und der Tochter Rogers von Sizilien, Konstanze angesichts der Tatsache, daß die Päpste in der Verbündung der zwei Mächte eine Gefahr für den Kirchenstaat erkannten, der sich folglich in einem Zangengriff zwischen Norden und Süden befunden hätte. Andererseits gab es die Invasion der kirchlichen Territorien seitens Heinrichs. In der Folge begab sich Urban nach Venedig, von wo er einen offiziellen Bann über Friederich verhängen wollte. Er kam dort aber nie an, noch hatte er Zeit um die Verdammung auszusprechen, da er plötzlich im Jahre 1187 in Ferrara starb. Nach der Chronik starb Urban an Herzversagen, als er die Nachricht erhielt, daß Saladin das christliche Heer besiegt hatte und in Jerusalem eingezogen war. Er wurde in der Kathedrale von Ferrara beigesetzt.

173. GREGOR VIII. (1187-1187)

Albert von Morra wurde in Benevent geboren. Er wurde in Ferrara gewählt. Sein Pontifikat war sehr kurz und vollständig der Organisation des dritten Kreuzzuges gewidmet. In der Tat hatte Saladin gerade in diesem Jahr Jerusalem erobert und der Kreuzzug war die christliche Antwort. Er starb in Pisa, während er versuchte, Pisa und Genua zu versöhnen, um sie zu einer Koalition für den Heiligen Krieg gegen die Moslems zu gewinnen. Er suchte auch eine Versöhnung mit Friedrich Barbarossa, der - zumindest in der Absicht des Papstes - den Kern dieses Kreuzzuges bilden sollte. Aber der Kaiser behielt seine unversöhnliche kirchenfeindliche Haltung bei und das Projekt konnte nicht in die Tat umgesetzt werden. Gregor wurde im Dom von Pisa begraben.

174. CLEMENS III. (1187-1191)

Paul Scolari wurde in Rom geboren. Er wurde in Pisa gewählt. In Rom genoß er mehrere Freundschaften, dank derer es ihm gelang, die Zwiste mit dem Senat zu überwinden. Daher konnte er nach Rom zurückkehren und erhielt von der republikanischen Macht die Befugnis, Geld zu prägen. Außerdem schloß er einen Friedensvertrag mit Friedrich Barbarossa ab, der ihm die von seinem Sohn Heinrich besetzten Territorien zurückerstattete. Clemens setzte das Werk Gregors VIII. fort, indem er den 3. Kreuzzug (1189) organisierte, an dem derselbe Barbarossa, der König von Frankreich, Philipp August, und der König von England, Richard Löwenherz, sowie Venedig, Pisa und Genua teilnahmen. Trotzdem wurde das christliche Heer besiegt. Das einzige Zugeständnis, das Clemens von Saladin erhielt, war die Erlaubnis das Heilige Grab zu besuchen. Während des Kreuzzuges fand Friedrich Barbarossa den Tod. Bei dieser Gelegenheit wurde Richard Löwenherz vom Herzog Österreichs, Leopold, gefangengenommen und erst nach Zahlung eines beträchtlichen Lösegeldes freigelassen.

175. COELESTIN III. (1191-1198)

Hyazinth Bobone wurde in Rom geboren und stammte aus der Familie, die sich nach ihm Orsini nennen sollte. Unmittelbar nach seiner Wahl - im Alter von 85 Jahren - krönte er Heinrich VI. zum Kaiser, indem er ein Versprechen seines Vorgängers Clemens III. einlöste. Heinrich war der Nachfolger von Friedrich Barbarossa, der während des 3. Kreuzzuges gestorben war. Der neue Kaiser war überheblich und grausam, weshalb er "Zyklop" gennant wurde. Er besetzte ganz Italien und übte dabei keinerlei Rücksicht. Er entriß Apulien und Sizilien den Normannen, die päpstliche Vasallen waren, womit er dem Papst, der ihn beschützt und gekrönt hatte, eine schwere Beleidigung zufügte. In Wahrheit wurde er sich seiner Übertreibung bewußt und versuchte, den möglichen Zorn Coelestins zu besänftigen, indem er ihm versprach, einen Kreuzzug gegen die Ungläubigen zu organisieren. Die Unruhe des Papstes war gerechtfertigt, nicht nur weil er Heinrich kannte, sondern auch weil der Kirchenstaat mit der Annexion Süditaliens an das Kaiserreich praktisch umschlossen war. Jedoch ließ ihn Coelestin freie Hand, ohne jemals einzugreifen. Heinrich starb plötzlich im Alter von 32 Jahren und das Kaiserreich ging auf seinen kleinen Sohn, Friedrich II., unter der Regentschaft der Mutter Konstanze, über. Friedrich erhielt die Krone und die Investitur des Königreiches von Sizilien. Er ließ sich auf der Insel nieder und unter seiner Herrschaft wurde sein Hof zu einem raffinierten Kunst- und Kulturzentrum. Coelestin bemühte sich, den Frieden zwischen den Seerepubliken von Pisa und Genua wiederherzustellen, ohne dabei Erfolg zu haben. Er beschäftigte sich mit der Regelung einiger Aspekte des Mönchslebens besonders im Hinblick auf die Disziplin. Er bestätigte auch die Unauflöslichkeit der Ehe. Da er nunmehr 92 Jahre alt geworden war, beabsichtigte er, auf den Heiligen Stuhl zugunsten des Kardinals Johannes Colonna zu verzichten. Jedoch starb er am 8. Januar 1198 und wurde in der Basilika S. Giovanni in Laterano begraben.

176. INNOZENZ III. (1198-1216)

Lothar aus dem Geschlecht der Grafen von Segni wurde in Gavignano in Latium geboren. Er wurde im Alter von nur 38 Jahren gewählt. Innonzenz war mit einem ausgeprägten politischen Talent sowie einer großen Intelligenz ausgestattet. Mit ihm erreichte das Papsttum den Höhepunkt des Ansehens und der Macht. Er setzte die von Gregor VII (157) begonnene theokratische Linie fort und hatte dabei ständig das Ziel vor Augen, das Konzept vom Primat des Papsttums akzeptieren zu lassen. Die Kirche müsse, als einzige Schiedsrichterin und alleinige Inhaberin der wirklichen von Gott herrührenden Gewalt, über allen Gewalten stehen. Folglich habe sie das Recht und die Pflicht immer dann und so einzugreifen, wie sie es als angebracht ansehe. Als Folge davon seien ihre Urteile - nicht nur auf religiösem Gebiet, sondern auch in politischen Fragen - unanfechtbar. Unter Anwendung dieser Prinzipien erklärte er Friedrich II., dessen Vormund er war, zum König von Sizilien, während er

Otto von Braunschweig zum Kaiser krönte. In Wahrheit hatte Friedrich II. das Anrecht auf den kaiserlichen Thron, aber auf diese Weise verhinderte der Papst, daß sich die politische Macht in den Händen eines einzigen Mannes konzentrierte. Beide zielten auf den alleinigen Besitz der zwei Reiche ab. Otto, der sein Versprechen, auf Sizilien zu verzichten, nicht einhielt, wurde folglich exkommuniziert. Das Mittel des Bannes und des Interdiktes wurde vom Papst bei mehreren Gelegenheiten eingesetzt, wie zum Beispiel in England gegen Johannes ohne Land, als er dem vom Papst gewählten Erzbischof von Canterbury nicht anerkennen wollte; in Frankreich gegen Philipp August, der seine Frau verstossen hatte; in Spanien gegen Alfons IX. wegen Inzucht. Man hörte immer auf ihn. Er vertrat die Notwendigkeit eines weiteren Kreuzzuges, des vierten, für den Venedig die Schiffe - insgesamt 48O! - zur Verfügung stellte. Jedoch erwies sich die Expedition als erfolglos. Innozenz segnete und ermutigte Franz von Assisi, obwohl er die Regel nicht billigte. Den Dominikanern, die in diesen Jahren eine große Entwicklung erlebten, gab er den Auftrag, über die Vergehen gegen den Glauben Ermittlungen anzustellen, wobei er ihnen die Befugnis gab, das Gericht des Heiligen Offiziums als Mittel zu verwenden. Die Albigenser waren ihr bevorzugtes Ziel. Die Sekte wurde vernichtet, besonders in Frankreich, wo man über das von Innozenz verliehene Mandat hinausging. In Wirklichkeit hatte er verlangt, die Sekte zu bekämpfen, ohne sie jedoch zu massakrieren. Zur Krönung seines Reformwerkes in Sachen Doktrin und Disziplin berief Innozenz auch ein Konzil ein - das vierte Laterankonzil -, an dem die wichtigsten Glaubensdogmen und einige noch heute gültige Disziplinarvorschriften - wie z.B. die zumindest einmal pro Jahr abzulegende Beichte und Kommunion... - festgelegt wurden. Trotz seiner zahlreichen wichtigen Verpflichtungen widmete er sich mit Hingabe und Großzügigkeit den Werken der Barmherzigkeit. Er gründete und erhielt auf eigene Kosten das Krankenhaus Santo Spirito. Während der Hungersnöte verteilte er Tausende von Nahrungsrationen unter den Armen. Seine unermüdliche Tätigkeit wurde nur durch seinen frühzeitigen Tod - im Alter von 56 Jahren - unterbrochen. Innozenz starb an Malariafieber in Perugia, während er sich auf einer Reise zum Zwecke der Organisation des fünften Kreuzzuges befand. Er wurde zuerst in der Kathedrale dieser Stadt begraben, dann wurde sein Leib in die Basilika S. Giovanni in Laterano überführt.

177. HONORIUS III. (1216-1227)

Der aus der mächtigen Familie der Savelli stammende *Cencio* wurde in Rom geboren. Er war ein gründlicher Kenner der kirchlichen Angelegenheiten, jedoch politisch viel weniger begabt als Innozenz III. Er mußte die Gewalttätigkeiten und die Nichteinhaltung der Verpflichtungen seitens Friedrichs II., der auch sein Schüler war, ohnmächtig über sich ergehen lassen. Honorius krönte ihn auf Grund seines Versprechens, daß er das Reich von Sizilien an einen Verwandten abtreten und das Kommando des fünften Kreuzzuges übernehmen werde. Friedrich hielt diese Vereinbarung aber nicht ein. Es gelang dem Papst aber, den Kreuzzug auch ohne ihn durchzuführen. Auch dieser Kreuzzug endete mit einem Mißerfolg. Honorius hatte mehr Erfolg, wenn er sich mit kirchlichen und religiösen Angelegenheiten befaßte. Er kümmerte sich besonders um die disziplinären und juristischen Aspekte der Wahl des Papstes und der Bischöfe, indem er die Regeln und das Zeremoniell dafür definierte. Honorius veranlasste, daß die Kanoniker eine bessere Bildung haben mußten und billigte endgültig die Regeln der neuen Orden, d.h. der Franziskaner und der Dominikaner. Gleichzeitig bestätigte er den Karmeliterorden. Er hinterließ viele Schriften, unter denen sich auch eine Biographie von Gregor VII. befand. Er starb in fortgeschrittenem Alter und wurde in S. Maria Maggiore begraben.

178. GREGOR IX. (1227-1241)

Hugo wurde als Sohn der Grafen von Segni in Anagni (Latium) geboren und stammte aus derselben Familie wie Innozenz III., dessen Neffe er war. Als er gewählt wurde, war er fast achzig Jahre alt. Auch Gregor mußte sich mit der Arroganz und der Dreistigkeit Friedrichs II. auseinandersetzen, aber er machte es mit einer solchen Entschlossenheit, daß Friedrich seinen Tod wie eine Befreiung erwartete. Gregor exkommunizierte ihn zweimal. Das erste Mal, weil Friedrich vom Kreuzzug zurückkehrte, nachdem ihm die Pest das Heer demiziert hatte (1227); das zweite Mal (1239), weil er Sizilien nicht wie versprochen verlassen hatte. Auf Grund des nicht geleisteten Verzichtes seitens Friedrichs wurde eine Reihe von blutigen Kämpfen zwischen Guelfen und Gibellinen ausgelöst. Und das war der wirkliche Grund des Bannes. Ihm wird das große Verdienst zugeschrieben, die Entwicklung der römischen Universität gefördert und jener von Paris Autonomie und Privilegien gewährt zu haben. Aber sein Name ist vorallem mit der Einführung der "Inquisitionsprozesse", die er wie ein Gericht organisierte, verbunden. Er ließ die fünf Dekretesammlungen der vorherigen Päpste, die als "Dekretalen" bezeichnet wurden, in einem Sammelwerk vereinen. So entstand der erste Kern der späteren "Acta Apostolicae Sedis". Er befreite die Franziskaner von der Pflicht, des normalen kanonischen Messelesens, das sehr lange dauerte, und übergab ihnen eine Sammlung von Gebeten und Stundengebeten in abgekürzter Form, die "Brevier" genannt wurde. Außerdem sprach Gregor Franz von Assisi, Antonius von Padua und Domenico von Guzman heilig. Er starb im Alter von fast hundert Jahren.

179. COELESTIN IV. (1241-1241)

Gaufrid Castiglione wurde in Mailand geboren. Von Gregor IX. wurde er beauftragt, sich nach Montecassino zu begeben, um Friedrich II. zu überzeugen, das berühmte Versprechen bezüglich des Kreuzzuges einzuhalten. Er war der erste Papst, der durch ein richtiges "Konklave" gewählt wurde. Die Dinge verliefen wie folgt: nach dem Tode Gregors IX. erzielten die zwölf Kardinäle keine Einigung über den Namen des zu wählenden Papstes. Es war keine Lösung in Aussicht und es bestand die Gefahr, daß sich die Situation zu lange hinzog. Der Senat und das Volk wurden ungeduldig und ergriffen eine historische Initiative. Die unglücklichen Kardinäle wurden im alten Palast vom Settizonio auf dem Palatin "cum clave" eingeschlossen, bis sie den neuen Papst gewählt hätten. Dort blieben sie für mehrere Wochen in der Hitze und unter schlimmsten hygienischen Verhältnissen, ohne daß jemand ein und ausgehen durfte. Einige Kardinäle erkrankten, einer starb während der Klausur. Es wurde der bereits alte und kranke Coelestin gewählt, der nach kaum 17 Tagen starb.

180. INNOZENZ IV. (1243-1254)

Sinibald Fieschi wurde in Genua geboren. Seine Wahl erfolgte nach einer zweijährigen Sedisvakanz in Anagni, wo sich die Kardinäle versammelt hatten, um sich dem starken Druck, denen sie in Rom ausgesetzt waren, zu entziehen. Er begann sein Pontifikat, indem er die Beziehungen mit Friedrich sofort abbrach und ihm gegenüber eine harte und entschlossene Haltung annahm. Der Kampf wurde erbitterter und Innozenz mußte Rom verlassen, wo ihm die vielen Anhänger des Kaisers das Leben schwer machten. Er begab sich nach Lyon, in Frankreich, wo er eine Synode einberief, an der Friedrich zum Häretiker erklärt wurde. Ihm wurde der Bann bestätigt und die Untertanen wurden von der Gehorsampflicht befreit. Die Reaktion des Kaisers war gewaltsam. Er unternahm eine heftige Offensive gegen Innozenz, indem er begann, alle jene, die - seiner Ansicht nach - für den Papst Partei ergriffen oder einfach nur für den Papst sympathisierten, zu treffen. Der Kampf endete, nur weil Friedrich plötzlich - und wahrscheinlich wegen eines Verrates - im Jahre 1250 in Apulien starb. Die einzige ungelöste Streitfrage, weshalb man weiterhin kämpfte, war der Besitz Siziliens, der dieses Mal von Manfred, dem Nachfolger Friedrichs II., beansprucht wurde. Nun kehrte Innozenz aber nach Italien zurück. Nach einem Aufenthalt von eineinhalb Jahren in Perugia, wo er dem Ableben der hl. Klara beiwohnte, gelangte er endlich nach Rom. Hier traf er einige Maßnahmen, um die Ordnung und die päpstliche Autorität wieder herzustellen. Eine der Maßnahmen war der Bann gegen Ezzelino Romano, Vikar des Kaisers. Er versuchte, eine Allianz mit dem Neffen von Dschingis Kahn zu schließen, um ihn im Krieg gegen die Türken als Alliierten zu haben und gleichzeitig die Verbreitung des Christentums unter den Tartaren zu erleichtern. Während seines Pontifikates brach Ludwig IX. von Frankreich zum 7. Kreuzzug auf, erlitt jedoch eine Niederlage und wurde gefangengenommen. Innozenz starb in Neapel, wohin er sich begeben hatte, um einige mit der Nachfolge von Friedrich zusammenhängende Fragen zu lösen. Er wurde in der Kathedrale dieser Stadt begraben.

181. ALEXANDER IV. (1254-1261)

Rainald von Jenne wurde in Segni in Latium geboren. Er war der Neffe Gregors IX., der ihn zum Kardinal ernannt hatte. Er war ein guter und frommer Mensch, der aber keine Begabung für die Politik mitbrachte, weshalb er sich als schwach und unfähig erweisen sollte. Er setzte dennoch die Linie seiner Vorgänger fort. Er krönte Manfred zum König von Apulien und Sizilien, beanspruchte aber für die Kirche das Recht auf Vasallität. Alle normannischen Könige hatten es zwar immer versprochen, aber nie zugestanden. Auch dieses Mal erhielt er nichts, weswegen er Manfred exkommunizierte. Rom wurde für den Papst unsicher und er verließ die Stadt, um in Viterbo Zuflucht zu suchen. Nachdem er für die Politik keine Begabung hatte, wandte er seine besten Gaben und sein Interesse den kirchlichen Problemen zu. Er beschloß die Heiligsprechung Klaras und erklärte mit einem Dekret die Stigmata des hl. Franz von Assisi für wahr und real. Er förderte die Missionstätigkeit und spornte die religiösen Orden an, sich mit größerer Strenge und Treue an die eigenen Regeln zu halten. Er schrieb 5 Bücher mit Dekretalien, eine Art volkstümlicher Rechtsprechung. Er schrieb ein Schnellverfahren zur Verurteilung der Häresien vor, die während des Mittelalters stark zunahmen. Im besonderen bekämpfte er die Geißelbrüder, die sich in Perugia verbreitet hatte, Er versuchte sich wieder mit der griechischen Kirche zu versöhnen und bemühte sich, einen neuen Kreuzzug zu organisieren, jedoch ohne Erfolg. Alexander starb in Viterbo und wurde im Dom dieser Stadt begraben.

182. URBAN IV. (1261-1264)

Jacques Pantaléon wurde als Sohn eines Schuhmachers in Troyes in Frankreich geboren. Daher stellt sein Aufstieg auf das höchste Niveau für jene Zeit eine Ausnahme dar. Er wurde in Viterbo von einer sehr begrenzten Nummer von Kardinälen nach dreimonatigen Diskussionen und Kontrasten gewählt. Auch ihm gegenüber erwiesen sich die Römer feindselig, so daß er Rom nie betreten konnte, während ihm Manfred seine Übergriffe nicht ersparte. Dieser hatte vom Papst verlangt, als König Siziliens anerkannt zu werden. Auf die Ablehnung Urbans antwortete Manfred mit einer Invasion in den Kirchenstaat und mit der Bedrohung Roms. Infolgedessen wurde er vom Papst exkommuniziert. Dieser wandte sich an Ludwig IX. von Frankreich, dem er die Krone von Sizilien anbot, um Hilfe. Aber Ludwig verzichtete auf die Krone und schlug seinen Bruder Karl von Anjou zum König Siziliens vor. Nach einer langen Verhandlung verpflichtete sich Karl, den Schutz der Kirche gegen die Krone Siziliens zu übernehmen. Er schwor dem Papst die Treue und übernahm die Verpflichtung, die Vasallenschaft zugunsten der Kirche zu respektieren. Urban bestätigte das Fronleichnamsfest zur Erinnerung an das berühmte Wunder von Bolsena (1247) und dehnte deren Gültigkeit auf die gesamte Kirche aus. Kurz vorher hatte er die Regeln der Inquisition geändert. Er starb in der Nähe von Perugia, wo er begraben wurde.

183. CLEMENS IV. (1265-1268)

Guido Le Gross Foulquois wurde wahrscheinlich in Nimes in Frankreich geboren. Bevor er die kirchliche Karriere begann, war er Offizier und danach Sekretär König Ludwigs IX. Er war verheiratet und hatte zwei Kinder. Als seine Frau starb, wurde er Priester. Er durchlief schnell alle Rangstufen der kirchlichen Karriere, indem er viele Freundschaften schloß, wie z.B. mit Thomas von Aquin und dem hl. Bonaventura. Er wurde durch ein Konklave, an dem er nicht teilnahm, in Perugia gewählt. Clemens folgte der Politik Urbans und verbündete sich mit Karl von Anjou gegen Manfred. Gemäß den mit Urban IV. getroffenen Vereinbarungen kam Karl nach Italien und Clemens krönte ihn in Neapel. Dann griff er Manfred an und schlug ihn in Benevent. Manfred fiel in der Schlacht. Auf ihn folgte der ganz junge Konradin, der den Kampf fortsetzte. Er wurde aber geschlagen und gefangengenommen. Mit mitleidsloser Grausamkeit ließ ihn Karl enthaupten (1266), wobei er den Protest des Papstes sowie die allgemeine Entrüstung und Rührung erweckte. Karl hielt also sein Versprechen, das Reich von Apulien und Sizilien zu erobern und respektiert die Verpflichtung bezüglich der Vasallität gegenüber der Kirche. Clemens war ein Mensch, der sich durch große Barmherzigkeit, Askese und moralische Strenge auszeichnete. Er aß kein Fleisch und schlief sogar auf bloßem Stein. Er begünstigte nie seine Verwandten, liebte und förderte die Studien, wobei er einen humanistischen Geist, der seiner Zeit voraus war, bewies. Er unterzeichnete mit Ludwig IX. die "Pragmatische Sanktion", die man als erstes Beispiel eines Konkordates für die Beziehungen zwischen Kirche und Staat betrachten kann. Er regte die Durchführung des achten und letzten Kreuzzuges an, der zuerst von Ludwig IX., der in Tunis an Pest starb, und dann von Eduard von England, dem Neffen von Richard Löwenherz, angeführt wurde. Auch dieser Kreuzzug erwies sich als erfolglos. Clemens starb in Viterbo, wo er immer gelebt hatte und wurde in der Dominikanerkirche dieser Stadt begraben.

184. SEL. GREGOR X. (1271-1276)

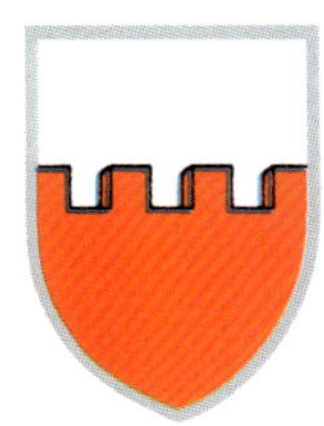

Teobaldo Visconti wurde in Piacenza geboren. Er wurde in dem berühmten Konklave von Viterbo gewählt, dem längsten der Geschichte, während der der Saal, in dem die Kardinäle versammelt waren, vom Volk, das der langen und ergebnislosen Verhandlungen der Kardinäle müde war, abgedeckt wurde. Die Kardinäle waren in zwei Parteien, die italienische und die französische, gespalten und konnten sich nicht für einen Namen entscheiden. Und das, obwohl seit dem Tod von Clemens IV schon drei Jahre vergangen waren. Gregor genoß den Ruf, ein gütiger Mann zu sein, der den Frieden und die Gerechtigkeit liebte. Während der Krönung mußte er zum Priester und zum Bischof geweiht werden. Eine der ersten Entscheidungen seines Pontifikats war es, Regeln für die Wahl des Papstes festzulegen: strenge Klausur, fortschreitende Einschränkung der Verpflegung der Kardinäle und Verbot des Gebrauches der eigenen Güter. Er berief ein Konzil in Lyon ein (1274), um die folgenden Punkte zu diskutieren: Wiederherstellung des Friedens mit der griechischen Kirche, Befreiung des Heiligen Landes, Moralisierung der Gebräuche. Am Konzil sollten der hl. Thomas und der hl. Bonaventura teilnehmen; der erstere starb allerdings vor der Ankunft, der letztere kurz nach Beginn der Arbeit. Es wurden von neuem die Geißler verurteilt, und das Interdikt über die Stadt Florenz verhängt. Es kam zu dem Treffen der beiden Kirchen, wenn auch für kurze Zeit. Der Herrscher des Orients, Michael Paläogolus, der sich gegen die Muselmanen in Schwierigkeiten befand, näherte sich Rom in der Hoffnung an, militärische Hilfe zu erhalten. Aber als die Gefahr vorbei war, stellten sich die alten Zustände wieder ein. Auch wenn sein Ziel nicht die Macht war, war Gregor ein verantwortlicher und aufmerksamer Mann: als der Einfluß von Karl von Anjou über alle Maße angewachsen war, dachte er sehr wohl daran, ihm zum Ausgleich eine andere Macht entgegenzustellen. Daher gründete er wieder das Deutsche Reich, das seit etwa 20 Jahren keinen Herrscher hatte. Er bot Rudolf von Habsburg die Kaiserkrone an und erhielt von diesem das Treuegelöbnis. Gregor wurde vom Volk, das ihn seligsprach, geliebt. Er starb in Arezzo, während er vom Konzil zurückkehrte. Er wurde im Dom der Stadt beigesetzt.

185. SEL. INNOZENZ V. (1276-1276)

Petrus von Tarantasia oder von Champigny wurde in Moutier in Frankreich geboren. Er war Dominikaner und ein Freund des hl. Thomas von Aquin. Sein Pontifikat war kurz, aber nicht ohne Bedeutung. Er hob das Interdikt von Florenz auf. Er suchte eine Einigung mit Karl von Anjou, indem er ihn im Amt des Senators von Rom bestätigte. Er untersagte Rudolf von Habsburg, nach Italien zu kommen, ohne sich vorher mit Karl von Anjou ausgesöhnt zu haben. Diese Entscheidungen, die in offenem Widerspruch zu denen seines Vorgängers standen, hatten den präzisen Zweck, die blutigen Kämpfe zwischen Guelfen und Ghibellinern zu vermeiden. Es ist jedoch offensichtlich, daß er auf irgendeine Art dem Einfluß von Karl unterlag, den er Rudolf gegenüber bevorteilte. Innozenz schützte die religiösen Orden, die er zur strikten Befolgung der Regeln aufrief. Seine Heiligkeit wurde vom Volk, das ihn seligsprach, anerkannt. Er starb in Rom und wurde in der Lateransbasilika beigesetzt.

186. HADRIAN V. (1276-1276)

Ottobono Fieschi wurde in Genua als Abkömmling der mächtigen Familie der Conti di Lavagna geboren. Er war der Neffe von Innozenz IV., der ihn zum Kardinal gemacht hatte. Er hatte diplomatische Ämter in England, Deutschland und Spanien bekleidet und dabei gute Ergebnisse erzielt. Er wurde gewählt, als er noch nicht Priester war. Sein Pontifikat war sehr kurz; es kam nicht einmal zur Krönung. Er hatte diese aufgeschoben, um sich in Viterbo zu pflegen, denn er war alt und krank. Dort wurde er vom Tod überrascht. Den Kardinälen, die ihn umgaben, scheint er gesagt zu haben: "Ich hätte es vorgezogen, daß Ihr mich als gesunden Kardinal gesehen hättet, statt als sterbenden Papst." Von ihm weiß man, daß er sehr geizig war. Er ist in Viterbo in der Kirche des S. Francesco beerdigt, in einem wundervollen, von Arnolfo di Cambio gemeißelten Sarkofag.

187. JOHANNES XXI. (1276-1277)

Petrus Juliani, den meisten unter dem Namen Pietro Ispano bekannt, wurde in Lissabon geboren. Er unterrichtete an der Universität von Paris und war ein berühmter Arzt. Er gab alles auf, um sich dem kirchlichen Leben zu widmen. Gregor X. rief ihn nach Rom und machte ihn zum die päpstlichen Arzt. Er wurde am Ende eines wegen der Gegensätze zwischen den verschiedenen Lagern sehr lebhaften Konklave gewählt. Da er in politischen und kirchlichen Angelegenheiten wenig erfahren war, vertraute er die Verwaltung der Kirche dem energischen Kardinal Giovanni Gaetano Orsini, dem zukünftigen Nikolaus III., an und fuhr selbst fort, sich seinen Studien zu widmen. Sein kurzes Pontifikat hatte ein einziges Problem, nämlich eine Verständigung zwischen Rudolf von Habsburg und Karl von Anjou herbeizuführen. Die Anstrengungen waren ohne Ergebnis. Einen Erfolg errang er dagegen mit Alfons II. von Aragon, von dem er das Versprechen erhielt, das die portugesische Kirche respektiert würde und daß ihre Einkünfte nur dem Klerus verblieben, ohne Steuern oder Abgaben. Er widerrief die strengen Anordnungen von Gregor X., die den in Konklave versammelten Kardinälen die Klausur auferlegten. Alt und krank zog er sich nach Viterbo zurück, aber der Palast, in dem er sich aufhielt, stürzte ein und es scheint, daß Johannes dem zum Opfer fiel. Er ist in der Kathedrale dieser Stadt beigesetzt. Die Ordinalzahl "XXI", mit der er bezeichnet wird, ist mit Sicherheit falsch; dies ist das Ergebnis eines Rechenfehlers, der mit Johannes XIV. (Papst Nr. 136) begann, der zweimal berücksichtigt wurde. Wenn man dem hinzufügt, daß niemals ein Papst mit der Nummer "XX" (diese wurde Romano von Grafen von Tuscolo - Nr. 144 - verliehen, der manchmal Johannes XIX. und manchmal Johannes XX. genannt wird) existiert hat, gelangt man zum Schluß, daß Pietro Ispano richtigerweise Johannes XIX. gennant werden müßte.

188. NIKOLAUS III. (1277-1280)

Giovanni Gaetano Orsini wurde in Rom geboren. Das Konklave, von dem er gewählt wurde, fand in Viterbo statt und dauerte beinahe sechs Monate. Er richtete seinen Sitz im Vatikan ein und wohnte ständig dort. Zu diesem Zweck ließ er den sogenannten "Palast" von Nikolaus III. errichten, der der erste Kern der späteren Vatikanspaläste war. Als Papst mit einer großen Persönlichkeit versuchte er, die beiden Mächte, die sich Italien streitig machten, untereinander auszugleichen. Er entzog Karl das Vikariat der Toskana und ließ ihn nicht mehr zum Senator von Rom wählen. Rudolf dagegen zwang er, die Herrschaft der Kirche über die Marken und die Romagna anzuerkennen. Er setzte die Annäherungsarbeit mit der östlichen Kirche fort, die schon von Johannes XXI. begonnen worden war und in der er hohe Sensibilität und Ausgeglichenheit zeigte, vor allem, indem er Anweisung gab, die Gebräuche und Traditionen jener Völker zu respektieren. Er beschützte den Franziskaner- und den Dominikaner-Orden und kümmerte sich um die Missionen, wobei er die Geistlichen bis in die Mongolei schickte. Er wurde des Geizes und der Vetternwirtschaft angeklagt. In der Tat begünstigte er seine Familie sehr. Man braucht nur daran zu denken, daß drei der neun von ihm ernannten Kardinälen Verwandte von ihm waren. Außer dem Vatikanischen Palast und den Gärten ließ er S. Maria sopra Minerva, den berühmten "Passetto di Borgo" und die päpstliche Kapelle, Sancta Sanctorum, konstruieren, die sich am oberen Ende der Scala Santa befindet und reich mit Mosaiken ausgeschmückt. Er starb in Viterbo.

189. MARTIN IV. (1281-1285)

Simon von Brion wurde in Montpontié in Frankreich geboren. Er wurde nach sechsmonatigen Auseinandersetzungen in Viterbo gewählt, nachdem er von Karl von Anjou, der sich in der Stadt befand, geradezu aufgezwungen worden war. Er nahm nur widerstrebend und nach langem Bedenken an. Die Ordinalzahl "IV" müßte "II" sein, da als Martin II. und III. die Päpste Marinus II. (108) und Marinus III. (128) betrachtet wurden. Als er schließlich Papst war, stand er ganz auf der Seite Karls, dessen persönlicher Freund er war und dem er hörig war. Martin ließ ihn wieder zum Senator von Rom wählen und übertrug den Franzosen die höchsten Kirchenämter. Während seines Pontifikats brach der blutige Aufstand gegen die Franzosen in Sizilien aus (1282), der unter dem Namen "Sizilianische Vesper" bekannt ist. Die Nachricht von dem Aufstand in Palermo erreichte auch Rom, wo Karl bereits nicht mehr beliebt war. Das Volk setzte ihn als Senator ab und ernannte einen anderen an seiner Stelle. Martin, der völlig auf der Seite Karls stand, exkommunizierte alle diejenigen, die sich gegen den Freund aufgelehnt hatten: die Aufständischen von Palermo, Peter von Aragon, der an seiner Stelle zum König von Sizilien gewählt worden war, den Herrscher des Ostreiches, Michael VIII., dessen Schuld es war, sich gegen den Versuch Karls gewehrt zu haben, als er sich das ostlateinische Reich aneignen wollte. Nach dem Tode Karls mußte Martin Rom verlassen, da er in großer Gefahr schwebte. Auf seinem Weg von Stadt zu Stadt machte er in Perugia halt, wo sein Leben ein Ende fand. Er wurde in der Kathedrale dieser Stadt beigesetzt. Dante reiht ihn im Fegefeuer unter den Gefräßigen ein, da er sehr auf Vernaccia und auf die Aale von Bolsena versessen war.

190. HONORIUS IV. (1285-1287)

Giacomo Savelli wurde in Rom geboren. Er wurde im Alter von 75 Jahren in Orvieto oder in Perugia gewählt. Kaum hatte er von dem päpstlichen Thron Besitz ergriffen, ernannte er seinen Bruder Pandolfo zum Senator von Rom; jener war ebenfalls alt, halb gelähmt und bewegungsunfähig, wie im übrigen der Papst, der an einer schweren Arthritis litt. Auf diese Weise befand sich die ganze Macht, die religiöse wie die bürgerliche, fest in den Häden der Savelli. Ansonsten war Honorius ein ehrlicher und energischer Mann. Er brachte Frieden und Sicherheit in das römische

Ambiente, wobei er teilweise extreme, aber mit Sicherheit wirksame Methoden anwandte. So ließ er die Rücksichtslosen und die Verbrecher aufhängen und die arroganten Adligen außer Gefecht setzen. Er schritt auch in Sizilien ein, wo er die Rechtssprechung innehatte, und mittels Gesetzgebung stellte er Ordnung und Ruhe her. Er stand jedoch auf der Seite der Anjou. Daher erkannte er Peter von Aragon nicht als König von Sizilien an und exkommunizierte dessen Gattin Konstanze und dessen Sohn Jakob. Er setzte das Mittel der Exkommunizierung auch gegen die Viterbesen ein, da sie das Konklave gestört hatten, in dem Martin IV. gewählt wurde. In der Tat hatten sie den Saal gestürmt und zwei Kardinäle entführt. Er verurteilte die Sekte der Apostoliker und der Geißler sowie jede weitere Art nicht orthodox religiöser Zusammenschlüsses. An der Universität von Paris führte er das Studium der orientalischen Sprachen ein, um Missionare zur Entsendung in diese Länder auszubilden. Honorius starb auf dem Hügel des Aventin, in S. Sabina. Heute befindet sich sein Leichnam in der Kirche Aracoeli.

191. NIKOLAUS IV. (1288-1292)

Girolamo Masci wurde in Ascoli Piceno geboren. Er war Vorsteher des Franziskanerordens. Nach dem Tod Honorius' IV. war der Papststuhl seit nahezu einem Jahr leer geblieben, da die Kardinäle untereinander uneinig waren, und weil eine Pest-Epidemie Rom heimgesucht hatte. Sechs Kardinäle starben und weitere erkrankten. Das Konklave wurde unterbrochen und die Kardinäle verließen die Stadt. Nur der Kardinal Masci blieb zurück und widmete sich mutig der Säuberung, indem er den ganzen Sommer über zahlreiche Öfen heizen ließ. Mit dem Wintereinbruch war die Pest vorbei. Das Kardinalkollegium konnte sich von neuem versammeln und aus dem Konklave ging Nikolaus als gewählt hervor. Die Römer nahmen ihn mit Begeisterung auf und mochten ihn gern. Nach zwei Jahren jedoch war die Atmosphäre in Rom sehr heiß geworden, da sich die Colonna und die Orsini verbissen bekämpften und Nikolaus den Fehler beging, sich auf die Seite der ersteren zu stellen, indem er einem der ihren das Amt des einzigen Senators übertrug. Er war gezwungen, Rom zu verlassen und flüchtete nach Rieti. Seine Initiative, einen neuen Kreuzzug im Heiligen Land zu organisieren, hatte keinen Erfolg, wogegen er mit den Missionen zu den Mongolen und Tartaren, die er förderte, bessere Ergebnisse errang. Er setzte fest, daß die Hälfte der Einnahmen der Kirche den Kardinälen zufiel. Sein Name ist mit der Realisierung der beiden Mosaiken der Basiliken S. Giovanni in Laterano und S. Maria Maggiore verknüpft. Außerdem begann er den Bau des Domes zu Orvieto.

192. HL. COELESTIN V. (1294-1294)

Petrus von Murrone wurde in Isernia geboren. Er stammte aus der Familie der Angeleri, war aber unter ersterem Namen bekannt, da er sich auf den gleichnamigen Berg zurückgezogen hatte, um dort ein Einsiedlerleben zu führen. Das Konklave, durch das er gewählt wurde, zog sich über zwei Jahren hin und hatte viermal seinen Sitz gewechselt: Rom, Viterbo, Rieti und schließlich Perugia. Den Kardinälen gelang es nicht, eine Einigung zu finden, da sie zwischen den Interessen der Colonna und der Orsini geteilt waren. Die ärgerliche Langatmigkeit hatte auch einen Mann wie Coelestin aufgebracht, der einen betrübten Brief an die Kardinäle schrieb, daß diese doch entscheiden mögen. Sie wählten ihn zum Papst. Der heilige Eremit, der ein Leben gewählt hatte, das im Gegensatz zu jenem stand, zu dem ihn die Kardinäle aufriefen, lehnte die Berufung anfangs ab. Dann nahm er sie aber an, wenn auch mit Mühe und mit Zögern. Für ihn handelte es sich darum, dem Willen des Herrn zu gehorchen. Mit Sicherheit brachte ihn auch ein weiterer, tiefer Beweggrund dazu, anzunehmen, nämlich die Hoffnung, die Kirche im Sinne des Evangeliums zu refomieren und zu erneuern. Er wurde in Aquila gekrönt und nahm seinen Sitz in Neapel bei den Anjou ein, die sofort versuchten, ihn für ihre Interessen nutzbar zu machen. Alle Projekte, die er zum Zeitpunkt der Wahl erwogen hatte, wurden von jener eklesiastischen Hierarchie, die ihm im Gegenteil eigentlich hätte helfen müssen, systematisch behindert und zunichtegemacht. Sein Leiden und seine Enttäuschung waren groß, und in ihm reifte die Idee heran, auf die Papstwürde zu verzichten. Er gab diese Entscheidung in einer "Bulle" bekannt, in der festgestellt wurde, daß es Recht des Papstes war, auf das Pontifikat zu verzichten. Gemäß einiger Quellen war Coelestin gezwungen worden, den Verzicht auszusprechen. Dazu hätte ihn der gewandte und gerissene Kardinal Caetani veranlaßt, der zukünftige Bonifaz VIII., ein begabter Jurist, an den sich der Papst ratsuchend gewandt hatte. Kaum hatte er auf die Tiara verzichtet, wurde Coelestin entfernt und in der Burg Fumone eingesperrt, wo er praktisch Gefangener war und unter sehr harten und ärmlichen Bedingungen lebte. Die völlige Isolierung, die von seinem Nachfolger Bonifaz VIII. entschieden worden war, hatte unter anderem den Zweck, jeden Kontakt mit seinen zahlreichen Ordensbrüdern - er hatte den Orden der Coelestiner gegründet - zu verhindern. Sie hätten versuchen können, ihn zum Umdenken zu bewegen. Nach eineinhalb Jahren Gefangenschaft starb er, vielleicht eines gewaltsamen Todes. Er wurde nach nur 20 Jahren von Clemens V. in Avignon heiliggesprochen (1313). Sein Leichnam ruht in Aquila, in der Kirche Collemaggio.

193. BONIFAZ VIII. (1294-1303)

Benedetto Caetani wurde in Anagni (Latium) geboren. Er war ein Mann mit energischem und entschlossenem Temperament, der über hohe diplomatische Fähigkeiten verfügte, die von der herausragenden Bildung und den tiefen juristischen Kenntnissen noch unterstützt wurden. Er wurde in Neapel in einem sehr kurzen Konklave gewählt, das auf den Verzicht Coelestins folgte, der - laut einiger Quellen - hauptsächlich sein Werk war. Die breite Mehrheit, mit der er gewählt wurde, läßt an Korruption denken, wenn nicht sogar an die Simonie. Dem scheint nicht so, wenn man berücksichtigt, wie unnachgiebig er sich allen gegenüber verhielt, nachdem er wieder in Rom den Papstsitz eingerichtet hatte. Er stellte schnell die Ordnung in der Stadt her, indem er jeden Mißbrauch im Keim erstickte und auf niemanden Rücksicht nahm, nicht einmal auf diejenigen, die ihn unterstützt hatten. Bonifaz VIII. war ein überzeugter Verfechter der Überlegenheit der geistlichen über jede andere Macht. In diesem Sinn kann man ihn als den dritten herausragenden Vertreter, nach Gregor VII. und Innozenz III., jener "theokratischen" Linie betrachten, die, mit Höhen und Tiefen, das bestimmende Motiv der gesamten päpstlichen Politik des Mittelalters war. Die Theorie wurde von ihnen ausgearbeitet, in verschiedenen offiziellen Dokumenten verbreitet und gegenüber den jeweiligen politischen Machthabern mit allen Mitteln durchgesetzt, Krieg und Exkommunizierung nicht ausgeschlossen. Berühmte Opfer waren Heinrich IV., Friedrich Barbarossa, Friedrich II. von Schwaben, Philipp der Schöne. Die Beziehungen von Bonifaz VIII. mit Frankreich schwankten und waren oft widersprüchlich. Sie müssen stets vor dem Hintergrund dessen interpretiert werden, was sein Hauptziel war und zwar die Vormacht der Kirche zu befestigen und seine auch materiellen Interessen zu verteidigen. Demzufolge näherte sich Bonifaz - je nach Situation - Frankreich an, um dann wieder davon abzurücken, wobei er vor allem darum besorgt war, der Macht Philipps des Schönen nicht zu viel Raum zu lassen. Mit ihm führte er einen harten Kampf, der durch väterliche Ermahnungen, charakterliche Schroffheit, Exkommunizierung und Verzeihen geprägt war. Er trat ihm gegenüber immer mutig auf, ungeachtet der Folgen, die sich pünktlich in erster Linie über ihm entluden, wie es dem Charakter und der Arroganz Philipps entsprach. Man denke nur an die Aggression von seiten Philipps von Nogaret und Sciarra Colonna, Abgesandte Philipps des Schönen, von denen er in Anagni überfallen wurde, was einem Papst gegenüber noch nie jemand gewagt hatte; oder an die legendäre Ohrfeige, die er von den beiden erhielt, als er schon alt war und gleichzeitig mit den heiligen Paramenten bekleidet war. Wie bekannt, teilt ihm Dante Alighieri noch zu Lebzeiten einen Platz in der Hölle zu, womit er das Urteil der vielen Feinde zum Ausdruck brachte, die der Papst sich mit seinem Verhalten und mit seiner Politik geschaffen hatte. Aber der Name von Bonifaz VIII. ist mit der Einberufung des ersten Heiligen Jahres (1300) der Kirchengeschichte und der großen "Gnade", die der Papst allen zuteil werden ließ, verknüpft. Seine Absicht war es, auf deutliche Weise zu zeigen, daß die Kirche eine Macht innehatte und ausübte, die jeder anderen überlegen war, d.h. die Macht, jede Schuld zu vergeben und die Pforten des Himmels zu öffnen. Dieses war das Wesen der Kirche: ihre geistliche und erlösende Funktion. Und dieses war wohl die tiefste Botschaft von Bonifaz. Ihm wird außerdem die Gründung der Universität "La Sapienza" in Rom zugesprochen. Er ließ im päpstlichen Wappen die päpstliche Tiara einfügen, über die er eine zweite Krone setzen ließ, die die königliche Macht darstellt. Die erste Krone, von der bereits Paschalis II. spricht (1099), ist dagegen das Symbol der geistlichen Macht. Bonifazius starb kurze Zeit nach der gotteslästerlichen Ohrfeige.

194. SEL. BENEDIKT XI. (1303-1304)

Niccolò Boccasini wurde in Treviso geboren. Er wurde von Bonifaz VIII. zum Kardinal gemacht und führte auf dessen Weisung verschiedene wichtige Aufgaben aus. Er stand ihm im Moment der Demütigung von Anagni nahe. Er hätte die Ordinalzahl "X" annehmen müssen, lehnte diese jedoch ab, weil derjenige, der sie vor ihm getragen hatte (1058), ein Gegenpapst gewesen war. Im Gegensatz zu seinem Vorgänger war er eine bescheidene und versönliche Person. Er vergab den Colonna und näherte sich Philipp dem Schönen wieder an. Er rehabilitierte teilweise die beiden Kardinäle Colonna, die von Bonifaz exkommuniziert und verbannt worden waren, zeigte sich allerdings unbeweglich gegenüber Sciarra Colonna und Philipp von Nogaret, die Autoren der berühmten Ohrfeige gegen den Statthalter Christi. Er versuchte, die Weißen und die Schwarzen von Florenz auszusöhnen, was ihm aber nicht gelang. Er starb unerwartet in Perugia, nachdem er einen Teller trockener Feigen gegessen hatte, die vielleicht vergiftet waren, wie eine Überlieferung jener Zeit berichtet. Er wurde in der Kirche S. Domenico jener Stadt bestattet.

195. CLEMENS V. (1305-1314)

Bertrando de Got wurde in Villandraut (Frankreich) geboren. Er wurde in Perugia am Ende eines Konklave gewählt, das seit fünfzehn Monaten andauerte; seine Wahl war ein Kompromiß zwischen den italienischen Kardinälen und Philipp IV. dem Schönen. Er wurde in Lyon gekrönt. Während der Zeremonie hielt Philipp für eine Weile die Zügel des Pferdes des Papstes, um dessen königlicher Autorität die Ehre zu erweisen. Aber dies war nur eine Formalität: Clemens mußte Philipp stets gehorchen. Von letzterem gedrängt, verleugnete er das Werk und die Dokumente Bonifazens VIII. in der klaren Absicht, dessen Erinnerung zu beschmutzen. In diesem Sinn muß auch die Heiligsprechung Coelenstins V. verstanden werden, die mit brennender Geschwindigkeit beschlossen und verkündet wurde. Auf sein Wollen hin schaffte er den Templerorden ab, der enorme Reichtümer besaß, derer sich der König bemächtigen wollte. Seine Mitglieder wurden unrechterweise angeklagt und viele von ihnen auf barbarische Art hingerichtet. Er gründete die Universitäten von Perugia, Oxford und Orléans. Er schätzte Giotto und nahm ihn mit nach Avignon. Im Innern des Domes von Avignon, neben dem Mittelschiff, hatte er eine kleine Kapelle bauen lassen, die er für seine Priestertätigkeit nutzte. Clemens starb in Bordeaux und ist in Uzes beerdigt.

196. JOHANNES XXII. (1316-1334)

Jacques Duèse wurde in Cahors in Frankreich geboren. Er wurde nach zwei qualvollen Jahren Sedisvakanz gewählt. Seine Zahl müßte die "XX" sein (s. Päpste Nr. 136 und Nr. 187). Trotz seiner körperlichen Gebrechen, besaß er dennoch ein energisches und vitales Temperament und führte ein frommes und ehrliches Leben. Er exkommunizierte Ludwig von Bayern, Nachfolger Heinrich VII., der sich ohne päpstliche Zustimmung zum Kaiser erklärt hatte und sich in Mailand und in Rom hatte krönen lassen. Er verlegte den päpstlichen Sitz stabil nach Avignon und baute dort den grandiosen und reichen Palast, der heute noch existiert. Er führte ein intensives kirchliches Leben und setzte sich dafür ein, die dornenreiche und widersprüchliche Frage der Armut der Franziskaner zu lösen, die von den sogenannten "Brüdern" mit fanatischer Verbissenheit verfochten wurde. Da er mit den Mitteln der normalen Diskussion keinen Erfolg hatte, mußte er seine Autorität gebrauchen, indem er die unnachgiebigsten Gruppen auflöste und den stürmischsten den Prozeß machte. Viele baten Ludwig von Bayern um Schutz. Er bestätigte, daß nur der Papst Bischöfe ernennen konnte. Er führte die Fronleichnamsprozession und das Dreifaltigkeitsfest ein und schrieb vor, zu Ehren der Jungfrau jeden Tag bei Sonnenuntergang das Angelus zu beten. Er sprach den hl. Thomas von Aquin heilig. Er setzte das Gericht Rota Romana ein, das nach dem runden Tisch, an dem die Richter saßen, begenannt wurde. Er sandte Missionare zu den Tartaren und nach Ceylon. Er bekämpfte Magiere und Alchimisten. In den letzten Jahren dachte er immer häufiger daran, nach Rom zurückzukehren. Er starb fast neunzigjährig und wurde in der Kathedrale zu Avignon beigesetzt.

197. BENEDIKT XII. (1334-1342)

Jacques Fournier wurde in Toulouse geboren. Nachdem er den päpstlichen Thron bestiegen hatte, versuchte er ernsthaft, den Papstsitz nach Rom oder wenigstens nach Italien zurückzuverlegen. Daran wurde er von Philipp VI. von Valois gehindert. Es gelang ihm allerdings, sich in die römischen Angelegenheiten einzumischen und die Colonna und die Orsini dazu zu bringen, wenigstens vorübergehend in Frieden miteinander zu leben. Da er gezwungen war, in Avignon zu bleiben, stellte er den von Johannes XXII. begonnenen Palast fertig und widmete sich der Verbesserung der verkommenen Gebräuche des päpstlichen Hofes, der übervoll von Prälaten und Bischöfen war. Er schaffte jede Art von Bevorteiligung ab und zwang die Bischöfen, an den Sitz ihrer eigenen Diözese zurückzukehren. Er war ein aufrechter Mann, fromm und religiös, ehrlich um die Interessen der Kirche besorgt, aber für die Politik allerdings völlig ungeeignet. Daher wußte er dem exkommunizierten Ludwig von Bayern, der die "Pragmatische Sanktion" zu Frankfurt veröffentlicht hatte, in welcher behauptet wurde, daß die kaiserliche Würde direkt von Gott abstamme und daß deshalb zu ihrer Legitimierung die päpstliche Zustimmung nicht erforderlich sei, nichts entgegenzusetzen. Es sei daran erinnert, daß sich Ludwig zum Kaiser proklamiert hatte, ohne um die Zustimmung des Papstes zu bitten und deswegen von Johannes XXII. exkommuniziert worden war. Mit seiner Politik der Strenge und des Sparens gelang es ihm, einen wahren Schatz anzuhäufen. Er starb nach langer Krankheit in Avignon, wo er auch beerdigt wurde.

198. CLEMENS VI. (1342-1352)

Pierre Roger wurde vermutlich in Maumont Corrèze (Frankreich) geboren. In kurzer Zeit verschwendete er den enormen Schatz, den sein Vorgänger angehäuft hatte. Für eine ungeheure Summe kaufte er die Stadt Avignon von der Königin Johanna I. zu Neapel. Trotz dieser Neigung zur Verschwendung war Clemens jedoch ein guter Mann und ein umsichtiger Papst und nicht ohne Energie. Er exkommunizierte erneut die Sekte der Geißler. Unter seinem Pontifikat ging der Stern von Cola di Rienzo auf und bestätigte sich; jener hatte während der Abwesenheit des Papstes von Rom eine Republik gegründet. Clemens unterstützte ihn anfangs, da er in ihm ein wirksames Mittel sah, um im stürmischen Rom, das von den blutigen Kämpfen zwischen den Familien der Colonna und der Orsini heimgesucht wurde, Ordnung und Recht wiederherzustellen. Er hatte Mut und Ausgeglichenheit bewiesen, und die Römer hatten ihm diktatorische Vollmachten verliehen. Er proklamierte sich selbst zum "Tribun der Freiheit", und tatsächlich befriedete er die Stadt mit weisen und ausgeglichenen Gesetzen. In der Folge ging er jedoch zu einer von Ekzessen und Rücksichtslosigkeiten geprägten Herrschaft über, die das Volk und die Patrizier dermaßen überdrüssig machte, daß sie den Aufstand wagten. Cola di Rienzo floh aus Rom, wurde aber gefangengenommen und dem Papst übergeben, der ihn in Avignon festhielt, ihn exkommunizierte und auf Sichtweite kontrollierte. Clemens verhängte den Kirchenbann über Ludwig den Bayern und unterstützte Karl IV. von Böhmen, seinen Freund und Schüler. Er vertraute den Schutz der geweihten Orte des Heiligen Landes den Minoriten an. Er legte fest, daß das Heilige Jahr alle fünfzig Jahre gefeiert werden müsse und nicht alle hundert Jahre, wie es Bonifaz VIII. bestimmt hatte. Clemens erklärte das Jahr 1350 zum Heiligen Jahr, ging aber nicht nach Rom. Er starb in Avignon und wurde in der Hoch-Loire beerdigt.

199. INNOZENZ VI. (1352-1362)

Etienne Aubert wurde vermutlich in Monts Beyssac in Limouges (Frankreich) geboren. Er war entschlossen, die päpstliche Autorität wieder auf den Kirchenstaat zu gründen. Daher schickte er den energischen Kardinal Albornoz als päpstlichen Gesandten nach Rom, der von Cola di Rienzo, der in der Stadt noch viele Freunde und Gefolgsleute hatte, unterstützt wurde. Der Papst hoffte, daß der Tribun, von der Haft zur Vernunft gebracht, die Macht wiederergreifen und dadurch dazu beitragen könne, ein immer aufgebrachteres und stürmischeres Milieu zu befrieden. Cola wurde daher zum Gouverneur ernannt, verfiel aber mehr als je zuvor der Tyrannei. Dieses Mal ermordete ihn das erzürnte und von den Colonna geschickt manövrierte Volk zu Füßen des Kapitols und riß seinen Körper in Stücke. Albornoz führte sein Werk fort. Er ernannte einen anderen Gouverneur und mit seiner aufmerksamen und ausgeglichenen Politik erzielte er einige gute Ergebnisse. Bezüglich der internen Disziplin der Kirche folgte Innozenz den Spuren Benedikts XII., indem er gegenüber dem Klerus, von dem er Ehrlichkeit und Hingabe verlangte, sehr streng war. Innozenz legte fest, daß die kirchlichen Benefizien und Gratifikationen nach einer Prüfung und gemäß Verdienst, und nicht umsonst, gewährt werden mußten. Er legte den Bischöfen erneut die Pflicht des Wohnsitzes auf. Er unternahm mehrere Versuche, die Streitigkeiten zwischen Frankreich und England zu schlichten und begünstigte die Annäherung an die griechische Kirche, allerdings mit dürftigen Ergebnissen. Innozenz starb in Avignon und wurde dort in einer denkmalartigen Gruft beigesetzt.

200. SEL. URBAN V. (1362-1370)

Guillaume Grimoard wurde in Grisac (Frankreich) geboren. Er war Benediktinermönch und wurde in Avignon gewählt. Wie schon als Mönch, führte er auch als Papst sein karges und frommes Leben fort. Er engagierte sich in der Kirchenreform und vor allem in der Förderung der Studien, indem er die Universitäten unterstützte. Er nahm die beständige Aufforderung, die von vielen Seiten an ihn gerichtet wurde, an und entschied, nach Rom zurückzukehren. Im Oktober 1367 trat er, auf einer venezianischen Galeere und von vielen italienischen Herren begleitet, die Reise nach Rom an, wo er von der Bevölkerung im Triumph empfangen wurde. Er versuchte, Ordnung in die Regierung und Disziplin in den Klerus zu bringen, indem er Mißbräuche und Privilegien abschaffte. Aber das Unterfangen stellte sich als übermäßig schwierig heraus, so sehr waren die Sitten abgesunken und die Gewohnheit an das Schlechte eingefleischt. Durch einige Abenteurerbanden, die raubten, plünderten und mordeten, wurde die Situation noch prekärer und die Lage noch unsicherer. Urban, der entmutigt und verängstigt war und außerdem vom Wiederaufflammen des anglo-französischen Konfliktes motiviert war, kehrte nach Avignon zurück. Die Heilige Birgitta bat ihn vergebens zu bleiben (1370) und es konnte ihn nicht einmal die Todesahnung, die ihm die Heilige anvertraut hatte, aufhalten. Die Vorhersage bewahrheitete sich. In der Tat starb Urban, sobald er in Avignon angekommen war; er lag, mit seinem Benediktinergewand bekleidet, auf einem asketischen und ärmliche Lager. Während seines Aufenthaltes in Rom ließ er viele Kirchen restaurieren, die Abtei von Montecassino wiederaufbauen und die Schädel des hl. Petrus und des hl. Paulus in die Laterans-Basilika bringen, wo er sie in dem neuen Tabernakel unterbringen ließ, das er selbst hatte konstruieren lassen. Ihm ist die Einfügung der dritten Krone auf der päpstlichen Tiara zu verdanken, die die Herrschaft über die Zeit symbolisiert und wegen der die päpstliche Kopfbedeckung auch “dreifaches Reich” genannt wird. Urban ist in Marseille beerdigt. Er wurde von Pius IX. heiliggesprochen.

201. GREGOR XI. (1370-1378)

Petrus Roger de Beaufort wurde vermutlich in Maumont in Frankreich geboren. Er war ein Neffe von Clemens VI, der ihn in einem Alter von nur 18 Jahren zum Kardinal ernannt hatte. Kaum war er gewählt, verjagte er all diejenigen Bischöfe und Prälaten vom päpstlichen Hof, die ihre Sitze verlassen und sich dort breit gemacht hatten, wo sie ein Höflingsleben führten und ihre Priesterpflichten vernachlässigten. Er befahl ihnen die sofortige Rückkehr an den jeweiligen Ort ihrer Herkunft. Aber woran sein Name in der Geschichte geknüpft bleibt, ist, daß er den Sitz des Papstes nach siebzigjährigem Verbleib in Avignon definitiv nach Rom zurückgebracht hat. Dazu war er von Mahnungen veranlaßt worden, die ihn von vielen Seiten erreichten, unter anderem von der hl. Birgitta und der hl. Katharina von Siena, sowie von der besonderen Situation, die in Italien und in Rom entstanden war. Die Gebiete des päpstlichen Staates befanden sich in Rebellion. Wollte der Papst Herr der Situation werden und die Zügel des Staates in die Hand nehmen, um dessen Einheit zu erhalten, mußte er nach Rom kommen und seine Macht ausüben. Das machte er, wobei er die Widerstände der französischen Kardinäle und Bischöfe überwand. Im Januar 1377 betrat Gregor Rom und richtete sich im Vatikan, neben dem Grab Petri, ein. Es muß daran erinnert werden, daß die Päpste vor Avignon im Laterans-Palast residierten. Er starb ein Jahr nach seiner Rückkehr nach Rom, im Alter von nur 47 Jahren, erschöpft und von den fortdauernden Rebellionen und Komplotten gebrochen, deren Zeuge er werden mußte. Er wurde in der Kirche S. Francesca Romana nahe dem Forum beigesetzt. Er war der letzte französische Papst.

202. URBAN VI. (1378-1389)

Bartolomeo Prignano wurde in Neapel geboren. Das Kardinalskollegium, das zum größten Teil aus französischen Kardinälen bestand, mußte dem ausdrücklichen Willen des Volkes Rechnung tragen, das einen "römischen" oder zumindest "italienischen" Papst verlangte. Es wurde Urban auserwählt, der Italiener war, aber auch Untertan der Anjou, weshalb er von den Franzosen akzeptiert wurde. Aber dieses Wohlwollen währte aufgrund des schlimmen Charakters des Papstes (er wurde "Inurban VI." genannt), der absolut unerträglich und undiplomatisch war, nur sehr kurz. Dieselben, die ihn vorher gewählt hatten, stellten ihm in der Person des 37jährigen Roberto di Ginevra, der den Namen Clemens VII. annahm, einen Gegenpapst gegenüber. Urban schickte gegen ihn Truppen aus, die ihn zwangen, nach Avignon zu fliehen, wo er geweiht wurde und wo er seinen Sitz nahm. Damit nahm das Schisma des Westens seinen Anfang, das die Kirche vierzig Jahre lang in Anhänger des Papstes von Rom und solche des Papstes von Avignon teilte. Unter den Gläubigen, die ihre Hirten schamlos um eine Macht kämpfen sahen, die nur mehr weltlich war und für die nur materielle Interessen maßgebend waren, war der Skandal groß. Für den Papst von Rom nahmen Partei: Italien, Deutschland, Polen, England und Ungarn; für denjenigen von Avignon: Frankreich, Spanien, Portugal und die anderen Teile Europas. Urban rief das Heilige Jahr für 1390 aus, erlebte es aber nicht, da er ein Jahr früher starb. Es gab niemanden, der um ihn weinte, so stark und zahlreich waren die Feindschaften und Antipathien, die er sich geschaffen hatte. Der Gegenpapst Clemens überlebte ihn und starb im Jahr 1394.

203. BONIFAZ IX. (1389-1404)

Pietro Tomacelli wurde in Neapel geboren. Er wurde im Alter von nur 30 Jahren gewählt. Im Gegensatz zu Urban VI. war er ein liebenswürdiger und höflicher Mensch und er versuchte, eine Lösung für die schändliche Situation zu finden, die in der Kirche entstanden war, indem er auf eine Einigung mit dem Gegenpapst Clemens VII. drängte. Er bezog auch den König von Frankreich, Karl VI. mit ein, allerdings ohne Ergebnis. In der Zwischenzeit starb Clemens und an seiner Stelle wurde der Spanier Pedro de Luna gewählt, der den Namen Bendikt XIII. annahm. Dieser sollte sich noch feindseliger als sein Vorgänger erweisen und war sich seiner Legitimität ebenso sicher. Er lehnte daher jedwede Verhandlung und jeden Vermittlungs- und Versöhnungsvorschlag ab, der von Bonifaz vorgebracht wurde. Er erklärte das Jahr 1400 zum Heiligen Jahr und ließ es feiern; es setzte dermaßen viele Pilger in Bewegung, daß eine Pest verursacht wurde, die sich rasch ausbreitete. Während des Jubeljahres setzte sich in der Provence die "Sekte der Weißen" durch, eine Art Bruderschaft, deren männliche und weibliche Mitglieder sich in weiße Mäntel und Kapuzen kleideten, sich auf den Plätzen geißelten und "Frieden und Elend" riefen. Trotz der vom Heiligen Jahr angeregten großen Befriedung setzte sich der Streit zwischen Rom und Avignon fort und verschärfte sich. Bonifaz muß ein zumindest zweifelhaftes Verhalten angelastet werden, da er die Ablässe und die Vergünstigungen der Kirche benützte, um sich die hohen Geldsummen zu verschaffen, die er brauchte, wobei er sehr hohe Tarife festlegte und sie ohne große Rücksicht auf die menschliche Qualität denjenigen anbot, die von ihnen profitierten. Unter den Werken des Bonifaz muß die Restaurierung der Engelsburg in Rom aufgeführt werden, sowie die Gründung der Universität in Ferrara. Er wurde vom Volk, das sich in zwei Gelegenheiten gegen ihn erhob, nicht geliebt. Er starb mit 45 Jahren und wurde in St. Peter beigesetzt.

204. INNOZENZ VII. (1404-1406)

Cosimo Migliorati wurde in Sulmona in den Abruzzen geboren. Er hatte versprochen, daß er im Falle seiner Wahl auf das Amt verzichtet hätte. Als er gewählt war, nahm er jedoch an und wurde gekrönt. Im Konklave hatte er sich verpflichtet, auch eine Einigung mit Benedikt XIII. zu finden. Aber er suchte niemals einen wirklichen Dialog mit ihm. Stattdessen zeigte er völlige Unnachgiebigkeit. Er ging allerdings daran, die beiden mächtigen römischen Familien der Colonna und der Savelli zu befrieden, mit dem Zweck, ein wenig Ruhe in das städtische Leben zu bringen. Im Verlaufe einer Audienz, die 16 Volksvertretern gewährt worden war, begannen diese, sich bedrohlich zu benehmen, so daß ein Neffe des Papstes elf von ihnen tötete und ihre Körper auf die Straße warf. Das Volk lehnte sich auf und zwang Innozenz, in der Nacht mit seinem gesamten Hof nach Viterbo zu flüchten. Erst im folgenden Jahr konnte er nach Rom zurückkehren. Innozenz war ein Mann, der über Interesse und Liebe zum Studium verfügte. Er organisierte die Universität von Rom neu, indem er die neuen Fakultäten Medizin, Philosophie und Griechisch einführte. Er starb wenige Monate nach seiner Rückkehr nach Rom.

205. GREGOR XII. (1406-1415)

Angelo Correr wurde in Venedig geboren. Bei seiner Wahl war er 80 Jahre alt. Er hatte sich verpflichtet, die Tiara abzugeben, wenn Benedikt XIII, der seinen Sitz noch in Avignon hatte, ebenso gehandelt hätte. Das gleiche Versprechen hatte der Gegenpapst gemacht. Aber keiner der beiden blieb der Verpflichtung treu. Das Kardinalskollegium, das sich in Pisa versammelt hatte, entschied daher, dem Streit ein Ende zu machen, indem es beide absetzte und einen neuen Papst wählte, Petrus Philargi, der den Namen Alexander V. annahm. Es gab also gleichzeitg drei Päpste, jeder mit dem Anspruch, der rechtmäßige zu sein. Alexander V. starb früh (1410). An seiner Stelle wurde Baldassare Cossa gewählt, der den Namen Johannes XXIII. annahm. Dieser Zustand der Koexistenz von drei Päpsten dauerte von 1409 bis 1417, dem Jahr, in dem das Konzil von Kostanz endete, das die Entscheidungen von Pisa bestätigte, alle drei Päpste absetzte und Martin V. durchsetzte. Der einzige, der die Entscheidung versönlich akzeptierte, war Gregor XII. Benedikt XIII. betrachtete sich bis zu seinem Tode als Papst. Johannes XXIII., der als gefährlich angesehen wurde, wurde gefangengenommen und in Einzelhaft auf verschiedenen deutschen Burgen festgehalten, aus denen er jedoch fliehen konnte. Er bat den neuen Papst Martin V. um Schutz, der ihm auch gewährt wurde, wobei ihm dieser sogar gestattete, im Kardinalskollegium auf einem höheren Stuhl als die anderen zu sitzen. Er starb kurz darauf. Gregor XII zog sich nach dem Verzicht nach Recanati zurück, wo er 1417 starb. Er ist im Dom jener Stadt beigesetzt.

206. MARTIN V. (1417-1431)

Oddo Colonna wurde im Jahre 1368 in Genazzano im Latium geboren. Er war unter den Förderern des Konzils von Pisa und nahm auch am Konzil von Kostanz teil, auf dem er gewählt wurde. Seine Wahl fiel mit der gleichzeitigen Absetzung der drei Päpste, die ihm vorangegangen waren, zusammen: Gregor XII., der als der rechtmäßige gilt, und die anderen beiden Benedikt XIII. und Johannes XXIII., die als Gegenpäpste eingestuft werden. Nachdem er 1417 gewählt worden war, gelang es ihm nach verschiedenen Schicksalschlägen im Jahre 1420 Rom zu betreten. Er wurde vom Volk im Triumph empfangen. Er war nach vielen Jahren der erste römische Papst. Sein Pontifikat war allerdings nicht einfach, da er einige wichtige Probleme angehen und lösen mußte. In erster Linie eine Frage der Doktrin, und zwar, ob das Konzil über dem Papst stand. Während des Konzils von Kostanz hatte er für diese These Partei ergriffen. Aber als er Papst war, änderte er seine Meinung insofern, als für ihn der Papst die höchste Autorität war und daher vor allem in Fragen des Glaubens und der Regierung der Kirche über dem Konzil stand. Diese Feststellung mußte mit der Tatsache in Einklang gebracht werden, daß er selbst, als Papst, das Ergebnis einer Entscheidung eines Konzils war, das drei Päpste abgesetzt hatte, unter denen einer mit Sicherheit rechtmäßig war. Bezüglich der Innenpolitik nahm Martin eine energische moralische, zivile und verwaltungsmäßige Sanierung in Angriff. Er eroberte alle Gebiete der Kirche zurück und bekämpfte das Räuberwesen mit großem Erfolg. Er wurde der Vetternwirtschaft angeklagt, und dies entspricht mit Sicherheit der Wahrheit, jedoch war er auch ein großzügiger Mäzen der Künste und der Kultur. Er bestimmte das Jahr 1423 zum Heiligen Jahr. Unter seinem Pontifikat spielte sich das Abenteuer der Jeanne d'Arc ab, die Martin vor der Verbrennung hätte retten wollen. Dies gelang ihm nicht, weil er in der Zwischenzeit starb. Unter ihm gab es erstmals das apostolische Sekretariat, das heute Staatssekretariat heißt, ein Büro, das die Aufgabe hat, dem Papst bei der Regierung der Weltkirche zu helfen und das das Verbindungsglied zwischen dem Papst und den verschiedenen Bereichen der römischen Kurie ist. Er schrieb den Geistlichen vor, sich mit dem Talar zu kleiden. Er wurde in S. Giovanni im Lateran bestattet.

207. EUGEN IV. (1431-1447)

Gabriel Condulmer wurde im Jahre 1368 in Venedig geboren. Er war ein Neffe von Gregor XII., dank dessen er rasch Karriere machte. Er wurde im Alter von 48 Jahren gewählt. Er war ein fürsorglicher, tief religiöser, sparsamer und besonders entschlossener Mensch, so daß manche von ihm behaupteten, er kenne keinen Mittelweg und häufig nicht einmal die eigenen Grenzen. Er berief ein Konzil in Basel ein, das schon von Martin V. vorangekündigt worden war, um unter anderem einen Vorschlag des Kaisers des Orients, Johannes VII., zu diskutieren, der die Wiedervereinigung der griechischen und der lateinischen Kirche vorsah. Johannes war an dieser Einigung vorallem deshalb interessiert, weil er christliche Verbündete gegen die Türken suchte, die in sein Land eingefallen waren. Eine der ersten Schlußfolgerungen, zu der die Konzilväter gelangten, war ein Dokument, in dem die vorherrschende Rolle des Konzils gegenüber dem römischen Papst festgehalten wurde. Der Vorschlag von Johannes VII. stieß aber auf verschiedene und harte Widerstände. Die Themen, die zur Diskussion standen, waren aber vom theologischen und disziplinarischen Standpunkt aus auch zu bedeutend, um an eine leichte und polemikfreie Lösung glauben zu können: der Filioque, die Vorherrschaft Roms über die anderen Kirchen, die Epiklese, das Fegefeuer. Aber der autoritäre Eugen hatte Eile, und vielleicht hatte ihm auch der papstfeindliche Verlauf, den das Basler Konzil malim, nicht gefallen. Daher löste er die Synode auf und verlegte den Sitz immer näher nach Rom - zuerst nach Bologna, dann nach Ferrara und schließlich nach Florenz. Hier wurde in Anwesenheit von Johannes VII. die feierliche Versöhnung besiegelt. Die Einheit sollte jedoch nur von kurzer Dauer sein. Die Entscheidung Eugens, den Sitz des Konzils zu wechseln, löste bei vielen Konzilsvätern, die sich bereits für die These der Überlegenheit des Konzils über den Papst ausgesprochen hatten, Irritation aus. Sie entschieden daher, in Basel zu bleiben und eine noch stärkere antirömische Haltung einzunehmen, und um diese Idee zu untermauern, versammelten sie sich in einer Art Konklave. Sie setzten

Eugen ab und wählten einen neuen Papst, Amadeus VIII. von Savoyen, der Friedvolle genannt, ein Laie, der den Namen Felix V. annahm (1440). Er war der letzte Gegenpapst der Geschichte. Das Konzil von Florenz vertrat in dieser Streitfrage eine der Versammlung von Basel genau entgegengesetzte Meinung: der Papst steht über dem Konzil. Eugen war ein guter Mäzen und Liebhaber der Kunst. Unter anderem ließ er das Pantheon und das Kolosseum restaurieren und das bronzene Mitteltor in der vatikanischen Basilika konstruieren.

208. NICOLAS V (1447-1455)

Tommaso Parentucelli wurde am 15. November 1397 in Sarzana in Ligurien geboren. Als er gewählt wurde, war er 49 Jahre alt. Der Gegenpapst Felix V, der letzte der Geschichte, unterwarf sich ihm (1449). Nikolaus machte ihn zum Kardinal und ernannte ihn zum päpstlichen Gesandten für das Land der Savoia. Im Jahr 1450 feierte er das Heilige Jahr, während dessen sich die Cholera ausbreitete, so daß sich alle Pilger von Rom entfernten. In der Politik erzielte er dank seines Sinns für Diplomatie schätzenswerte Ergebnisse. So ist die positive Beendung des Schismas von Basel und der Verzicht des Gegenpapstes Felix V. zum großen Teil sein Werk. Er schloß einen Vertrag mit Friedrich III. von Österreich, in dem die Rechte und die Privilegien der Kirche und jene des Kaiserreiches geregelt wurden. Friedrich wurde in der Basilika von St. Peter zum Kaiser gekrönt. Weniger diplomatisch verhielt er sich gegenüber der Verschwörung eines gewissen Stefano Porcari, der in Rom die Republik wiederherstellen wollte. Porcari wurde gemeinsam mit den Verschwörern auf der Engelsburg erhängt. Während seines Pontifikats ging das oströmische Reich zu Ende (1453): Mohammed II eroberte Konstantinopel, und Konstantin XII., der letzte Herrscher, wurde getötet. Nikolaus war ein Mann breiten Wissens, der auf die neuen kulturellen Anforderungen der Epoche achtete. Die humanistische Leidenschaft steckte auch ihn an. Er berief eine Schar von Intellektuellen und Künstlern nach Rom und begann auf diese Weise mit einem reichhaltigen Programm der Restaurierung antiker Denkmäler und der gleichzeitigen Neukonstruktionen, unter ihnen die Basilika von St. Peter. Für diese zeichnete Bramante einen ersten grandiosen Entwurf, nachdem er die Idee, die vorherige im Verfall begriffene Konstantinsbasilika zu restaurieren, aufgegeben hatte. Er konzentrierte alle kirchlichen Stellen im Vatikan, wohin er auch die beiden lateranischen Bibliotheken bringen ließ, womit er die berühmte Vatikanische Bibliothek begründete. Mit besonderer Sorgfalt verfolgte er die Verteidigung der kirchlichen Territorien, indem er die Festungen vieler Orte und Städte des Kirchenstaates wiederherstellte und verstärkte. Als er starb, standen ihm nur zwei Kartäusermönche bei: er traute nicht einmal mehr seiner Familie.

209. CALIXTUS III. (1455-1458)

Alfonso Borgia wurde am 31. Dezember 1378 in der Nähe Valencias in Spanien geboren. Er war ein berühmter Jurist und wurde Ratgeber von Alfons V. von Aragon. Sein Freund Vincenzo Ferrer hatte ihm die Wahl schon lange Zeit vorher prophezeit. Er hatte eine fixe Idee und zwar die Rückeroberung von Konstantinopel und dem Heiligen Land durch einen Sieg über die Türken. Diese stellten eine fortwährende Gefahr nicht nur für die Religion, sondern auch für den Handel und die Wirtschaft der christlichen Völker dar. Er versuchte, die christlichen Fürsten zu sensibilisieren und lud sie ein, sich gegen den gemeinsamen Feind zu verbünden. Er konnte nicht viele Beitritte registrieren. Daher rüstete er selbst eine Flotte aus, die das Mittelmeer und die Ägäis auf der Suche nach türkischen Schiffen auf und ab fuhr. Er hatte ziemlich viel Erfolg. Er organisierte auch ein Landheer, das die Türken in Belgrad besiegte (1456). Um des Sieges zu gedenken, führte Calixtus das Fest der Verklärung Christi ein und ordnete an, daß jeden Tag um 12 Uhr zum Geläut der Glocken das Angelus gebetet werden sollte. Er nahm jeden der seiner Aufforderung, die Türken zu bekämpfen, nachkam, auf und unterstützte ihn; im besonderen den albanesischen Helden Gjergj Kastriota Skanderbeg, der sich den Ottomanen auf dem Balkan entgegenstellte. Er rehabilitierte Jeanne d'Arc, die als Hexe und Häretikerin zum Tod auf dem Scheiterhaufen verurteilt worden war, indem er sie für unschuldig erklärte. Calixtus übte als Papst Vetternwirtschaft. Über Konzessionen und Protektion verhalf er seiner Familie zu einem Vermögen. Er machte den Neffen Rodrigo zum Kardinal, dem auf traurige Weise berühmten Alexander VI. "Borgia", Symbol der Ausschweifung, der Intrige und der Skrupellosigkeit, Vater von Lucrezia und Cesare. Calixtus starb am Tage des von ihm selbst eingeführten Festes der Verklärung Christi.

210. PIUS II. (1458-1464)

Enea Silvio Piccolomini wurde am 18. Oktober 1405 in Corsignano in der Toskana geboren. Vor seinem Eintritt in die Kirche machte er die verschiedensten Erfahrungen, darunter waren auch einige fragliche und wenig erbauliche. Er war ein großer und überzeugter Humanist. Er nahm am Konzil von Basel teil, auf dem er sich auf die Seite der Schismatiker stellte. Er war Berater des Gegenpapstes Felix V. (Amadeo VIII. von Savoyen) und trat danach in den Dienst Friedrichs III. von Deutschland, der ihn als seinen Botschafter nach Rom schickte. Mit perfektem Instinkt und bemerkenswertem Opportunismus bekannte er hier seine Fehler und begann die kirchliche Laufbahn. Rasch nahm er alle ihre Stufen, und mit 53 Jahren war er bereits Papst. Seine Wahl wurde von allen Humanisten, die durch ihn die dieser Bewegung eigenen kulturellen und künstlerischen Ideale bestätigt sahen, mit Begeisterung aufgenommen. Doch er enttäuschte alle Erwartungen: sein einziges Interesse war es, eine unauslöschliche Spur in der Geschichte zu hinterlassen, aber nicht durch erinnerungswürdige Werke oder Taten, sondern einfach nur als Person. Trotz allem ist er nicht ohne Verdienste: er sprach Katharina von Siena heilig, er gründete die Organisation der Abkürzer, die die Aufgabe hatten, die an den Papst gerichteten Petitionen des Volkes sowie alle Dokumente der Kirche zu verfassen, zu sammeln und zu korrigieren; er arbeitete ernsthaft an einer Kirchenreform, traf dabei aber auf den entschlossenen Widerstand der Kardinäle. Er verfolgte eine typische Idee der Renaissance, gemäß den klassischen vitruvianischen Regeln eine perfekte Stadt zu konstruieren und realisierte ein Projekt, bei dem er seinen Geburtsort, Corsignano, in eine solche Stadt verwandelte, die nach seinem Namen Pienza benannt ist. Er war ein diskreter Literat und schrieb mehrere Werke geschichtlichen Charakters. Aber sein Hauptwerk war die Organisation eines Heiligen Krieges gegen die Türken. Zu diesem Zweck versuchte er, eine Allianz zwischen Ludwig XI. von Frankreich, Philipp von Burgund, dem König von Ungarn und Venedig zu schaffen. Die Sache kam nur langsam und ohne Begeisterung voran, so daß er sich nach fünf Jahren selbst an die Spitze eines zum Aufbruch bereiten Heeres stellte. Aber es gelang ihm nicht dieses Vorhaben zu verwirklichen, weil er in Ancona, während er sich in Richtung des Heiligen Landes einschiffte, vom Tod überrascht wurde.

211. PAUL II. (1464-1471)

Pietro Barbo wurde am 23. Februar 1417 in Venedig geboren. Er war der Neffe von Papst Eugen IV., der ihn im Alter von nur 23 Jahren zum Kardinal ernannte. Er war 48 Jahre alt, als er zum Papst gewählt wurde. Das erste Problem, mit dem er konfrontiert wurde, sollte eine lange Zeit in Anspruch nehmen: der türkische Vormarsch auf den christlichen Territorien. Sein Versuch, ein Bündnis zu schließen, scheiterte. Erfolgreich war dagegen der Albaner Gjergj Kastriota Skanderbeg, Held im Kampf um die Befreiung seines Vaterlandes, der dabei von Paul II. wirksam unterstützt wurde. Der Papst nahm die Arbeiten zum Neubau der Peterskirche wieder auf und übertrug deren Leitung Giuliano da Sangallo. Er setzte die päpstliche Macht in Rom autoritär durch, indem er die Konsuln durch die Konservatoren ersetzte, die im Gegensatz zu den ersten eng an die Kirche gebundene waren. Um die dadurch entstandene Mißstimmung zu besänftigen, schenkte er der römischen Bevölkerung zum Zeichen seiner Zuneigung die "Goldene Rose" und verfügte, daß die Armen monatlich eine hohe Geldsumme erhalten sollten. Er legte fest, daß von 1475 an das Heilige Jahr alle 25 Jahre gefeiert werden sollte. Paul II., der vorwiegend nachts arbeitete, verstarb unvermittelt und in noch recht jungem Alter.

212. SIXTUS IV. (1471-1484)

Francesco Della Rovere wurde am 21. Juli 1414 in Celle bei Savona geboren. Er war General des Franziskanerordens, ein großer Prediger und berühmter Theologe. Er betrieb den Nepotismus, bis es schließlich zum Skandal kam. Um Abhilfe zu schaffen und die schwerwiegenden Probleme, die seine Neffen verursacht hatten, zu decken, zögerte er nicht, sich die Feindschaft der Städte Florenz, Neapel, Ferrara und Venedig zuzuziehen. So war er zum Beispiel in die Verschwörung der Pazzi gegen die Medici von Florenz verwickelt. Die Verschwörung, bei der Lorenzo und Giuliano de' Medici ums Leben kommen sollten, war von Kardinal Riario, dem Neffen von Sixtus IV angeordnet worden. Das Unternehmen schlug jedoch fehl. Der Rache der Medici fiel unter anderem der an der Verschwörung beteiligte Bischof von Pisa, Salviati, zum Opfer. Er wurde getötet und geschmäht, indem sein Leichnam an einem Fenster aufgehängt wurde. Im Einvernehmen mit dem König von Neapel ergriff der Papst für seinen Neffen gegen Florenz Partei und forderte Genugtuung für die Entehrung eines Prälaten der Kirche. Die Angelegenheit wurde friedlich beigelegt, und der Papst ließ zum Gedenken in Rom die Kirche S. Maria della Pace errichten. Er feierte 1475 das erste Heilige Jahr. Als erster Papst bestätigte er offiziell den Namenstag des hl. Josef am 19. März.

213. INNOZENZ VIII. (1484-1492)

Giovanni Battista Cybo wurde 1432 in Genua geboren. Er schlug die Kirchenlaufbahn spät ein, als schon ein ausschweifendes und genußreiches Leben hinter ihm lag. Seine Wahl zum Papst war sicherlich das Ergebnis von Kompromissen und Intrigen. Sofort nach seiner Wahl erwirkte er die Anerkennung seiner illegitimen Kinder Theodorina und Franceschetto und verschaffte beiden zahlreiche Vorteile und Privilegien. Was heute als Skandal bezeichnet würde, wurde von der damaligen Gesellschaft allgemein toleriert. Nach der christlichen Rückeroberung Granadas, der letzten arabischen Bastion auf europäischem Boden, die Innozenz in einen Freudentaumel versetzte, verlieh dieser dem spanischen König Ferdinand den Beinamen "der Katholische". Der Papst erhielt zum Geschenk die Lanze, die Jesu in die Seite gestoßen worden war und die heute in der Peterskirche aufbewahrt wird. Er verschleuderte das gesamte Vermögen der Kirche aufgrund der Habgier und Gewinnsucht der Kurie, der er nichts zu verweigern imstande war, da diese ihn völlig in der Hand hatte. Sein Name erlangte traurige Berühmtheit wegen eines Dokumentes, das er auf Bitte zweier deutscher Inquisitoren erließ und das die Hexenverfolgung genehmigte. Er verurteilte den Humanisten und Philosophen Pico della Mirandola als Häretiker und verbot ihm, seine 900 Thesen zu diskutieren. Pico della Mirandola hatte ausgehend von der Hypothese einer strengen Reform der kirchlichen Sitten die Theorie aufgestellt, daß es unmöglich sei, den christlichen Glauben auf die klassische Philosophie zu gründen. Innozenz war trotz allem ein Mann der Renaissance und zeigte sich als solcher der Wissenschaft aufgeschlossen. Er unterzog sich als erster Mensch, von dem man weiß, einer Bluttransfusion. Er tat dies, um von seinen körperlichen Leiden geheilt zu werden, denn er war stets kränklich. Kurz nach der Transfusion verstarb er jedoch, und zwar am Vorabend der Entdeckung Amerikas. Zu seinen Gunsten sei daran erinnert, daß er Kolumbus beim spanischen König empfahl, als dieser um Unterstützung für sein Vorhaben warb.

214. ALEXANDER VI. (1492-1503)

Rodrigo Borgia wurde am 11. Januar 1431 in Játiva bei Valencia in Spanien geboren. Er war Neffe von Calixt III., von dem er mit 25 Jahren zum Kardinal ernannt worden war. Dieser Papst gilt allgemein als der Inbegriff von Korruption, Intrigen, Skrupellosigkeit und des völligen Mangels an moralischem Bewußtsein. Ihm wurden - oft zu Unrecht und mit zahllosen Übertreibungen - die schrecklichsten und schauerlichsten Verbrechen zugeschrieben. Von den Historikern wurde er allerdings zum Teil rehabilitiert, ebenso wie seine Tochter Lucrezia, der Verleumdungen aller Art zuteil wurden. Die Gestalt seines Sohns Cesare, Herzog von Valentinois, konnte allerdings kaum rehabilitiert werden; er war ein habgieriger, grausamer und skrupelloser Mensch, für den Alexander VI. ein maßgeschneidertes Reich errichtete. Der Papst unterstützte diesen in seinem Vorhaben, italienische Städte und Herzogtümer zu erobern, die dieser seiner Herrschaft einverleiben wollte. Hierbei suchte er sogar die Unterstützung eines seiner Feinde, Karls VIII. von Frankreich. Als er jedoch nicht mehr auf ihn angewiesen war, war Karl erneut der Feind, den es mit allen Mitteln zu bekämpfen galt. Gegen ihn versuchte der Papst verschiedene Allianzen zu begründen und traf sogar mit den Türken Absprachen. Anfänglich entwickelten sich die Dinge für Alexander nicht zum besten, doch schließlich gelang es ihm, die Situation zu seinen eigenen Gunsten zu wenden, so daß auf eine schwere Niederlage der glänzende Sieg folgte. Karl VIII. war gezwungen, sich jenseits der Alpen zurückzuziehen und nach Frankreich zurückzukehren. Im Jahr 1500 feierte der Papst das Heilige Jahr. Er ließ sich im Vatikan prächtige Wohngemächer errichten, die von Pinturicchio mit Fresken ausgestaltet wurden. Unter seinem Pontifikat wurde Amerika entdeckt. Als Alexander davon erfuhr, sandte er drei Bullen an Ferdinand und Isabella, mit denen er ihnen die Herrschaft über die neuen Inseln und die noch zu entdeckenden Länder gewährte. Doch infolge einer Konzession Papst Eugens IV. machte auch Johannes II. von Portugal Ansprüche geltend. Die Kontroverse zwischen den beiden Königen wurde von Alexander auf salomonische Weise gelöst. Wie eine bekannte Anekdote erzählt, zog er auf der Weltkarte eine Linie, mit der er die Welt in zwei Teile teilte, von denen er den einen Spanien und den anderen Portugal zusprach. Dies spiegelt sich noch heute in der Aufteilung Lateinamerikas wieder. Die Legende will, daß die beiden Könige dem Papst aus Dankbarkeit das erste aus Amerika eingetroffene Gold überbringen ließen, mit dem der Papst dann die Decke von S. Maria Maggiore ausschmücken ließ. Alexander war beim Volk und den römischen Adeligen aus vielerlei stichhaltigen Gründen verhaßt: Nepotismus, Korruption, Verschwendungssucht, Arroganz, unverhohlener Schutz der Spanier. Gegen ihn, seine Kinder und die Kurie predigte der Dominikanermönch Girolamo Savonarola. Als Alexanders Versuch scheiterte, diesen auf seine Seite zu schlagen, exkommunizierte er ihn und ließ ihn 1498 in Florenz bei lebendigem Leibe verbrennen. Aus verschiedensten Gründen wurde das Ende dieses Papstes allgemein herbeigesehnt. Er verstarb unvermittelt am 18. August 1503. Der Volksmund will, daß er versehentlich durch Gift umkam, mit dem er jemand anderen hatte vergiften wollen.

215. PIUS III. (1503-1503)

Francesco Todeschini-Piccolomini wurde 1439 in Siena geboren. Er war Neffe von Pius II., dessen Familiennamen er aufgrund eines päpstlichen Dekrets an den seinen anhängen durfte. Er war einer der Gegner von Alexander VI. gewesen und hatte sich geweigert, diesem seine Stimme zu verkaufen. Er war bereits betagt und gichtkrank, als sein Name auf dem Konklave genannt wurde. Da er sich seiner Grenzen bewußt war, hatte er mehrfach abgelehnt, doch das Kardinalskollegium bestand auf seiner Wahl. Sein Pontifikat dauerte nur 26 Tage, so daß ihm trotz sciner guten Absichten nicht die Zeit blieb, Maßnahmen in die Wege zu leiten.

216. JULIUS II. (1503-1513)

Giuliano della Rovere wurde am 5. Dezember 1443 unweit von Savona geboren. Er war Neffe von Sixtus IV. und - jedoch sicherlich nicht aus Eifersucht - ein eingeschworener Feind Alexanders VI., mit dem er zwölf Jahre zuvor gemeinsam für die Papstwahl kandidiert hatte. Die beiden hatten eine vollkommen antithetische Auffassung vom Leben und der Kirche. Während der gesamten Herrschaft von Alexander VI. hielt sich Kardinal Giuliano della Rovere von Rom fern; später als Papst wollte er nicht die Wohngemächer Papst Alexanders beziehen, die mit den prächtigen Fresken Pinturicchios geschmückt waren. Sein erstes Ziel war die Sanierung der päpstlichen Finanzen, die durch die elf Jahre lange Herrschaft des Borgia-Papstes ruiniert worden waren. Auf politischer Ebene ging er im Anschluß an das Bündnis mit Frankreich eine Allianz mit Spanien ein, denn er wollte ausschließlich den Interessen der Kirche dienen und ein übermäßiges Erstarken der Verbündeten verhindern. Als geschicktem Strategen und ehrgeizigem Politiker schwebte ihm ein geeinter italienischer Staat unter päpstlicher Herrschaft vor, wobei der römische Papst eine Führungsrolle und eine Vorrangsstellung gegenüber den anderen europäischen Staaten einnehmen sollte. Natürlich stieß er mit dieser Idee auf Opposition und Ablehnung, vor allem von seiten Ludwigs XII. von Frankreich. Julius II. war ein bedeutender Mäzen, wenngleich er, wie es heißt, die Künstler schlecht bezahlte. Dies mußte bekanntlich Michelangelo am eigenen Leibe erfahren, zu dem er ein schwieriges Verhältnis hatte, das mal von Launenhaftigkeit und Unverschämtheit, mal von Wertschätzung und Bewunderung gekennzeichnet war. Unter seiner Herrschaft vollendete Michelangelo die Dekoration des Deckengewölbes der Sixtinischen Kapelle, während Bramante den Auftrag erhielt, das Vorhaben zum Neubau der Peterskirche erneut aufzunehmen. Julius II. beauftragte Raphael, die Loggen und Stanzen mit Fresken auszugestalten, die er über den Wohngemächern Alexanders VI. für sich hatte erbauen und einrichten lassen. Im Jahr 1506 institutionalisierte er die von Sixtus IV. eingeführte Schweizer Garde und übertrug ihr den Schutz des Papsts und des Kirchenstaats. Julius II. ist in der Peterskirche bestattet. Sein Grabmal, mit dem er Michelangelo beauftragte und das aus Geldmangel unvollendet blieb, sollte ein großartiges Kunstwerk sein, das im Zentrum der Petersbasilika aufgestellt werden sollte. Heute ist nur noch die Statue des Moses erhalten, die in S. Pietro in Vincoli steht.

217. LEONE X. (1513-1521)

Giovanni de' Medici wurde am 11. Dezember 1475 als zweiter Sohn von Lorenzo il Magnifico ("des Prächtigen") in Florenz geboren. Mit 13 Jahren war er bereits Kardinal und wurde mit 38 zum Papst gewählt. Seine Herrschaft war eine Zeit der künstlerischen und kulturellen Blüte, denn er ließ die großartigsten Künstler und bedeutendsten Geister der Epoche für sich arbeiten: Raphael, Bramante, Michelangelo, Bembo, Pico della Mirandola ... Diese Künstler, Literaten und Philosophen konnten am päpstlichen Hof ihrer Kreativität uneingeschränkt Ausdruck verleihen, fanden aber auch Luxus und Vergnügungen vor. Leo sagte selbst: "Laßt uns das Papsttum genießen, denn es wurde uns von Gott übertragen." Die gleiche Einstellung vertrat der gesamte päpstliche Hof. Doch noch enger ist der Name dieses Papstes mit der lutherischen Reformation verbunden. Den Ablaßhandel, mit dem Leo X. den Bau der Peterskirche finanzierte, nahm der Augustinermönch zum Anlaß, seine berühmten 95 Thesen zu veröffentlichen, und begann deren Verbreitung durch eine rege und intensive Predigertätigkeit. Dies war einer der letzten Gründe, die zur Auflehnung und schließlich zur Reformation führten. Die Wurzeln reichten jedoch tiefer: Es war die unerhörte Sittenlosigkeit, in der vor allem die Angehörigen des Klerus in äußerster Gleichgültigkeit lebten und die elementarsten Prinzipien christlichen Lebens mit Füßen traten. Die Reformation fand eine rasche Verbreitung und Zulauf bei Fürsten wie dem Volk. Luther wurde vom Papst aufgefordert, nach Rom zu kommen und sich zu rechtfertigen, und schließlich auf seine Weigerung hin vom Papst exkommuniziert. Leo X. führte den Index ein, das Verzeichnis der für Katholiken verbotenen Bücher. Wie fast alle Päpste dieser Zeit nutzte er sein Papstamt zur Wahrung der Familieninteressen, indem er die Rückkehr der Medici nach Florenz unterstützte und seinem Neffen Lorenzo zum Herzog von Urbino machte. Er setzte vier Kardinäle ab, die in eine Verschwörung gegen ihn verwickelt waren. An ihrer Stelle ernannte er sogar 31 Kardinäle neu, die ein Gegengewicht zu den restlichen 13 des Kardinalskollegiums bilden sollten, welche nicht seine Zustimmung fanden. Er ergriff niemals eindeutig Partei weder für François I. noch für Karl V., sondern verbündete sich je nach persönlicher Interessenslage mal mit dem einen, mal mit dem anderen. Er verstarb plötzlich, ohne die Sakramente erhalten zu haben, vermutlich durch Gift.

218. HADRIAN VI. (1522-1523)

Adriano Florensz wurde am 2. März 1459 in Utrecht/Holland geboren. Er behielt seinen Namen nach der Papstwahl bei. Er war Rektor der Universität von Leuven, als ihn Kaiser Maximilian abberief und zum Erzieher des jungen Karl V. ernannte. Er war auch der Meister von Erasmus von Rotterdam gewesen. Später war er der Großinquisitor und Gouverneur von Spanien, als er "aufgrund seines makellosen Lebenswandels" zum Papst gewählt wurde. Er setzte sich mit Begeisterung und großem Engagement für das Wohl der Kirche ein, fand jedoch bei seiner Ankunft in Rom nicht nur die Pest, sondern auch eine feindselige Umgebung vor. Er war von unbeugsamem Charakter und streng gegen sich und die anderen. Er unternahm den Versuch, die Sitten der Kurie zu ändern, der jedoch fehlschlug. In allen Bereichen verfolgte er eine Sparpolitik, nicht nur durch Bekämpfung der Verschwendung, sondern auch durch die Kürzung notwendiger Ausgaben, wie zum Beispiel zur Bekämpfung der Reformation. Die beißende Ironie der römischen Bevölkerung, der er viele auch harmlose Vergnügungen untersagte, lernte er nie zu akzeptieren. Er ging schließlich soweit, ein Todesurteil gegen Pasquino, der den ursprünglichsten Ausdruck des römischen Witzes darstellte, zu verhängen, das glücklicherweise nicht vollzogen wurde. Hadrian schaffte sich durch sein Vorgehen zahlreiche Feinde, unter den einflußreichen Persönlichkeiten wie im Volk, so daß schließlich sein Arzt, der ihn vielleicht bewußt nachlässig gepflegt hatte, bei seinem Tod wie ein Volksheld gefeiert wurde. Er wurde aber von vielen als Heiliger angesehen. Er ließ den Reichstag von Nürnberg einberufen und dort durch einen päpstlichen Nuntius ein Schuldeingeständnis der Kirche verkünden, in der Hoffnung, auf diese Weise weite Teile Deutschlands zu einer Rückkehr zur katholischen Kirche bewegen zu können. Er versuchte, eine Aussöhnung zwischen Frankreich und Spanien herbeizuführen, um die beiden Herrscher für den Kampf gegen die Türken gewinnen zu können, die erneut eine Bedrohung darstellen. Er schrieb mehrfach an Friedrich den Weisen, der Luther schützte, und forderte ihn auf, sich von dessen Ideen zu distanzieren.

219. CLEMENS VII. (1523-1534)

Giulio de' Medici wurde 26. Mai 1479 in Florenz geboren. Er war ein Vetter von Leo X. und Neffe von Lorenzo il Magnifico. Seine Wahl zum Papst fiel in einen dramatischen Moment der Kirchengeschichte, denn die lutherische Reformation hatte ihren Höhepunkt erreicht und stellte das Papsttum und die katholische Kirche vor eine äußerst harte Probe. Clemens zeigte sich der Situation nicht gewachsen, denn er verkannte die Tragweite der Ereignisse, ergriff nur harmlose Maßnahmen und beschränkte sich darauf, die Privatinteressen seiner Familie wahrzunehmen. Im Konflikt zwischen Karl V. und François I. um die Vorherrschaft in Europa war Clemens auf seiten des französischen Königs, der ihm seine Unterstützung zugesagt hatte, um den Medici zur Rückkehr an die Macht in Florenz zu verhelfen. Hierdurch brach Clemens eine von Karl V. mit Papst Hadrian VI. geschlossene Übereinkunft. Im anschließenden Krieg wurde der französische König in der Schlacht von Pavia besiegt. Karl V. bestrafte den Verrat des Papstes durch eine exemplarische Vergeltungsmaßnahme: 1527 schickte er seine Landsknechte nach Rom, die die Stadt sechs Monate lang mit beispielloser Grausamkeit plünderten. Der Frieden wurde schließlich in Barcelona besiegelt. Karl V. sagte seine Unterstützung zu, den Medici zur Rückkehr an die Macht in Florenz zu verhelfen, und im Gegenzug wurde er vom Papst neuerlich als Kaiser gekrönt. Anfangs verurteilte Karl V. das Luthertum und verbot dessen Ausübung, ließ diese jedoch später zu, beeindruckt vom regen "Protest"

der lutherischen Fürsten (daher leitet sich die Bezeichnung “Protestanten” ab) und aus Furcht, ins Abseits gedrängt zu werden. Für die meisten dieser Fürsten war der Beitritt zum Protestantismus lediglich ein Vorwand, sich die Besitztümer der Kirche und der Klöster einzuverleiben. Das Vorgehen Karls V. war natürlich von politischen Überlegungen und nicht von religiösen Überzeugungen geprägt. In diesen Jahren verursachte auch Heinrich VIII. von England das Schisma der englischen Kirche. Der Grund dafür war die Weigerung des Papstes dessen Scheidung von Katharina von Aragonien zuzustimmen, damit der König mit Anna Boleyn die Ehe eingehen konnte. Heinrich VIII. ging wesentlich weiter als die anderen europäischen Herrscher, als er sich selbst zum Oberhaupt der anglikanischen Kirche proklamierte und denjenigen seiner Untertanen, die sich gegen seine Reform auflehnten, mit der Todesstrafe drohte.

220. PAUL III. (1534-1549)

Alessandro Farnese wurde am 29. Februar 1468 in Rom geboren. Er führte einen mondänen und genußsüchtigen Lebenswandel und hatte vier Kinder von ebensovielen Frauen. Mit 26 Jahren wurde er von Alexander VI. zum Kardinal ernannt, ohne die heiligen Weihen zu empfangen (denn der Kardinalstitel ist ein Ehrentitel, der auch Nichtklerikern verliehen werden kann). Er hatte kein Interesse an einer Kirchenlaufbahn. Im Alter von 46 Jahren jedoch zog er sich von der Welt zurück, empfing die heiligen Weihen und führte ein untadeliges Leben. Gebildet und gewandt in der Politik, genoß er die Wertschätzung der Päpste und der Kurie, so daß seine Wahl zum Papst rasch und einstimmig vor sich ging. Sein Programm läßt sich in drei Punkten zusammenfassen: Überwindung des Schismas, Reformierung der Kirche und Bekämpfung der Türken. Die großen Probleme, die bereits die vorangegangenen Pontifikate belastet hatten, verschärften sich unter Paul III. Zu den Problemen Luther, Zwingli und Heinrich VIII. kam in der Schweiz und anderen europäischen Ländern Calvin hinzu. Letzterer war der Verfechter einer noch strengeren und unnachgiebigeren Reform. Die katholische Kirche wurde von vielen Seiten angegriffen, auch von den Herrschern, die nach wie vor katholisch waren. Allseits wurde der Moment genutzt, um die in der Vergangenheit von der Kirche auferlegten religiösen, politischen oder finanziellen Bedingungen abzuschütteln, die stets auf Mißbilligung gestoßen waren. Paul III. nahm sich des Problems der Reformation mit großem Interesse an und bekämpfte sie sowohl im Bereich der Kirchendoktrin als aucl der Seelsorge. Er eröffnete 1542 das bereits zuvor angesetzte Konzil von Trient, das mehrfach unterbrochen wurde und insgesamt 18 Jahre dauerte. Auf dem Konzil wurde der traditionelle Katholizismus durch systematische Widerlegung der protestantischen Thesen bekräftigt. Paul III. ging noch weiter. Er verband die Proklamation der Doktrin mit einer regen seelsorgerischen Propagandatätigkeit des katholischen Gedankenguts, zu dessen Schutz er das Heilige Offizium einrichtete und einen neuen religiösen Orden begründete, die Gesellschaft Jesu (Jesuiten). Zur Unterbindung der Häresie beging er auch den politischen Weg, indem er Frieden zwischen Karl V. und François I. zu schaffen versuchte, um so eine einheitliche Front gegen die Protestanten ins Leben zu rufen. Er unternahm den Versuch einer radikalen Kirchenreform, die bei der Kurie ansetzte, und leitete schließlich die Gegenreformation ein. Ihm wurde zu Recht Nepotismus vorgeworfen, doch ihm lagen die Interessen der Kirche und der Stadt Rom, in der er eine rege bauliche Tätigkeit entfaltete, stets am Herzen. Herausragend sind sämtliche Werke, die er bei Michelangelo in Auftrag gab: die Neugestaltung des Kapitolshügels, das großartige Fresko des Jüngsten Gerichts in der Sixtinischen Kapelle, die Peterskuppel und der Palazzo Farnese in Rom. Er war ein von zahlreichen Wissenschaftlern und Schriftstellern seiner Zeit geschätzter Papst.

221. JULIUS III. (1550-1555)

Giovanni Maria Ciocchi del Monte wurde am 10. September 1487 in Rom geboren. Trotz des schwierigen Moments verbrachte er zu Anfang seiner Herrschaft zunächst seine Zeit mit Banketten, Jagden und Hofnarren. Bald sah er jedoch ein, daß er seinen Lebenswandel ändern mußte: Er nahm so das Konzil von Trient wieder auf, das einige Male zusammentrat, jedoch kurz darauf infolge der Auseinandersetzungen und schließlich des Krieges zwischen Karl V. und François I. abgebrochen wurde. Er setzte sich stark für den Frieden ein, indem er eine Versöhnungspolitik führte, die jedoch keinen Erfolg erzielte. Die Protestanten verbreiteten sich unter dem Namen Hugenotten in der Zwischenzeit auch in Schottland und in Frankreich. Julius genehmigte die von Ignatius von Loyola gegründete Universität für katholische Studien, die später nach ihrer Erweiterung durch Gregor XIII. "Gregorianische Universität" genannt werden sollte. Wie viele Päpste dieser Zeit betrieb auch er den Nepotismus. Seine Entscheidung, den 17jährigen Innocenzo del Monte, ein von seinem Bruder adoptiertes Findelkind zum Kardinal zu ernennen, rief einen Skandal hervor. Das von Paul III. proklamierte Heilige Jahr wurde unter seiner Herrschschaft 1550 begangen.

222. MARCELLUS II. (1555-1555)

Marcello Cervini wurde am 16. Mai 1501 in Montepulciano unweit von Siena geboren. Als letzter Papst behielt seinen Namen bei. Seine Herrschaft dauerte nur 22 Tage, in denen er sich durch seine Barmherzigkeit und moralische Integrität hervortat, insbesondere durch eine selten mutige Anordnung: Die für seine Krönung veranschlagten Ausgaben sollten zur Hälfte den Armen und zur anderen Hälfte der Kirche zugutekommen. Hierdurch wollte er der Kurie ein Beispiel an Austerität geben. Er war ein derart entschiedener Gegner des Nepotismus, daß er seinen Verwandten verbot, nach Rom zu kommen. Er starb an den Mühen des Papstamtes, die vielleicht durch eine Beinwunde verschlimmert wurden, von der niemand wußte. Für ihn komponierte Pieluigi da Palestrina seine berühmte "Messe für Papst Marcellus".

223. PAUL IV. (1555-1559)

Gian Pietro Carafa wurde am 28. Juni 1476 bei Benevento geboren. Als Bischof begründete er gemeinsam mit dem Hl. Kajetan von Thiene den Theatinerorden für die Pflege der Kranken und Verwundeten. Asketisch, energisch und unbeugsam bis zum Fanatismus, machte er sich mit Eifer und Entschlossenheit an die Kirchenreform, von der er stets geträumt hatte. Seine strengen Maßnahmen organisierten die Kurie und das Leben der religiösen Orden radikal neu. Um seine Ziele zu erreichen, setzte er Zwangsmaßnahmen ein, auch gegenüber berühmten Persönlichkeiten. Heute würde man sagen, daß er niemandem gegenüber irgendwelche Rücksicht nahm. Die gleiche Härte legte er gegenüber den Protestanten an den Tag. Sein wichtigstes Instrument für den Kampf war das von ihm begründete Inquisitionsgericht, das er gleichermaßen für Katholiken wie Protestanten einschaltete. Es waren dies Jahre des Terrors, da die Tortur systematisch und äußerst leichtfertig eingesetzt wurde, um ein Geständnis zu erpressen. Mit ebenso beispielloser Grausamkeit ging Maria Tudor, die Tochter Heinrichs VIII. und Katharinas von Aragonien, gegen die Anglikaner vor. Sie hatte nach ihrer Krönung den katholischen Glauben mit terroristischen Methoden wieder einzuführen versucht, denen sie den Beinamen "Bloody Mary" verdankte. Doch ihr Plan schlug fehl, denn ihre Schwester Elisabeth I., die ihr auf den Thron folgte, kehrte zu dem von ihrem Vater begründeten anglikanischen Glauben zurück. Paul IV. war unnachgiebig und intolerant gegenüber den Juden, die seit der römischen Antike in Rom lebten. Er erhöhte ihre Steuern, verbot ihnen die Ausübung sämtlicher Künste und Berufe, den Erwerb von Wohnungseigentum sowie den jüdischen Ärzten die Behandlung von Christen.

Außerdem ordnete er an, daß sie in einem abgegrenzten und abgeschlossenen Areal zu wohnen hatten, dem berüchtigten Ghetto, dessen Tore nachts verschlossen wurden und das nicht leicht zu verlassen war. Der Tod dieses Papstes wurde von den Juden verständlicherweise wie eine Befreiung gefeiert. Er entwickelte die Idee von Marcellus II. von einer Buchdruckerei weiter, aus der später die berühmte "Poliglotta Vaticana" hervorging. Sein Sekretär war Monsignor Della Casa, der Verfasser des berühmten "Galateo", einer Art italienischen Knigges. Als der Papst an Wassersucht starb, verbreitete sich die Nachricht von seinem Tod in kurzer Zeit. Es kam zu einem Aufstand des Volkes. Es stürmte den Inquisitionspalast und setzte diesen in Brand, befreite die Gefangenen und zerstörte die Statue des Papstes auf dem Kapitolshügel.

224. PIUS IV. (1559-1565)

Giovan Angelo de' Medici wurde am 31. März 1499 in Mailand geboren. Er war nicht mit den Medici aus Florenz verwandt, sondern ihm war vom Herzog von Toscana, einem Medici, angeboten worden, dessen Wappen zu übernehmen. Er wurde zum Papst gewählt, da er ein sanftmütiger Mann war, der sowohl für die Franzosen als auch für die Spanier als ungefährlich galt. Doch in Wirklichkeit stand er auf Seiten Spaniens und verhehlte dies nicht. Wenngleich er die Härte vieler Dekrete Pauls IV. milderte, führte er die Reform der Kirche konsequent und rigoros fort. Er eröffnete das Konzil von Trient wieder (1562) und brachte es ein Jahr darauf zum Abschluß. Sämtliche Dogmen des katholischen Glaubens wurden letztendlich bestätigt und die protestantische Reformation in all ihren Erscheinungsformen verurteilt. Insbesondere wurde die Oberhoheit des römischen Papstes proklamiert, eine Reform der Kirchendisziplin eingeleitet, sowie der Verkauf geistlicher Ämter (Simonie) und der Ablaßhandel verurteilt. Zusammenfassend kann man sagen, daß große Bemühungen unternommen wurden, um die Irrtümer zu korrigieren, die das protestantische Schisma hervorgerufen hatte. Außerdem wurde beschlossen, Maßnahmen zur Verteidigung gegen die Angriffe der Türken zu treffen. Aufgrund seiner strengen Regelung der Kurie, seines Wohlwollens für die Spanier, und der Härte seiner Steuerpolitik wurde gegen ihn eine Verschwörung angestiftet, doch gelang dem Papst die Rettung. Seine Neffen Carlo und Federico Borromeo ernannte er beide zu Kardinälen und Erzbischöfen von Mailand. Er gestaltete auch das Stadtbild Roms und der Städte des Kirchenstaates. Unter sämtlichen Bauwerken ist vor allem S. Maria degli Angeli in Rom zu erwähnen, die Michelangelo unter Ausnutzung der Ruinen der Diokletiansthermen errichtete. In dieser Basilika wurde der Papst auf seinen ausdrücklichen Wunsch bestattet.

225. HL. PIUS V. (1566-1572)

Antonio Michele Ghislieri wurde am 17. Januar 1504 bei Alessandria geboren. Er war Dominikanermönch und legte auch als Papst sein strenges Leben als Geistlicher nicht ab. Erklärtes Ziel seines Papsttums war, die Dekrete des Konzils von Trient zur Gänze umzusetzen. Mit besonderem Eifer widmete er sich der Reformierung der Sitten der Kirche. Diese waren der Anlaß der protestantischen Reformbewegungen gewesen, und bei diesen galt es anzusetzen. Er erließ daher strenge moralische und disziplinarische Vorschriften für Priester und förderte die Priesterseminare, indem er die Studien so organisierte, daß die neuen Priester nicht nur gute Sitten, sondern auch eine gute Bildung erhielten. Zu diesem Zweck veröffentlichte er den römischen Katechismus, ein leicht verständliches Handbuch, das insbesondere an die Gemeindepriester und Pfarrer gerichtet war, eine Art "Summa" des rechten Glaubens. Er verfügte die offizielle Einführung des Missale Romanum, des amtlichen Meßbuchs der römisch-katholischen Kirche. Um der Reformierung der Kirche mehr Nachdruck zu verleihen, schaltete er oft und gern das Inquisitionsgericht ein, wenn er auf übermäßigen und schuldhaften Widerstand stieß. Er führte den Index der verbotenen Bücher wieder ein und verlieh ihm seine endgültige Gestalt. Er exkommunizierte Elisabeth I. von England, die das anglikanische Ritual wieder eingeführt hatte. Unter seine das gesamte Abendland bedeutend war: die Seeschlacht von Lepanto von 1571, in der die christliche Flotte über die Türken siegte. Dies war der Anfang des unwiderbringlichen Niedergangs des osmanischen Reichs. Zum Gedenken an diesen Sieg führte Pius V. der Hl. Maria des Sieges bzw. des Rosenkranzes gewidmeten Feiertag ein. Sein Leichnam wird in der Sixtinischen Kapelle in S. Maria Maggiore verehrt.

226. GREGOR XIII. (1572-1585)

Ugo Boncompagni wurde am 1. Januar 1502 in Bologna geboren. Bevor er Papst wurde, hatte er einen Sohn, der Giacomo hieß. Er war allseits geschätzt, so daß das Konklave, das ihn wählte, nur einen einzigen Tag dauerte. Unter seiner Herrschaft erstarkten die verschiedenen römischen Interessensgruppen, angeführt von den namhaften römischen Patrizierfamilien, denen unter anderem Gregors energische Sparpolitik zu der sie der Papst gezwungen hatte, ein Dorn im Auge war. Er hatte sich zum Ziel gesetzt, die Reform der Institutionen und der Sitten im Geiste des Konzils von Trient weiterzuführen. Doch Papst Gregor besaß nicht die nötige Energie, um diese Sparpolitik durchzusetzen. Er betrieb vielmehr den Nepotismus, obwohl er nach Austerität strebte. So ernannte er mehrere seiner Neffen zu Kardinälen, und seinen Sohn Giacomo zum Gouverneur der Engelsburg. Auf politischer Ebene war sein Handeln weitgehend wirkungslos und von einigen Fehleinschätzungen gekennzeichnet. Er nahm, zum Beispiel, die Nachricht vom Blutbad an den Hugenotten in der Bartholomäusnacht (1572) mit Genugtuung entgegen, da er irrtümlich annahm, daß dies zu einem neuen Religionsfrieden in Frankreich führen würde. Er begünstigte und unterstützte die Kampfhandlungen Philipps II. von Spanien gegen England, da er so im Sinne der Stärkung des Katholizismus in England zu handeln vermeinte. Er ging sogar soweit, einen Plan zur Ermordung Elisabeths I. zu genehmigen. Seine Verdienste lagen auf anderen Gebieten, nämlich in seinem Interesse an Kultur und Wissenschaft. Er förderte die Studien des Klerus durch Einrichtung von Priesterseminaren, Internaten und Schulen ("Collegio Romano", "Università Gregoriana"...). Er hatte eine große Leidenschaft für die Astronomie, so daß er innerhalb des Vatikans den "Turm der Winde" errichten ließ, den ersten Vorläufer der berühmten Sternwarte, die sich heute in Castelgandolfo befindet. In diesem Turm trafen die bedeutendsten Wissenschaftler der damaligen Zeit zusammen, um Studien zu betreiben und die Ergebnisse ihrer Forschungstätigkeit vorzutragen. Dies führte zur Reform des Kalenders, der ruhmreichtsten Errungenschaft Gregors. Der alte, nach Julius Cäsar benannte Julianische Kalender wurde durch den neuen Gregorianischen Kalender ersetzt (1582), der noch heute in aller Welt verwendet wird. Auf dem Quirinalshügel ließ er den Quirinalspalast als päpstlichen Sommersitz errichten.

227. SIXTUS V. (1585-1590)

Felice Peretti wurde am 13. Dezember 1521 in Grottammare in der Provinz Ancona geboren. Er war Franziskanermönch und General in diesem Orden. Die Legende will, daß er das Konklave gebeugt und elend betrat, sich jedoch nach seiner Wahl stolz aufrichtete und ein gesundes Aussehen angenommen hatte. In der Politik war er trotz einer gegenseitigen Abneigung ein Verbündeter des spanischen Königs Philipps II., dessen Pläne er unterstützte, die jedoch alle fehlschlagen sollten: Beiden gelang es nicht zu verhindern, daß der Calvinist Heinrich von Navarra den französischen Thron bestieg. Und gemeinsam mit der unbesiegbaren Armada (1588) ging auch ihr Traum unter, den Katholizismus in England wieder erstarken zu sehen. Er war ein erklärter Gegner des Nepotismus, streng und von eisernem Willen, und zog die zuvor eingeleiteten Reformen unbeugsam durch, ohne irgendwelche Rücksicht zu nehmen, weder auf religiöse Orden, Adelige noch auf gewöhnliche Katholiken. Er führte den Kirchenstaat mit gewissenhafter Hand, insbesondere durch die Wiederherstellung der öffentlichen Ordnung mit furchterregenden und unnachsichtigen Methoden. Zwei Galgen standen - nicht nur zur Mahnung - stets vor der Engelsburg bereit. Es kam zu zahlreichen

Verurteilungen, denen Menschen aus allen sozialen Schichten zum Opfer fielen: Übeltäter, Banditen und Adelige. Die Auswirkungen auf die öffentliche Ordnung waren positiv: Das Banditenwesen wurde ausgerottet, und in Rom und dem Kirchenstaat kehrten wieder Ruhe und Sicherheit wie nie zuvor ein. Bei alledem war der Papst nicht sehr beliebt, wohl weil er oftmals private Interessen berührte. Bei seinem Tode kam es daher zu Unruhen, und um ein Haar wurde seine Statue auf dem Kapitolshügel gestürzt. Das Stadtbild und die Stadtplanung lagen ihm am Herzen. Er stellte einen der ersten Bebauungspläne auf, in dem er die vier größten Basiliken als Hauptentwicklungspunkte festlegte. Er ließ vier Obelisken auf vier verschiedenen Plätzen aufstellen. Hierbei kam es auf dem Petersplatz zu der berühmt gewordenen Episode, wo ein Genueser Matrose "Wasser auf die Seile !" rief, um den Obelisken vor dem sicheren Fall zu bewahren. Er ließ neue gerade Straßen bauen, beendetete die Peterskuppel in Rekordzeit, schloß die Arbeiten am Quirinalspalast und am Felix-Aquädukt ab, ließ einen neuen apostolischen Palast im Vatikan und einen weiteren bei der Lateransbasilika bauen, neben dem er die berühmte Heilige Treppe errichten ließ, und weihte außerdem die Kirche "Trinità dei Monti".... Er legte die Zahl der Kardinäle mit 70 fest. Er verstarb im neuen Quirinalspalast und wurde in S. Maria Maggiore bestattet.

228. URBAN VII. (1590-1590)

Giovanni Battista Castagna wurde am 4. August 1521 in Rom geboren. Ein sanftmütiger und wohltätiger Mann, der zu Beginn seiner Herrschaft einige denkwürdige Veranlassungen traf: Er ließ ein Verzeichnis der ärmsten Familien aufstellen, um diese zu unterstützen, ordnete an, daß der Heilige Stuhl durch die Gründung der Pfandleihanstalt "Monte di pietà" einen Teil der Schulden des Volks übernehmen sollte, und stellte eine stolze Summe aus seinem Privatvermögen zur Verfügung, um mittellosen Mädchen eine Aussteuer zu zahlen. Leider hatte er nicht mehr die Zeit, auch nur eines dieser Projekte durchzuführen, doch dem Volk genügten seine guten Absichten, um ihn zu verehren und um ihn zu trauern. Er verstarb unvermittelt an Malaria.

229. GREGOR XIV. (1590-1591)

Niccolò Sfrondati wurde am 11. Februar 1535 in Somma in der Lombardei geboren. S. Carlo Borromeo brachte ihn dazu, sich der Kirche zu widmen, und er schloß auch mit den späteren Heiligen Filippo Neri und Luigi Gonzaga Freundschaft. Fromm, bescheiden und umgänglich, war er der Mystik zugeneigt und eher für die Seelsorge als für Regierungs- und politische Aufgaben begabt. Da er von jeher kränklich war, übertrug er die Verwaltung der Stadt seinem jungen Neffen, der habgierig und unerfahren war, und ernannte ihn zum Kardinal und Staatssekretär. Er stand auf seiten Philipps II. und bezog Position gegen den französischen König Heinrich IV., der von ihm exkommuniziert wurde, weil er die französischen Protestanten gefördert und unterstützt hatte. Er versuchte, ein Bündnis gegen den Monarchen aufzubauen, scheiterte jedoch. Er war ein volksnaher Papst und gewährte Schutz und Nahrungsmittel während einer Pestepidemie und einer Hungersnot. Er verstarb nach zehn Monaten Amtszeit.

230. INNOZENZ IX. (1591-1591)

Gian Antonio Facchinetti wurde am 20. Juli 1519 in Bologna geboren. Er war von gütigem und sanftmütigem Charakter und ein sehr geschickter Diplomat. Pius V. sandte ihn als apostolischen Nuntius nach Venedig, um die Heilige Liga ins Leben zu rufen, die in der Schlacht von Lepanto (1571) schließlich über die Türken siegen sollte. Als er zum Papst gewählt wurde, war er bereits betagt und krank. Er war die zwei Monate seiner Herrschaft ans Bett gefesselt - man nannte ihn daher Pontifex clinicus. Diese Zeit, in der zudem eine Pestepidemie ausbrach, reichte ihm gerade dazu, um die Sanierung der Staatsfinanzen in die Wege zu leiten und einige Regelungen zur öffentlichen Ordnung zu erlassen. Kurz vor seinem Tod begünstigte er zwei seiner Neffen, indem er einen zum Kardinal und den anderen zum Oberbefehlshaber der Flotte ernannte.

231. CLEMENS VIII. (1592-1605)

Ippolito Aldobrandini wurde am 24. Februar 1536 in Fano als Sohn einer einflußreichen Florentiner Familie geboren. Gegen seinen Willen wurde er einstimmig zum Papst gewählt. Kultiviert, gebildet und sittenstreng, betrieb er jedoch einen überzogenen Nepotismus: außer einen gewissen Hang zum Luxus kann man ihm nur diesen Fehler vorwerfen. Ansonsten nahm er sich des Wohlergehens des Volkes sowie der Kirchenreform im Geiste der Erlasse des Konzils von Trient an. Es gelang ihm, Frieden zwischen Frankreich und Spanien zu schließen, und er schuf so die Voraussetzung für eine Zeit der Stabilität in Europa. Bei dieser Gelegenheit hob er die Exkommunizierung Heinrichs IV. auf, als sich dieser öffentlich vom Protestantismus distanzierte, den er zuvor gefördert und unterstützt hatte. Die Folge dieses Friedens war, daß den Protestanten das Recht der freien Religionsausübung zugestanden und der Katholizismus rehabilitiert wurde. 1600 wurde mit großem Pomp das Heilige Jahr begangen, während gleichzeitig der Dominikanermönch und Philosoph Giordano Bruno verurteilt und auf dem Scheiterhaufen verbrannt wurde, weil er einige Wahrheiten der Kirche abgelehnt hatte. Klemens protegierte jedoch auch Kunst und Künstler und ließ sich in Frascati bei Rom eine prächtige Villa als Sommerresidenz errichten. Er verstarb plötzlich während einer Sitzung des Inquisitionsgerichts, vermutlich an einem Gehirnschlag.

232. LEONE XI. (1605-1605)

Alessandro de' Medici wurde am 2. Juni 1535 in Florenz geboren. Auf dem Konklave trug er den Sieg über den Favoriten, den berühmten Kardinal Baronio davon. Mit dem Theologen hl. Filippo Neri verbanden ihn tiefe Freundschaft und Verehrung. Als echter Asket war er gütig und großzügig zu anderen und hart gegen sich selbst. Er war ein erklärter Gegner des Nepotismus. Seine Herrschaft dauerte lediglich 27 Tage. Während dieser Zeit bemühte er sich, das kaiserliche Heer zu unterstützen, das in Ungarn gegen die Türken kämpfte. Er verstarb wenige Tage nach einem Sturz vom Pferd, auf dem Weg zu seiner Krönung im Lateranspalast.

233. PAUL V. (1605-1621)

Camillo Borghese wurde am 17. September 1552 in Rom oder Siena geboren. Er war ein geschätzter Jurist und Diplomat und wurde auf einem schwierigen und tumultreichen Konklave zum Papst gewählt. Er betrieb den Nepotismus im großen Stil und behielt im Papstpalast den Prunk und die Freiheiten bei, die in seiner Familie üblich waren. Dessen ungeachtet regierte er mit gerechter und fester Hand. Wo es galt, die Interessen der Kirche im Kampf zu verteidigen, tat er dies mutig und entschlossen. Emblematisch ist seine Auseinandersetzung mit der Stadt Venedig, die in zweifacher Hinsicht das Kirchenrecht mit Füßen getreten hatte. Einmal, als sie zwei Kirchenmänner vor ein Zivilgericht stellen und verurteilen ließ, anstatt dem päpstlichen Nuntius zu übergeben; und ein zweites Mal, als sie das Verbot erließ, ohne die Zustimmung der Zivilautoritäten Kirchen zu erbauen oder der Kirche Schenkungen und Nachlässe zu übereignen. Paul V. sprach das Interdikt gegen die Stadt aus und exkommunizierte den Dogen und den Senat. Hierauf löste Venedig eine Polemik aus, die ganz Europa zwei Jahre lang in Atem hielt. Berühmt geblieben ist der Disput zwischen Roberto Bellarmino, der auf seiten des Papstes stand, und Paolo Sarpi, der für Venedig Partei ergriff. Schließlich wurde der Streit durch das Eingreifen Heinrichs von Navarra beigelegt. Es gab keine Sieger, doch die päpstliche Autorität war schwer angeschlagen und wurde auch von einigen Katholiken als zu absolutistisch beurteilt. Als nachhaltig negativ erscheint heute die Tatsache, daß Paul V. die Verurteilung der Thesen des Kopernikus durch die Inquisition bestätigte und diese als töricht, unzusammenhängend und im Widerspruch zu den Heiligen Schriften stehend bezeichnete. Auch Paul V. nahm sich des Stadtbilds Roms an. Er erwies dem Volk einen großen Dienst, als er das Trajans-Aquädukt instandsetzen ließ, mit dem das Wasser des Lago di Bracciano über die Via Aurelia bis nach Trastevere geleitet wurde. Er war ein großer Gönner der Kunst; seine Lieblingskünstler waren Guido Reni und Carlo Maderno, der in seinem Auftrag die imposante Fassade des Petersdoms errichtete. Er wurde in der Basilika S. Maria Maggiore bestattet.

234. GREGOR XV. (1621-1623)

Alessandro Ludovisi wurde am 9. Januar 1554 in Bologna geboren. Er wurde am Ende eines kurzen und ruhigen Konklave gewählt, denn er stand jeglichen politischen Ränkespielen fern. Von schwacher Konstitution, ließ er sich bei den Regierungsaufgaben von seinem energischen Neffen Ludovico unterstützen, den er zum Kardinal ernannte. Er verlieh den Bestimmungen zum Konklave ihre endgültige Form, in der diese bis Paul VI. in Kraft blieben. Er untersagte insbesondere den Kardinälen, sich an den politischen Umtrieben der verschiedenen europäischen Staaten zu beteiligen und legte ihnen stattdessen Diskretion nahe. Gregor XV. begründete die Congregatio de Propaganda Fide, die mit der Aufgabe betraut wurde, die Evangelisierung in aller Welt zu fördern und zu koordinieren. Als würdigen Sitz ließ er für diese Kongregation einen von Bernini und Borromini entworfenenen Palazzo nahe der Piazza di Spagna errichten. Er sprach den Theologen hl. Filippo Neri aufgrund dessen selbstlosen Einsatzes für die Armen, Bedürftigen und Pestkranken heilig. Auch Ignatius von Loyola, Theresia von Avila und Francesco Saverio wurden von ihm kanonisiert. Gegen den Nepotismus war er allerdings nicht gefeit. Er wurde in Rom in S. Ignazio bestattet, der Kirche, die sein Neffe Ludovico für die Jesuiten hatte erbauen lassen.

235. URBAN VIII. (1623-1644)

Maffeo Barberini wurde 1568 in Florenz geboren und erhielt seine Ausbildung bei den Jesuiten. Seine Wahl zum Papst überraschte ihn derart, daß er selbst um eine erneute Abstimmung bat. Er wurde einstimmig bestätigt. Er war ein gebildeter und hochintelligenter Mensch. Obwohl er den Nepotismus im großen Stil betrieb, untersagte er seinen Verwandten jedoch, sich in die Angelegenheiten der Kirche einzumischen, doch begünstigte und protegierte sie ansonsten auf jede erdenkliche Weise. Er verurteilte die jansenistischen Theorien. Unter seiner Herrschaft wurde Galileo Galilei verurteilt, der wie schon Kopernikus die Theorie von der Sonne als Weltmittelpunkt vertrat. Der große Astronom war, um sein Leben zu retten, gezwungen, seine Theorien zu widerrufen. Der Papst schützte ihn, indem er die von der Inquisition beschlossene lebenslängliche Haftstrafe in die Verbannung nach Arcetri umwandelte. Die stadtplanerischen und baulichen Unternehmungen Urbans waren äußerst zahlreich und bedeutend. Er ließ das Pantheon restaurieren, allerdings auch die bronzenen Verstrebungen über dem Portikus entfernen, die Bernini anschließend einschmolz, um die monumentalen gewundenen Säulen für den berühmten Baldachin in der Peterskirche zu schaffen. Urban VIII. ließ den Palazzo Barberini errichten, heute Sitz eines bedeutenden Museums, sowie die Stadtmauer um Rom erweitern und verstärken. Er ließ die Papstvilla in Castelgandolfo erbauen, die den Päpsten seither mit ihrem weitläufigen Park mit jahrhundertealten Bäumen als Sommerresidenz dient. Trotz seiner Verdienste wurde dieser Papst bei seinem Tode nicht vom Volk beweint, denn dieses hatte die Steuern nicht vergessen, die es zur Finanzierung der öffentlichen und privaten Bauwerke hatte entrichten müssen. Urban VIII. ernannte insgesamt 78 Kardinäle, darunter den berühmten Kardinal Mazarin, den späteren Minister präsidenten Frankrciclis.

236. INNOZENZ X. (1644-1655)

Giovanni Battista Pamphili wurde am 7. Mai 1574 in Rom geboren. Sofort nach seiner Wahl zum Papst ließ er wegen des unter Urban VIII. betriebenen Mißbrauchs einen Prozeß gegen die Familie Barberini eröffnen, den er jedoch kurz darauf aus Furcht vor einer Reaktion der Franzosen, die eine enge Freundschaft mit den Barberini verband, wieder einstellen ließ. Er unterstützte die Venezianer im Krieg gegen die Türken und erlebte das Ende des Dreißigjährigen Krieges, der mit dem Sieg der protestantischen Staaten endete. Auf Aufforderung von 80 französischen Bischöfen verurteilte er erneut die jansenistischen Doktrinen zur Gnade und zur Prädestination. In jenen Jahren dominierte eine berühmte Frauengestalt in Rom, nämlich Donna Olimpia Maidalchini, Schwägerin des Papstes. Ehrgeizig, habgierig und intrigenschmiedend war sie im politischen und sozialen Leben Roms allseits präsent und wurde zur bedeutendsten Persönlichkeit der Kurie. Von dieser Position aus steuerte sie nach ihrem Belieben Ereignisse und Personen, wobei sie dem Papst mehrfach unliebsame Zwischenfälle bereitete; dieser schützte sie jedoch stets. Innozenz X. beging mit großem Prunk das Heilige Jahr 1650. Intelligent, aufgeschlossen und sensibel, nahm er sich des Loses der Unglücklichsten und Schwächsten an. Er ließ neue Gefängnisse nach Kriterien erbauen, die für die damalige Zeit ungewöhnlich menschenfreundlich gestaltet waren. Er schrieb an den Zar Alexander, um eindringlich auf das Problem der Leibeigenen hinzuweisen und deren Befreiung zu fordern. Bernini, Borromini und andere bedeutende Künstler schufen für ihn große und berühmte Kunstwerke, so unter anderem das weitläufige barocke Szenarium der Piazza Navona, das neugestaltene Kircheninnere der Lateransbasilika, sowie die Villa Pamphili auf dem Gianicolo. Man erzählt sich, daß nach seinem Tod sein Leichnam drei Tage lang unbeachtet blieb. Niemand kümmerte sich um seine Bestattung, außer einige Arbeiter, die ihn aufbahrten und die Totenwache hielten. Erst später nahmen sich seine Familienangehörigen seiner Bestattung an, Donna Olimpia jedoch blieb gänzlich untätig.

237. ALEXANDER VII. (1655-1667)

Fabio Chigi wurde am 13. Februar 1599 in Siena geboren. Seine Herrschaft stand unter dem Schatten der Streitigkeiten mit Ludwig XIV. und Kardinal Mazarin, die in Frankreich eine autonome Nationalkirche zu begründen versucht hatten, die sogenannte "gallikanische" Kirche. Von ihnen mußte der Papst mehrfach Beleidigungen und Erniedrigungen hinnehmen. Er reagierte mit der Verurteilung der jansenistischen Theorien, die sich in Frankreich mit außergewöhnlichem Erfolg verbreitet hatten. Er begünstigte seine Neffen und verhalf ihnen zur unmäßigen Vergrößerung des bereits beträchtlichen Familienvermögens. Er empfing in Rom die zum katholischen Glauben konvertierte Christine von Schweden und lud sie zum Verbleib ein. Sie hatte auf den Thron verzichtet, um sich ganz der Religion zu widmen. Er schützte sie stets, auch dann, wenn sie ihm Probleme bereitete. Als großzügiger Mäzen und Kunstliebhaber protegierte er die Künstler, mit denen er sich oftmals zum Gespräch zusammenfand, Ideen austauschte und Lösungen vorschlug. Auf ihm geht wohl die Idee zurück, die Bernini schließlich beim Bau der monumentalen, den Petersplatz abgrenzenden Kolonnaden inspirierte. Außerdem war er aktiv an der Planung der prächtigen "Glorie" beteiligt, die die Apsis des Petersdoms schmückt. Er gründete die auch heute noch bestehende Universitätsbibliothek ("Biblioteca Alessandrina").

238. CLEMENS IX. (1667-1669)

Giulio Rospigliosi wurde am 27. Januar 1600 in Pistoia geboren. Er war ebenso gebildet wie großzügig zu den Armen: Täglich lud er zehn Bettler an seinen Tisch und bediente diese persönlich. Er führte steuerliche Erleichterungen ein, indem er bestimmte Steuern senkte und andere abschaffte. So gelang ihm die Sanierung der Staatsfinanzen. Er schuf eine neue Beziehung zu den Gläubigen, denn er nahm Büßern die Beichte ab und empfing alle ohne Unterschied. Er war eine aktiver Vermittler im Devolutionskrieg zwischen Frankreich und Spanien, der durch den Aachener Frieden beendet wurde (1668). Auch er pflegte in gewisser Weise den Nepotismus, denn er übertrug Angehörigen seiner Familie prestigereiche Ämter, forderte jedoch von ihnen, daß sie ein ehrliches und diszipliniertes Leben führten und sich mit einem nicht überhöhten Entgelt begnügten.

239. CLEMENS X. (1670-1676)

Emilio Altieri wurde am 12. Juli 1590 in Rom geboren. Er wurde im Alter von 80 Jahren unerwartet zum Papst gewählt. Fast alle Aufgaben legte er in die Hände von Kardinal Paluzzi, seines Neffen, der de facto die Rolle des Papstes annahm. Dieser betrieb den schamlosesten Nepotismus und durch sein anmaßendes Auftreten rief er die Unzufriedenheit der Kurie und des Volks hervor. Trotz der unermüdlichen venezianischen Verteidigung und der Hilfe des Papstes konnte nicht verhindert werden, daß Kreta von den Türken in Besitz genommen wurde. In der Zwischenzeit waren diese auch in Polen eingefallen. Clemens unterstützte nach Kräften Johannes Sobieski, der gegen die Türken ins Feld zog und 1673 den ersten Sieg über sie davontrug. Er beging das Heilige Jahr 1675 mit großen Feierlichkeiten, die eine Unzahl von Gläubigen nach Rom zogen.

240. INNOZENZ XI. (1676-1689)

Benedetto Odescalchi wurde am 19. Mai 1611 in Como geboren. Er wurde zum Papst gewählt, obwohl er dies zunächst mehrfach abgelehnt hatte. Er führte ein genauso integres Leben wie vor seiner Wahl weiter und forderte von seinem Umfeld ein ebensolches Verhalten. Er war ein überzeugter Gegner des Nepotismus. Besondere Sorgfalt widmete er der Wahl der Priester, von denen er Ehrlichkeit und Bildung verlangte. Er sagte: "Lieber weniger Priester, aber dafür gute Priester". Er setzte all seine beträchtlichen, in der gesamten katholischen Welt zusammengetragenen Mittel ein, um Johannes Sobieski bei dessen neuem Feldzug gegen die Türken zu unterstützen. Diese hatten den Balkan durchquert und standen schließlich vor Wien. Hier hatte sich der österreichische Kaiser Leopold I. zurückgezogen. Die Türken wurden besiegt und die Stadt Wien befreit. Ab diesem Zeitpunkt verlor der Islam im Balkan wie in Europa an Boden. Zum Gedenken an den christlichen Sieg wurde der Feiertag des Namens Marias eingeführt. Auch mit Ludwig XIV. hatte Innozenz heftige Kämpfe zu führen. Dieser hatte mit der stillschweigenden Duldung von 34 französischen Bischöfen die autonome und unabhängige gallikanische Kirche begründet, die auf einer Versammlung die folgenden vier Thesen verkünde: 1. Der Autorität des Papstes sind Grenzen gesetzt. 2. Das Konzil steht über dem Papst. 3. Der König ist vom Papst unabhängig. 4. Der französische König hat einen königlichen Anspruch auf die Besitztümer der Kirche. Sämtliche Thesen wurden natürlich von Innozenz verurteilt, der den vom französischen König ernannten Bischöfen seine Anerkennung verweigerte. Großes Leid fügten dem Papst auch die erbitterten Verfolgungen, die der Sonnenkönig gegen die französischen Protestanten auslöste, als er das Recht der freien Religionsausübung abschaffte, welches ihnen von Heinrich von Navarra zugestanden worden war. Der Papst verurteilte dieses Vorgehen nachdrücklich. Außerdem verdammte er eine neue Häresie, den Quietismus - "Nicht selbst handeln, sondern Gott handeln lassen" -, der anfangs die Zustimmung des Papstes genossen hatte. In der Regierung über Rom war er gerecht und streng. Den Laxismus der Jesuiten und anderer religiöser Orden bekämpfte er, indem er diese zur getreulichen Einhaltung der Regeln aufrief. Er wurde von Pius XII. seliggesprochen.

241. ALEXANDER VIII. (1689-1691)

Pietro Ottoboni wurde am 22. April 1610 in Venedig geboren. Er wurde im Alter von beinahe 80 Jahren zum Papst gewählt, vielleicht auf Druck Ludwigs XIV., dem gegenüber er ein größeres Entgegenkommen als die vorangegangenen Päpste an den Tag legte. Die Annäherung war jedoch rein äußerlich, da er im wesentlichen nicht von der Linie seines Vorgängers abwich. So verurteilte er die vier Thesen der "gallikanischen Freiheit" und erkannte die vom König ernannten Bischöfe nicht an. Er war freisinnig und lebenslustig wie ein Renaissancefürst und milde in der Regierung des Kirchenstaats. Er senkte die Steuern und gewährte den Bauern den freien Verkauf ihres Getreides. Sein überzogener Nepotimus ließ ihn manchen Fehler begehen - z. B. erhob er unwürdige Familienangehörige zu zivilen und kirchlichen Würdenträgern. Er bewies jedoch seine Großzügigkeit, als er der Kirche die auf eigene Kosten erworbene Bibliothek der verstorbenen Königin Christine von Schweden schenkte. Unter seiner Herrschaft erstarkte das Banditenwesen, vielleicht begünstigt durch seine mangelnde Rigorosität.

242. INNOZENZ XII. (1691-1700)

Antonio Pignatelli wurde am 13. März 1615 in Spinazzola in Apulien als Sohn einer Fürstenfamilie geboren. Als überzeugter Gegner des Nepotismus ließ er die Kardinäle ein Dokument unterzeichnen, mit dem sich diese verpflichteten, dieses jahrhundertealte Übel der Kirche zu bekämpfen; jeder neue Papst sollte dieses Schriftstück firmieren. Dadurch zog er sich den Unmut derjenigen zu, die sich dank der Päpste innerhalb der eigenen Familie bereichert hatten, sowie derer, die auf eine zukünftige Bereicherung hofften. Er bekämpfte den Luxus und förderte die Disziplin und die geistliche Betätigung des Klerus, dem er vorschrieb, stets den Talar zu tragen und sich den geistlichen Exerzitien zu widmen. Er verurteilte den Quietismus, der in seiner Einschätzung besagte, daß man sich lediglich dem Willen Gottes zu unterwerfen und sonst nichts zu tun habe, und daß die zur Kontemplation gelangte Seele keine weiteren tugendhaften Taten mehr benötige. Innozenz gelang die Beilegung der Streitigkeiten mit Ludwig XIV., indem er die vom König ernannten Bischöfe anerkannte. Der Sonnenkönig widerrief dafür im Gegenzug die vier Thesen der "gallikanische Freiheit" (s. 240 - Papst Innozenz XI.). Er förderte die Missionen in verschiedensten Teilen der Erde nachhaltig und stellte diesen beträchtliche Mittel zur Verfügung. Auch zur Finanzierung von Aktivitäten und Kriegen gegen den angestammten Feind, den Islam, bewilligte er hohe Summen. Für sich selbst nahm er dagegen einen so geringen täglichen Betrag in Anspruch, daß er beinahe in Armut lebte. Auf diese Weise hinterließ er seinem Nachfolger einen wahren Schatz - ein Vermögen von einer Million Scudi, eine für die damalige Zeit unvorstellbare Summe, die er sorgsamst in der Engelsburg bewachen ließ. Er proklamierte das Heilige Jahr 1700, dessen Ende er nicht mehr erlebte, da er vor Jahresende verstarb.

243. CLEMENS XI. (1700-1721)

Gian Francesco Albani wurde am 23. Juli 1649 in Urbino geboren. Als er gewählt wurde, hatte er die heiligen Weihen noch nicht erhalten und nahm die Wahl erst nach eindringlicher und wiederholter Aufforderung seitens des Kardinalskollegiums an. Er war eingeschworener Gegner des Nepotismus und ein Mann von großer moralischer und geistlicher Stärke. Er focht die jansenistischen Theorien an und verurteilte sie; auch legte er moralische Strafen für diejenigen fest, die seiner Verurteilung zuwiderhandelten. In der Politik war Clemens XI. kein Erfolg beschieden, und wenn er politische Maßnahmen ergriff, erzielten diese nicht die gewünschte Wirkung. Er versuchte, Ludwig XIV. und Leopold I. in der Frage der spanischen Erbfolge miteinander zu versöhnen, konnte sich jedoch kein Gehör verschaffen. Es gelang ihm nicht, sich Amadeus von Savoyen entgegenzusetzen, der das Königreich Sizilien in der Absicht okkupierte, anschließend die päpstlichen Gebiete zu besetzen. Er geriet in schweren Konflikt mit Kaiser Joseph I., bis es 1708 schließlich zum Krieg kam. Für die Regierung der Stadt und die Bewahrung ihrer Kunstschätze erließ er zum ersten Mal Bestimmungen, die unter anderem untersagten, Kunstwerken jeglicher Art aus Rom wegzuschaffen. In Rom und Bologna richtete er zwei Akademien für Malerei und Bildhauerei ein. Clemens ist auf seinen Willen unter dem Fußboden des Chors der Peterskirche bestattet.

244. INNOZENZ XIII. (1721-1724)

Michelangelo dei Conti wurde am 13. Mai 1655 in Poli im Latium geboren. Er stammte aus der gleichen Familie wie die Päpste Innozenz III., Gregor IX. und Alexander IV. Seine Gesundheit untersagte es ihm, sein Amt mit dem von ihm gewünschten Einsatz und der nötigen Energie wahrzunehmen. Er wurde durch seinen Bruder Bernardo Maria tatkräftig unterstützt, den er zum Kardinal ernannte. Er bestätigte die Verurteilung der jansenistischen Theorien. Mit großer Entschlossenheit griff er ein, um Disziplin in die spanische Kirche und die Gesellschaft Jesu zu bringen, die beide die Autonomie von Rom sowie ihre Machtbestrebungen verfolgten. Er belehnte Karl VI. mit dem Königreich von Neapel und Sizilien, doch es gelang ihm nicht, seine Feudalrechte durchzusetzen. Er kümmerte sich auch um die Finanzen des Kirchenstaats, indem er eine kluge Sparpolitik einführte. Er liebte und förderte die Künste und die Literatur.

245. BENEDIKT XIII. (1724-1730)

Pietro Francesco Orsini wurde am 2. Februar 1649 in Gravina in Apulien geboren. Um Dominikanermönch zu werden, verzichtete er auf das Erbe, das ihm als ältestem Sohn zustand. Er war ein brillanter Prediger und wurde mit 23 Jahren Kardinal und mit 75 Papst. Er nahm die Wahl zum Papst "aus Gehorsamkeit" an, trug jedoch weiterhin die Mönchskutte und behielt seine klösterlichen Gewohnheiten bei. Sein vordringlichstes Interesse galt seinem geistlichen Amt. Er widmete all seine Zeit den sakralen Zelebrationen und der seelsorgerischen Tätigkeit und erwartete dies auch von den Klerikern seiner Umgebung. Einschränkend dagegen waren für ihn die politischen und administrativen Aspekte seines Amtes. Daher übertrug er die weltliche Herrschaft der Kirche dem Kardinal Niccolò Coscia, der - zu Unrecht - sein volles Vertrauen genoß. Dieser erließ strenge Regeln für den Klerus, bei deren Überschreitung sogar der Kerker drohte. Doch seine Freunde konnten ungestraft tun, wonach ihnen der Sinn stand, und sich schamlos bereichern. Der Papst bestätigte die Verurteilung der jansenistischen Theorien, deren allmählichen Niedergang er mit Genugtuung zur Kenntnis nahm. Er feierte das Heilige Jahr 1725.

246. CLEMENS XII. (1730-1740)

Lorenzo Corsini wurde am 3. April 1652 in Florenz geboren. Er schlug die Kirchenlaufbahn erst spät ein und wurde mit 78 Jahren zum Papst gewählt. In Anbetracht seiner schlechten Gesundheit, die ihn häufig ans Bett fesselte, sowie einer beginnenden Erblindung, die schließlich zur völligen Blindheit führen sollte, ließ er sich von seinem Neffen Neri Corsini unterstützen, der sein Vertrauen weitgehend verdiente. Seine erste Handlung als Papst war ein Akt der Gerechtigkeit: Er bestrafte Kardinal Coscia samt derer, die sich durch Ausnutzung der Gutgläubigkeit Benedikts XIII. unrechtmäßig bereichert hatten. Kardinal Coscia wurde zu 10 Jahren Kerker verurteilt und mußte sein gesamtes Vermögen den Armen überlassen. Der Papst reglementierte - nach dessen Verbot durch Benedikt XIII. - das Lottospiel, das er innerhalb des Kirchenstaats mit der Begründung wieder zuließ, jeder könne sein Geld ausgeben, wie er es für richtig halte. Das Spiel wurde von der Apostolischen Kammer verwaltet, und die Einnahmen flossen in wohltätige Werke und öffentliche Bauaufträge. Clemens XII. unterstützte mit beträchtlichen Summen Venedig und Polen im Krieg gegen die Türken. Als erster Papst verurteilte er mit einer Bulle die Freimaurerei - eine aus England stammende geheime Bruderschaft - und bezeichnete sie als heterodox. Noch heute ist die Freimaurerei von der katholischen Kirche nicht anerkannt. Die Evangelisierung der östlichen Völker lag Clemens XII. sehr am Herzen, und er baute daher in diesen Gebieten die Missionen aus. Er machte die Kapitolinischen Museen der Öffentlichkeit zugänglich, ließ den berühmten Trevi-Brunnen erbauen und begann mit den Arbeiten an der Fassade der Lateransbasilika. Er ist im Inneren dieser Basilika bestattet.

247. BENEDIKT XIV. (1740-1758)

Prospero Lambertini wurde 31. März 1675 in Bologna geboren. Er schlug sehr früh die Kirchenlaufbahn ein und erreichte dank seiner brillanten Intelligenz und seiner großen Bildung rasch die höchsten Ämter. Er wurde auf einem Konklave gewählt, das sechs Monate lang andauerte. Die Entscheidung war die richtige, denn sie fiel auf einen ausgeglichenen, maßvollen und zutiefst frommen Mann, der den orthodoxen Glauben mit großem Interesse verteidigte, die Künste liebte und ein großer Mäzen und Politiker war. Diese Eigenschaften machten ihn zeit seines Lebens allseits beliebt und bewahrten sein Andenken auch noch lange Zeit nach seinem Tod. Auch den Nichtkatholiken war er sympathisch. Er ging das Problem der Aufklärung und des Absolutismus der christlichen Staaten mit großer Toleranz an, führte zahlreiche Erleichterungen ein und verzichtete selbst des öfteren auf eigene Vorteile. Er feierte das Heilige Jahr 1750. Auf dem Gebiet der Kirchendisziplin und der Religionsausübung war er sehr aktiv und ergriff wichtige Maßnahmen. So schaffte er zum Beispiel in der Toskana die Inquisition ab, verurteilte die Geheimbünde und die obszönen Druckwerke, verbot Duelle, verkündete mit Nachdruck die Unauflöslichkeit der Ehe und forderte die chinesischen Christen auf, ihre an Aberglauben grenzenden heidnischen Riten aufzugeben. Seine Steuerpolitik war ausgewogen und gerecht, und dank ihrer gelang ihm die Sanierung der Staatsfinanzen, so daß er schließlich einen Überschuß erzielte, der für gemeinnützige Projekte verwendet wurde. Er betrieb keinen Nepotismus, versuchte aber allen zu helfen, indem er die Interessen sämtlicher Parteien begünstigte. Die Kunst des Vermittelns setzte er im höchsten Maße ein. Er gründete mehrere Kunstakademien und setzte Preise aus, um die Studenten anzuspornen. Er restaurierte zahlreiche römische Baudenkmäler, darunter auch das Kolosseum.

248. CLEMENS XIII. (1758-1769)

Carlo dalla Torre Rezzonico wurde am 7. März 1693 in Venedig geboren. Seine Herrschaft fiel in einen für die Kirche schwierigen historischen Moment, denn fast alle europäischen Staaten durchliefen eine antiklerikale Phase und nahmen eine mehr oder wenige offen ablehnende Haltung gegenüber der Kirche ein. Diese feindselige ideologische Haltung äußerte sich nicht immer in direkten Angriffen, sondern sehr häufig auf indirektem Wege, indem zum Beipiel angestammte Privilegien der Kirche abgeschafft wurden. Eine dieser Positionen war auf die Theorien des Theologen Johannes Nikolaus von Hontheim zurückzuführen, der unter dem Pseudonym Justinus Febronius seine Ideen über die Begrenzung der Macht des Papstes und zugunsten der Staatskirche verbreitete. Klöster und religiöse Orden wurden aufgelöst, die Macht des Klerus eingeschränkt, Privilegien abgeschafft und Immunitäten aufgehoben. Der Papst wandte sich entschieden gegen all diese Maßnahmen und verteidigte die weltlichen Herrschaftsansprüche der Kirche, erreichte jedoch nichts. Einer anderen Frage nahm er sich persönlich an, als er mehrmals unter Vorweisen zahlreicher Dokumente die Jesuiten verteidigte, die in jenen Jahren verfolgt und systematisch aus sämtlichen katholischen Staaten vertrieben wurden, auch aus dem Kirchenstaat. Innerhalb von zehn Jahren wurde dieser Orden in Portugal, Frankreich, Spanien, in ihren Kolonien in Lateinamerika sowie im Königreich beider Sizilien ausgelöscht. Klemens XIII. empfing die Jesuiten in Civitavecchia unweit von Rom und erließ Bestimmungen zu ihren Gunsten, die jedoch ergebnislos blieben. Wie bereits Sixtus V. unternahm auch er den Versuch, die Pontinischen Sümpfe trockenzulegen, die Malariagebiet waren. Er ließ die Arbeiten zur Fertigstellung des Trevi-Brunnens vollenden.

249. CLEMENS XIV. (1769-1774)

Vincenzo Antonio Ganganelli wurde am 31. Oktober 1705 in Sant´Arcangelo bei Rimini geboren. Das Konklave war seinerzeit in zwei Lager geteilt, von denen das eine das Verbot der Jesuiten befürwortete und das andere dieses ablehnte. Als integrer und ehrsamer Mensch und Gegner des Nepotismus wurde Clemens gewählt, nachdem er sich ausdrücklich verpflichtet hatte, die Jesuiten nicht zu unterstützen. Das Problem sorgte für großes Aufsehen, und die Proteste gegen die Jesuiten waren so heftig und nachhaltig, daß Clemens schließlich gezwungen war, den Orden zu verbieten. 24.000 Ordensbrüder traten so dem weltlichen Klerus bei. Sie wurden aus fast allen europäischen Staaten vertrieben und fanden nur in Rußland und Preußen Zuflucht, wo sie sich zusammenschlossen und bis zur Wiederzulassung des Ordens unter Pius VII. blieben. Clemens wurde zu dieser Entscheidung durch die weltlichen Herrscher gezwungen, insbesonders durch die drei Bourbonenkönige von Frankreich, Spanien und Neapel. Im Gegenzug für dieses Opfer konnte Clemens einige Erfolge verzeichnen und zwar verpflichtete sich Ludwig XV., ihn bei der Bekämpfung der religionsfeindlichen Propaganda zu unterstützen, die Werke Voltaires zu verurteilen, sowie Benevent, Avignon und Venassino zurückzugeben. Er begründete im Vatikan das heute mit dem Museo Pio zusammengelegte Museo Clementino. Die Trockenlegung der Pontinischen Sümpfe wurde von ihm fortgeführt. Er verbot den schmählichen Usus der Entmannung der Sänger der Sixtinischen Kapelle, der berühmten "Voci bianche" (Knabenstimmen). Er verstarb auf so mysteriöse Weise, daß man von Gift sprach, und die Schuld wurde natürlich unweigerlich den Jesuiten zugeschoben.

250. PIUS VI. (1775-1799)

Giovanni Angelo Braschi wurde am 25. Dezember 1717 in Cesena in der Romagna geboren. Auch er mußte wie schon Clemens XIV. das Versprechen ablegen, das er die Gemeinschaft Jesu nicht wieder aufbauen würde. Sein gemäßigter Nepotismus wurde durch eine große Liebe zu Kultur und Kunst, durch seine Umgänglichkeit und ein ehrliches und zutiefst religiöses Leben gemildert, wenngleich er einen gewissen Hang zur Prunksucht und Eitelkeit nicht verleugnen konnte. Doch an die Stelle seiner anfänglichen Leichtfertigkeit trat in späteren Jahren ein großer Mut. Seine erste wichtige Handlung als Papst war die Verkündung des Heiligen Jahres 1775. Nach den ersten ruhigen Jahren jedoch änderten sich die Dinge, und Pius VI. wurde mit zwei Ereignissen von außergewöhnlicher historischer Tragweite konfrontiert, nämlich der französischen Revolution und dem präpotenten Emporstreben Napoleons. Beide Ereignisse verursachten ihm wie der Kirche Probleme und Leid. Die vom Papst verurteilte Revolution war klar antiklerikal und verfolgte Kirche und Priester. Napoleon stellte dagegen eine reale Bedrohung für das Weiterbestehen des Kirchenstaats dar und er versuchte er in der Tat, diesen mit einem Vorwand zu zerstören. Anfangs zwang er den Papst, in Tolentino einen demütigenden Traktat zu unterzeichnen, durch den er auf den Besitz von Avignon, Venassino, Bologna, Ferrara und die gesamte Romagna verzichtete. Außerdem verpflichtete er sich zur Zahlung einer immensen Summe - 31 Millionen! - sowie zur Abgabe zahlreicher wertvoller Kunstwerke. Daraufhin benützte Napoleon einen Vorfall, der einem seiner Botschafter zugestoßen war, als Vorwand, um mit seinem Heer in Rom einzufallen und die weltliche Macht der Päpste als beendet zu erklären. Er ging sogar soweit, Pius VI. gefangenzunehmen und nach Frankreich zu transportieren, wo er schließlich nach zahlreichen Schicksalsschlägen schwerkrank auf einer Tragebahre eintraf. Mit 82 Jahren war diese Reise für ihn ein Leidensweg, der kein Ende nehmen wollte. Er verstarb wenige Tage nach seiner Ankunft. Auf Anordnung Napoleons wurde sein Leichnam nach Rom zurückgebracht und in den vatikanischen Grotten bestattet.

251. PIUS VII. (1800-1823)

Barnaba Chiaramonti wurde am 14. April 1742 in Cesena in der Romagna geboren. Er wurde in Venedig auf einem Konklave gewählt, der unter dem Schutz Österreichs abgehalten wurde, konnte sich jedoch nicht sofort nach Rom begeben, da sich infolge der durch Napoleon herbeigeführten Umwälzungen eine feindselige Stimmung entstanden war. Die Anfänge waren beschwerlich, doch Pius VII. gelang es dank einer geschickten diplomatischen Politik, ein Konkordat mit Frankreich und sogar Freundschaft mit Napoleon zu schließen. Das Konkordat legte fest, daß Frankreich das Recht hatte, die Bischöfe zu ernennen, während der Heilige Stuhl die Aufgabe hatte, diese Ernennungen zu bestätigen. Dadurch wurde das Rad der Geschichte zweifellos um mehrere Jahrhunderte zurückgedreht, doch zumindest gelang es der katholischen Religion auf diese Weise, in Frankreich wieder eine führende Bedeutung zu erlangen. Nach der Unterzeichnung des Konkordats krönte Pius VII. Napoleon Bonaparte in Nôtre-Dame in Paris. Doch der Frieden war nur von kurzer Dauer. Der besitz- und machtgierige Napoleon besetzte den Kirchenstaat, und der Papst protestierte und exkommunizierte den Kaiser. Napoleon zog daraufhin in Rom ein, erklärte die weltliche Macht der Päpste für beendet und nahm Pius VII. als Gefangenen mit nach Frankreich. Er zwang ihn zur Unterzeichnung eines neuen Konkordats, das der Papst später widerrief. Die Probleme endeten jedoch im selben Jahr (1813) mit der Verbannung Napoleons auf die Insel Elba und seinem endgültigen Sturz. 1815 stellte der Wiener Kongress den Kirchenstaat wieder her. Die Restauration, die in Europa herrschte beeinflußte leider auch den Papst, der ein autoritäres und unliberales Regime aufbaute. Eine seiner nächsten Handlungen war die Aufhebung des Verbots des Jesuitenordens. Er führte die Nobelgarde ein und wählte ein neues Banner, mit den Farben weiß und gelb, so wie wir es heute kennen. Pius VII. unternahm vieles, um Rom zu verschönern. Von Valadier ließ er die berühmte Piazza del Popolo mit dem darübergelegenen Park auf dem Pincio errichten. Im Vatikan begründete er das Museo Chiaramonti, die Galeria Lapidaria und die Pinakothek. Das Heilige Jahr 1825 konnte er nicht mehr begehen, denn er verstarb im Alter von 82 Jahren an einem banalen Unfall.

252. LEONE XII. (1823-1829)

Annibale della Genga wurde am 22. August 1760 im Genga-Schloß in der Provinz von Ancona geboren. Er war ein gütiger und barmherziger Mensch. Gleich zu Anfang seines Papsttums verteilte er Geld an die Armen. Er bezahlt hundert bedürftigen Mädchen, die durch das Losverfahren ermittelt worden waren, eine Aussteuer und löste bei der Pfandleihanstalt zahlreiche Pfandgegenstände aus. Er führte eine akkurate und sparsame Wirtschaftspolitik, die die Ausgaben herabsetzte, so daß er in der Folge einige Steuern abschaffen konnte. Er bekämpfte mit Erfolg das Banditenwesen. Insbesondere pflegte er die Beziehungen zu anderen Staaten und unterstützte den Abschluß von Konkordaten, dank derer sich die lokalen Kirchen neu organisieren konnten. Im Widerspruch zu positiven Aspekten seines Wirkens und Wesens steht ein Charakterzug, der ihm, wie die Geschichte gezeigt hat, nicht als Verdienst angerechnet werden kann: Er war extrem konservativ und bekämpfte jegliche Tendenz und jedes Anzeichen liberaler Ideen an. Er ließ sogar ohne langes Zögern mehrere Menschen hinrichten, nicht nur Verbrecher, sondern auch Verfechter neuer Ideen. Er entfernte die Laien aus den Verwaltungsbehörden und ersetzte sie durch Geistliche, um die Kongregationen zu stärken. Er verfolgte und verurteilte die Geheimbünde, einschließlich der Karbonaribewegung. Bei so vielen negativen Aspekten verwundert seine inkonsequente Entscheidung, die Schriften Galileo Galileis vom Index der verbotenen Bücher zu entfernen. Er begann mit dem Wiederaufbau der 1823 durch einen Brand zerstörten Basilika St. Paul vor den Mauern. Er genoß beim Volk keine große Beliebtheit, wohl aufgrund seiner übertrieben konservativen Einstellung. Er war vielmehr das Ziel reger Kritik und wurde von den berühmten "sprechenden Statuen" Roms mit satirischen Spottgedichten bedacht.

253. PIUS VIII. (1829-1830)

Francesco Saverio Castiglioni wurde am 20. November 1761 in Cingoli in den Marken geboren. Auch er lernte, als er noch Bischof von Montalto war, die Arroganz Napoleons kennen. Dieser wollte ihn dazu zwingen, einen Treueeid abzulegen. Er wehrte sich mutig, doch dies brachte ihm die Verbannung in andere Städte ein. Er war ein gütiger und ehrlicher Mensch und ein entschiedener Gegner des Nepotismus. Sogleich nach seiner Wahl verbot er seinen Familienangehörigen, aus ihrem angestammten Wohnort wegzuziehen oder ihren Lebensstil zu ändern. Er wurde als Papst mit Problemen unterschiedlicher Art konfrontiert, nicht zuletzt mit den revolutionären Bewegungen, die sich bereits bedrohlich in der Romagna und in Rom ankündigten. Er nahm in dieser Frage anders als Leo XII. eine gemäßigt liberale Position ein. Er war überzeugt, und betonte dies mehrfach, daß, um die schwerwiegenden Probleme jener Tage zu überwinden, dies allein dank einer Haltung möglich sei, die sich durch Sanftmut und Barmherzigkeit, Überzeugungskraft und Versöhnlichkeit auszeichnete. Er bekämpfte die Geheimbünde, doch maßvoll und ohne Verbissenheit. Den angelsächsischen Katholiken gestand er größere Freiheiten zu. Trotz seiner vielen menschlichen Eigenschaften wurde er von den Römern nicht geliebt.

254. GREGOR XVI. (1831-1846)

Bartolomeo Alberto Cappellari wurde am 18. September 1765 in Belluno geboren. Mittlerweile waren die Revolten und Freiheitskämpfe praktisch überall ausgebrochen, auch innerhalb des Kirchenstaats. Der ausnehmend konservative und antiliberale Gregor erließ sofort repressive Bestimmungen zur Reglementierung der neuen Ideen, berief eine Freiwilligenmiliz zur Verteidigung gegen die Aufständischen ein und zögerte nicht, Österreich und Frankreich um Unterstützung zu bitten. Er rief alle, auch die Kleriker, zu Disziplin und Unterwerfung auf und forderte, sämtliche Bestrebungen aufzugeben, die rechtmäßige Ordnung anzugreifen. Zu dieser Frage veröffentlichte er auch eine Enzyklika, in der die Pressefreiheit angeprangert wurde. Aus allen diesen Gründen wurde er von den liberal Gesinnten heftig kritisiert. Er war jedoch ein guter Herrscher, absolutistisch, doch kein Tyrann. Er versuchte die Lebensbedingungen der ins Ghetto verbannten Juden zu verbessern, schaffte das öffentliche Register ab, in dem die Bürger erfaßt wurden, die das Gebot der Osterkommunion nicht beachtet hatten, und senkte die Altersgrenze für Volljährigkeit von 25 auf 21 Jahre. Zu den von ihm vergeben zahlreichen öffentlichen Bauaufträgen gehören die weitgehende Regulierung des Flusses Aniene sowie die Neugestaltung der Tibermündung und des Hafens von Civitavecchia. Er führte außerdem den Wiederaufbau an der Basilika St. Paul vor den Mauern fort. Die Vatikanspaläste bereicherte er durch neue Kunstwerke und gründete das Etruskische wie das Ägyptische Museum. Er förderte die archäologischen Studien, indem er auf dem Forum Romanum und in den Katakomben Ausgrabungen durchführen ließ.

255. PIUS IX. (1846-1878)

Giovanni Maria Mastai Ferretti wurde am 13. Mai 1792 in Senigallia in den Marken geboren. Er war ein gebildeter und tugendreicher Mensch und hatte den Ruf, liberale Tendenzen zu vertreten. Seine ersten Amtshandlungen bestätigten die Erwartungen derer, die in ihm einen Papst sahen, der den neuen Ideen gegenüber aufgeschlossenen war. Sofort nach seiner Wahl erließ er eine weitreichende Amnestie für politische Delikte und rief die Consulta ins Leben, ein Volksvertretungsorgan, das Bürgern und Presse mehr Freiheit gewähren sollte. Er sandte sogar seine Truppen in die Lombardei, um die Truppen des Piemont im ersten Unabhängigkeitskrieg zu unterstützen. Doch die anfängliche Begeisterung erlosch bald, als sich zeigte, daß Pius IX. zwar zu bestimmten im humanitären und sozialen Bereich bereit war, nicht jedoch dazu, den Kirchenstaat aufzulösen oder den weltlichen Herrschaftsanspruch des Papstes abzulegen, den er gerne als "nicht ihm gehörig" bezeichnete und ihn folglich auch nicht abtreten könne. 1848 brachen auch in Rom die ersten Tumulte aus, und der Papst floh, als einfacher Priester verkleidet, nach Gaeta, um Zuflucht bei den Bourbonen zu suchen. In Rom wurde die Republik ausgerufen, der allerdings nur ein kurzes Leben beschert war, denn Franzosen, Österreicher und Bourbonen eroberten sie zurück und übergaben sie dem Papst. Dieser nahm sein Amt wieder auf, war aber nun von weniger liberalen Gedanken beseelt. Von diesem Zeitpunkt wurde sein Handeln ständig von der Sorge um die Rettung des Kirchenstaates begleitet. Die nachfolgenden sowohl politischen als auch religiösen Regierungsakte - im besonderen die Verkündigung des Dogmas der Unbefleckten Empfängnis, die Einberufung des I. Ökumenischen Vatikankonzils, die Bestätigung des Dogmas der päpstlichen Unfehlbarkeit - hatten neben der doktrinären Bedeutung auch eine politische Tragweite und durch sie zielte man auf eine Stärkung des Prestiges und der Figur des Papstes ab. Es gelang ihm jedoch nicht, die Ereignisse aufzuhalten. Der Kirchenstaat hatte sich mehr und mehr verkleinert, bis er letzlich nur noch aus der Peterskirche, dem Vatikanspalast und den vatikanischen Gärten bestand. Noch während des I. Vatikanischen Konzils zogen die italienischen Truppen in Rom ein und setzten der über tausendjährigen weltlichen Herrschaft des Papstes ein Ende. Pius IX. zog sich in den Vatikan zurück und verweigerte jeden Kontakt mit dem neuen italienischen Königreich, ja er exkommunizierte den König und lebte völlig zurückgezogen. Er verstarb im Alter von 86 Jahren nach 32jähriger Amtszeit, ein Rekord, der noch von keinem Papst gebrochen wurde.

256. LEO XIII. (1878-1903)

Vincenzo Gioacchino Pecci wurde am 2. März 1810 in Carpineto bei Anagni im Latium geboren. Er wurde von einem nur knapp zwei Tage dauernden Konklave gewählt. Von Pius IX. übernahm er eine schwierige Situation, denn nach vielen Jahrhunderten hatte der römische Papst nun die weltliche Macht und damit einen Gutteil seines politischen Einflusses verloren. Die veränderte Situation erforderte ein Umdenken und eine Neudefinition der Rolle von Papst und Kirche und deren Einbindung in die neuen politischen und sozialen Realitäten. Die Verbindungen zum Staat und zum italienischen Volk, die Pius IX. abrupt abgebrochen hatte, galt es so schnell wie möglich wieder aufzunehmen. Sofort nach seiner Wahl erteilte der Papst dem Volk wie gewohnt den päpstlichen Segen, doch nicht, wie es die Tradition will, vom Balkon, sondern vom Inneren der Peterskirche aus. Diese Geste wurde als Zeichnen einer Verschließung interpretiert, und brachte ihm vielfache Kritik und eine Welle des Antiklerikalismus ein. Es war dies eine echte Verschließung, denn seine Haltung gegenüber dem italienischen Staat war stets von Ressentiments und Härte gekennzeichnet. Er verbot den Katholiken jedwede Form der Beteiligung am politischen und öffentlichen nationalen Leben und stellte die Gläubigen so vor massive Gewissensprobleme. Das von ihm aufgestellte Programm war ehrgeizig: Er wollte die Kirche zu ihrer einstigen Größe zurückführen. Er setzte sich daher dafür ein, das Ansehen, die Autorität und die Heilsmission der Kirche sowie die von Christus übertragene päpstliche Rolle als geistiges Oberhaupt zurückzugewinnen. Auf internationaler Ebene entfaltete er eine rege Tätigkeit, und dank des von ihm angeregten Austauschs konnte er einen unmittelbareren und wirklicheren Einblick in die neuen Probleme gewinnen, mit denen die Völker in der modernen postrevolutionären und postlibertären Industriegesellschaft konfrontiert waren. Er versuchte, auf die Probleme der Arbeit, Ausbeutung, Freiheit und Glaubensreinheit eine Antwort zu erteilen, indem er eine an den Prinzipien des Evangeliums ausgerichtete Sozialdoktrin aufstellte. Von besonderer Wichtigkeit erwies sich die Enzyklika "Rerum novarum", in der die kirchlichen Thesen zur Sozial- und Arbeitspolitik erstmals entwickelt wurden. Er war der erste Papst, der auf der Leinwand verewigt wurde. Er stellte das Heilige Jahr 1900 unter das Zeichen der Aussöhnung.

257. HL. PIUS X. (1903-1914)

Giuseppe Sarto wurde am 2. Juni 1835 in Riese bei Treviso geboren. Konservativ in religösen Fragen, glich er seine starre Doktrin durch eine großzügige und aufgeschlossene Haltung im allgemeinen Umgang aus und konnte auch extrovertiert und antikonformistisch sein. Er vergaß niemals seine Verpflichtung gegenüber den Armen, denen er stets jede erdenkliche barmherzige Sorge zukommen ließ. Seine extrem konservative Haltung ließ ihn jedwede demokratische Idee zurückweisen und verurteilen, vor allem, wenn diese "christlich" genannt wurde. Er sah hierin eine Form der Anarchie und Auflehnung gegenüber der rechtmäßigen Ordnung. Dies kostete ihn viele Sympathien. Seine Aufrichtigkeit wurde von manchen als Gefahr gesehen, vor allem von seiten der Kurie. Und eben die Kurie, die mit ihm in der Herrschaft über die Kirche zusammenarbeiten sollte, bereitete ihm die ersten Probleme, da keine gemeinsame Sicht der Dinge bestand. Der Papst leitete daher mit Entschlossenheit eine Reform der Kirchenstruktur ein, wobei sein besonderes Augenmerk der Disziplin und der Bildung des Klerus galt. Er verfaßte und veröffentlichte den berühmten Katechismus, der sich vor allem an Kinder richtete, denen er übrigens persönlich an Sonntagen die Kirchendoktrin nahebrachte. Er verfaßte einen neuen Kodex des Kanonischen Rechts und verfügte die periodische Veröffentlichung der "Acta Apostolicae Sedis", in der die päpstlichen Gesetze und Anordnungen veröffentlicht wurden, die mehr oder minder den antiken "Decretali" Gregors IX. (vgl. 178) entsprachen. Er verurteilte den "Modernismus" und sämtliche Innovationen, die die Veränderung des "Status Quo" der Gesellschaft anstrebten, und rief so allgemeine Unzufriedenheit hervor. Im Vergleich zu seinen Vorgängern verhielt er sich versöhnlicher gegenüber dem Königreich Italien und hob unter anderem die Anordnung auf, die den Katholiken die Beteiligung am öffentlichen Leben verbot. Er versuchte mit allen Mitteln, den ersten Weltkrieg abzuwenden, der schließlich 1914 ausbrach. Er bewies Konsequenz und Charakterstärke, als er Franz Joseph auf dessen Bitte den Segen für das Heer mit den Worten verweigerte: "Ich segne nur den Frieden". Pius X. verstarb, arm wie er gelebt hatte, kurze Zeit darauf, man sagt an Verzweiflung wegen der Tragödie des Kriegs.

258. BENEDIKT XV. (1914-1922)

Giacomo Della Chiesa wurde am 21. November 1854 in Genova Pegli bei Genua geboren. Er hatte keinen aufgeschlossenen Charakter, doch war er von unermüdlichem Fleiß. Er wurde in einem für die Kirche tragischen Moment an deren Spitze berufen und engagierte sich als "Friedensbringer". Seine fortwährenden Aufforderungen zum Frieden verhallten jedoch ungehört oder wurden mißverstanden, vor allem, als er den Krieg als "sinnloses Blutbad" bezeichnete. Er ergriff daher nicht Partei, und dies brachte ihm Feinseligkeit und Ressentiments ein. Er setzte sich vielmehr aktiv für Hilfsleistungen zugunsten der Kriegsopfer ein, indem er im Vatikan ein Zentrum für Auskünfte und Anfragen aller Art einrichtete. Die Sorge um den Krieg ließen ihn jedoch nicht die anderen Aufgaben der Kirchenführung außer Augen verlieren. Er verurteilte den "Modernismus", wie dies bereits Pius X. getan hatte. Er gründete die Kongregation für die Ostkirchen sowie die Università del Sacro Cuore in Mailand. Er unterstützte in Italien die Volkspartei Don Sturzos ("Partito popolare") sowie die christlichen Gewerkschaftsbewegungen in allen Nationen. Er normalisierte die Verbindungen zum italienischen Staat und knüpfte wieder diplomatische Beziehungen zu Frankreich an. Zu England baute er die Verbindungen weiter aus, so daß England nach dreieinhalb Jahrhunderten wieder am Heiligen Stuhl vertreten war. Er verstarb an bronchialer Lungenentzündung

259. PIUS XI. (1922-1939)

Achille Ratti wurde am 31. Mai 1857 in Desio bei Mailand geboren. Sofort nach seiner Wahl belebte er die Tradition wieder, der Stadt Rom und der Welt vom Balkon am Petersplatz seinen Segen zu erteilen; diese Tradition war von Pius IX. im Jahr 1870 im Anschluß an die Annexion Roms duch das neue Königreich Italien unterbrochen worden. Diese Geste wurde allgemein und vor allem in Italien positiv gesehen. Der italienische Staat zeigte sich bereit, seine Beziehungen zum Heiligen Stuhl zu revidieren. Im Februar 1929 wurden daraufhin die Lateranverträge geschlossen, die die Schaffung des autonomen und unabhängigen Vatikanstaats ermöglichten, der ein eigenes Staatsgebiet und eigene Gesetze besaß. Der Vatikan erkannte Rom als Hauptstadt des Königreichs Italien an, und Italien erkannte die politische Existenz des Vatikanstaats unter der Souveränität des römischen Papstes an. Pius XI. war ein geschickter Politiker und gewandter Diplomat, aber unnachgiebig in der Doktrin. In wichtigen Enzykliken distanzierte er sich sowohl vom Kommunismus als auch vom Faschismus und Nationalsozialismus und verurteilte diese. Es gelang ihm nicht, die Verfolgungen abzuwenden, denen Kirche und Klerus in Ländern wie Rußland, Mexiko und Spanien ausgesetzt waren. Er förderte die Missionen und verlieh der katholischen Kultur wichtige Impulse, indem er zahlreiche Universitäten in der ganzen Welt gründete. Er begünstigte das Erstarken von Azione Cattolica ("Katholische Aktion") und verteidigte diese gegen alle Anfeindungen. Er verkündigte zwei Heilige Jahre, 1925 und ein außerplanmäßiges im Jahr 1933, anläßlich der 1900-Jahr-Feier der Erlösung. Von einer für die damaligen Verhältnisse außerordentlicher Tragweite war die Installierung des seinrzeit weltgrößten Rundfunksenders im Vatikan, welcher von Guglielmo Marconi entwickelt und gebaut wurde. Die Stimme des Papstes gelangte so in jeden Winkel der Erde. Die erste Botschaft wurde in lateinischer Sprache ausgestrahlt.

260. PIUS XII. (1939-1958)

Eugenio Pacelli wurde am 2. März 1876 in Rom geboren. Er wurde am 2. März 1939, seinem Geburtstag, einstimmig gewählt. Nach wenigen Monaten brach der 2. Weltkrieg aus, in dessen Verlauf der Vatikan wichtige Informations- und Unterstützungstätigkeiten leistete, wie dies bereits unter Benedikt XV. im 1. Weltkrieg der Fall gewesen war. Er organisierte ein breitangelegtes Programm humanitärer Hilfeleistungen für alle Bedürftigen: Juden, Gegner totalitärer Regimes, und nach Kriegsende auch für Deutsche. Viele Menschen wurden vor der Verfolgung gerettet, aus dem einen wie dem anderen politischen Lager. Bei Kriegsende wurde seine seelsorgerische Tätigkeit vom Kampf gegen die marxistische Ideologie vereinnahmt, die er verurteilte und deren Anhänger er exkommunizierte. Seine Herrschaft war konservativ geprägt. 1950 während der Feierlichkeiten zum Heiligen Jahr verkündigte er das Dogma von der Himmelfahrt der Jungfrau Maria. Auch begründete er die Tradition, am 8. Dezember jeden Jahres der Statue der Unbefleckten Jungfrau unterhalb der Spanischen Treppe in Rom seinen Segen zu erteilen. Er ließ unter der Peterskirche durch die Archäologin Guarducci Ausgrabungen durchführen, die zur Entdeckung des Grabes des Apostels Petrus führten. Was die jahrhundertelange Überlieferung der Kirche stets geglaubt hatte, konnte nun auch mit wissenschaftlichen Argumenten demonstriert werden. Der Papst war unermüdlich seelsorgerisch tätig, auch in Zeiten schwerer Krankheit.

261. JOHANNES XXIII. (1958-1963)

Angelo Giuseppe Roncalli wurde am 25. November 1881 bei Bergamo geboren. Seine Wahl schien das Ergebnis eines Kompromisses zwischen den konservativen und den fortschrittlichen Tendenzen und sollte eine provisorische Lösung darstellen. Doch Giovanni XXIII. erwies sich als alles andere als ein Übergangspapst. Er prägte der Kirche den Stempel einer neuen Existenzweise auf. Er stieg von seinem Podest, auf dem das Volk den Papst seit jeher zu sehen gewohnt war, herunter und näherte sich den Gläubigen mit einem wirklichen Interesse für deren Probleme und Leiden. Er verließ den Vatikan, um Kranken und Häftlingen Besuche abzustatten, ohne dabei den geringsten Wert auf Regeln und Formalitäten zu legen. Er blieb stehen, um mit einfachen Leuten und Arbeitern zu sprechen und pflegte zu sagen, daß die Gott angebotene Arbeit bereits ein Gebet sei. Er bewegte sich außerhalb jeglicher Schemata, als er zum Beispiel den Schwiegersohn Chruschtschows, des Chef des russischen und weltweiten Kommunismus, zur Audienz empfing, ohne sich um die ablehnende Position der Kurie oder um die Exkommunizierung zu sorgen, die Pius XII. gegen diesen ausgesprochen hatte. Die Leute verstanden sofort den Kurswechsel und vergalten ihm dies mit einer bis dahin einmaligen Verehrung und Begeisterung. In der Doktrin befaßte er sich erneut mit den Themen der kirchlichen Sozialpolitik, aktualisierte diese und weitete sie aus, während er die Aufmerksamkeit der Nationen auf die Notwendigkeit lenkte, ein weltweites Klima des Friedens zu schaffen. Doch sein Name bleibt mit seiner Einberufung des II. Vatikanischen Konzils verbunden, mit der er allgemeine Überraschung hervorrief. Die schwerwiegenden Probleme, denen die zeitgenössiche Welt ausgesetzt war, forderten in Verbindung mit den internen Schwierigkeiten der Kirche - Rückgang der Priesterweihen, Unerfahrenheit der Kirche im Umgang mit den neuen Problemen - neue und rasche Lösungen. Diese lieferte das Konzil, an dessen erster Sitzung der Papst persönlich teilnahm. Wenige Monate darauf verstarb er an einem Tumor, von allen betrauert, insbesondere von der römischen Bevölkerung, die eine Nacht lang auf dem Petersplatz wachte und für seine Seele betete. Noch heute wird er allgemein "der gütige Papst" genannt.

262. PAUL VI. (1963-1978)

Giovanni Battista Montini wurde am 26. September 1896 in Concesio bei Brescia geboren. Getreu dem Vorbild von Johannes XXIII. verstand auch er das Papstamt als immer enger mit der sozialen Wirklichkeit und dem Volk verbunden, zu dem er einen direkten Kontakt pflegte, wenngleich er nicht das gewinnende Wesen seines Vorgängers besaß. Daß er oftmals den Vatikan verließ oder fern von Rom unterwegs war - er besuchte viele Länder der Welt -, zeigte diese neue Sichtweise von der universellen Heilsmission der Kirche und des Papstes. Seine stets wiederkehrenden Themen waren der Frieden zwischen den Völkern und die soziale Gerechtigkeit. Sofort nach seiner Wahl führte er das II. Vatikanische Konzil zum Abschluß. Er stellte fortan sein Wirken als Seelsorger der Kirche unter den Geist des Konzils. Sein tägliches Engagement galt dem Ökumenismus, den Beziehungen zu anderen Religionen, dem Phänomen des Atheismus sowie dem Problem der internen Reform der Kirche. Sein besonderes Interesse für die existentiellen Fragen des modernen Menschen samt dessen Zweifel und Schwächen, sowie sein brüderliches Verständnis, das er ihm entgegenbrachte, stießen in manchen Kreisen auf Kritik, doch machten sie ihn zum Sinnbild einer Kirche, die sich prüfende Fragen stellt und die leidet. Überraschend nahmen sich einige seiner Stellungnahmen aus, die beständig zwischen konservativer und fortschrittlicher Haltung schwankten, was ihm den Ruf eines wankelmütigen und widersprüchlichen Menschen einbrachte. So wurde er von einem Teil der amerikanischen Presse einmal als "gefährlicher Kommunist" bezeichnet. Er sprach sich entschieden gegen Ehescheidung und Abtreibung und zugunsten des Priesterzölibats aus. Großen Schmerz fügte ihm die Rebellion des französischen Bischofs Lefèbre zu, der sämtliche im Anschluß an das Konzil erfolgten Neuerungen anfocht und von ihm mehrfach zur Ordnung gerufen, doch niemals bestraft wurde. Der Papst feierte das Heilige Jahr 1975, beschloß die Reform der Kurie durch die Einführung neuer Bestimmungen für das Konklave, das verjüngt und dessem Effizienz und Internationalität erhöht wurden. Er erhöhte die Anzahl der nicht-italienischen Kardinäle des Kardinalskollegiums und verfügte, daß ein Teil von ihnen aus Lädern der Dritten Welt kommen sollte. Außerdem legte er fest, daß sie ihr Amt bei Erreichen des 80. Lebensjahres niederlegen mußten. Obwohl ihn die schwerwiegenden Probleme der Welt stark beschäftigten, vernachlässigte er jedoch nicht die Künste: Er gründete innerhalb des Vatikans das Museum für religiöse und moderne Kunst und finanzierte den Bau des berühmten Nervi-Saales für die Papstaudienzen. Er ist in den vatikanischen Grotten in einem einfachen Erdgrab bestattet, so wie er es gewünscht hatte.

263. JOHANNES PAUL I. (1978)

Albino Luciani wurde am 17. Oktober 1912 in Canale d'Agordo bei Belluno geboren. Von Paul VI. wurde er zum Patriarchen von Venedig und zum Kardinal ernannt. Bei einem seiner Besuche in Venedig legte ihm der Montini-Papst seine Stola um die Schultern. Diese Episode, die Johannes Paul I. in seiner kurzen Rede vom Balkon am Petersplatz anläßlich seines Amtsantritts erwähnte, wurde als ein Zeichen der Wertschätzung und Zuneigung Pauls VI. verstanden. Er besaß die schlichten Umgangsformen eines "guten Gemeindepriesters" und wurde "der lächelnde Papst" genannt, da stets ein Lächeln auf seinem Gesicht lag. In der Doktrin nahm er eine klare und traditionalistisch geprägte Position ein. So hatte er bereits als Kardinal eine klare Position gegen die Ehescheidung bezogen und daraufhin einige katholische Verbände seiner Diözese aufgelöst, die die Scheidung befürwortet hatten. Ebenso unbeugsam war er gegenüber Katholiken, die andere als die Positionen der Kirche vertraten. Es gebe nur einen Glauben, und die Katholiken hätten den Richtlinien der kirchlichen Autorität zu folgen. Als Papst lautet sein Programm: Gebet, Disziplin in der Kirche und getreue Umsetzung des II. Vatikanischen Konzils. Seiner Bescheidenheit blieb er auch im Moment seines Amtsantrittes treu, als er die Sedia gestatoria und die Tiara als Symbole der weltlichen Macht ablehnte und nicht gekrönt werden wollte. Er genoß von Anfang an großen Erfolg, jedoch nur sehr kurze Zeit, nämlich 33 Tage. Sein unvermittelter Tod durch Infarkt rief große Bestürzung hervor, und es wurden unpassende und phantasievolle Mutmaßungen angestellt. Noch heute sagt man von ihm, daß er gerade die Zeit hatte, ahnen zu lassen, wie sein Papsttum ausgesehen hätte. Und dies war ausreichend, Begeisterung und Hoffnungen zu wecken und ihn im Herzen aller weiterleben zu lassen.

264. JOHANNES PAUL II. (1978-2005)

Karol Josef Wojtyla wurde am 18. Mai 1920 im polnischen Wadowice geboren. 1929 verlor er seine Mutter Emilia durch eine Niereninfektion; und 1932 stirbt sein Bruder Edmund an Typhus. Mit vierzehn Jahren begann er sich für Literatur und Theater zu begeistern und hatte seine ersten Auftritte auf der Schulbühne. 1938 immatrikulierte er sich an der Fakultät für Literatur und Philosophie der Jagellonen-Universität Krakau, doch durch den Ausbruch des Zweiten Weltkriegs wurde im Jahr darauf der Lehrbetrieb eingestellt, und er zog mit seinem Vater nach Krakau. Um nicht zur Zwangsarbeit deportiert zu werden, suchte er 1940 Arbeit in einem Steinbruch, der mit der Sodafabrik „Solvay" in Verbindung stand. Im Jahr darauf starb sein Vater. 1942 wurde er vom Steinbruch in die Solvay-Fabrik versetzt und er beschloß, ins Seminar von Krakau einzutreten, das weiterhin illegal funktionierte, und er begann, Philosophie-Kurse an der theologischen Fakultät der ebenfalls illegal arbeitenden Jagellonen-Universität Krakau zu besuchen. 1944 funktionierte der Krakauer Erzbischof Sapieha einen Teil seiner Residenz in ein heimliches Seminar um, und Karol, der in der Fabrik gekündigt hatte, zog mit anderen Studenten dorthin, wo er bis zur Befreiung am 18. Januar 1945 blieb. Im Jahr darauf wird er zum Priester geweiht und nach Rom geschickt, um die Studien am Angelicum zu vervollständigen, die er 1948 mit einer Arbeit über die Glaubensdoktrin des Heiligen Johannes vom Kreuz abschloß. Er kehrte nach Polen zurück, und 1954 nahm er den Lehrstuhl für Ethik an der katholischen Universität Lublin an. 1958 wurde er zum Weihbischof von Krakau ernannt. Vier Jahre später nahm er an den Vorarbeiten zum II.

Vatikanischen Konzil teil und wurde zum Erzbischof seiner Heimatstadt berufen. 1965 nahm er im Rahmen des Konzils gemeinsam mit angesehenen Theologen wie Congar, Daniélou und Haering an der Redaktion von Schema XIII teil. 1967 verlieh ihm Paul VI. in der Sixtinischen Kapelle die Kardinalswürde. 1978 nahm er an den Begräbnisfeiern für Paul VI. und Johannes Paul I. teil, und am 16. Oktober wurde er bei der achten Abstimmung nicht ohne Überraschung mit 99 Stimmen von 111 gewählt. Gegen 17.15 Uhr wurde seine Wahl zum Papst mit dem Namen Johannes Paul II. angekündigt. Seine ersten Worte von der Loggia des Petersdoms lösten in der Menge, die ihm zujubelte, eine spontane Sympathie aus: Indem er darauf anspielte, daß er Ausländer war, sagte er: „...ich weiß nicht, ob ich mich in eurer... in unserer italienischen Sprache gut ausdrücken kann. Wenn ich etwas falsch mache, werdet ihr mich, korrigieren', "wobei er auf italienisch statt des korrekten „correggerete" „corrigerete" sagte. Er war sich sogleich der großen Schwierigkeiten bewußt, die ihn erwarteten, wie er selbst in der Enzyklika *Redemptor hominis* berichtete. Die erste betraf gerade seine Herkunft und die Furcht davor, wie die sowjetische Welt und das römische Volk auf die Wahl eines polnischen Papstes reagieren würden. Er sagte: „Ich habe Angst gehabt, dieses Amt zu empfangen, aber ich tat es im Geiste des Gehorsams gegenüber unserem Herrn Jesus Christus und im vollen Vertrauen auf seine Mutter, die heilige Madonna. "Die Anfangsphase seines Pontifikats zeichnete sich durch eine missionarische Projektion in alle Kontinente aus, die durch den berühmt gewordenen Satz: „Öffnet Christus die Türen, macht sie weit auf" noch hervorgehoben wurde. So begannen seine Reisen, die ihn in 129 Länder führten. Auf die Frage, warum er so viel reise, antwortete er: „Ich bin der Nachfolger Petri, aber auch der des heiligen Paulus, der stets in der Welt unterwegs war, um seinem Apostelamt nachzukommen." Eine der ersten Reisen – Vorbote zukünftiger und entscheidender Entwicklungen – war sein erster Besuch in Polen vom 2. bis zum 10. Juni 1979. Hierauf folgten weitere zwei in den Jahren 1983 und 1987 zur Zeit des Regimes unter General Jaruzelsky. Bei diesen Gelegenheiten ermahnte er nicht nur zu einer religiösen Wiedererweckung, sondern verteidigte das Recht der Arbeiter auf Selbstbestimmung sowie auf freie und unabhängige Gewerkschaften, und leistete so der entstehenden Gewerkschaft Solidarnosc und ihrem Führer Lech Walesa, dem künftigen ersten nicht kommunistischen Staatsoberhaupt, eine konkrete Hilfe. Die Autoritäten stellten fest, daß der polnische Papst in der Lage war, größere Massen zu mobilisieren, als es je dem Regime gelungen war. Massen, die dann zu Gewerkschaftsansammlungen und schließlich zu politischen Demonstrationen wurden. Die Diktatoren Osteuropas fühlten sich bedroht durch diese neue sich vordrängende Vision von den Rechten und der Würde des Menschen, die Wojtyla bei keiner Gelegenheit versäumte heraufzubeschwören. Das Erscheinen des neuen russischen Staatschefs, Michail Gorbatschow, begünstigte den Beginn der Entspannung mit dem Westen und danach den Fall der Berliner Mauer. Gerade in jenem Jahr, 1989, war er das erste sowjetische Staatsoberhaupt, das vom Papst im Vatikan empfangen wurde. Beim Empfang des diplomatischen Corps 1990 erklärte Johannes Paul II., daß der Wunsch nach Freiheit, der dabei war, die materiellen und geistigen Grenzen niederzureißen, nichts anderes sei als die geduldige Saat der vatikanischen Politik gegenüber den osteuropäischen Ländern, die nun anfange aufzugehen. Der enorme Einfluß des Papstes in Osteuropa kann in Gorbatschows Satz nach seinem Rücktritt zusammengefaßt werden: „All das, was in diesen Jahren im Osten geschehen ist, wäre ohne die Präsenz dieses Papstes unmöglich gewesen."

Mit seiner ersten Reise nach Mexiko beginnt sich seine Aufmerksamkeit und diejenige der Medien auf die sozialen Probleme Lateinamerikas zu konzentrieren. Nicht weniger richtete sich sein Augenmerk auf die Welt der Orthodoxie, etwa mit der Reise in die Türkei, nach Istanbul, dem antiken Konstantinopel, nicht lange nach seinem ersten Papstjahr. Ein weiteres Thema, das sein Pontifikat zutiefst geprägt hat, war die Ermahnung zum Frieden und die Ablehnung des Kriegs, wobei er zugab, daß die Christen nicht immer Erbauer des Friedens gewesen sind (Assisi 1986). Wie auch mit den Besuchen in Argentinien und Großbritannien im Jahr 1982 während des Falkland-Krieges. Seit dem Krieg in Bosnien 1993-94 entwickelt er die Doktrin des humanitären Einschreitens zur Verteidigung der von Aggressoren angegriffenen Länder durch die internationale Gemeinschaft und zur Entwaffnung dieser Aggressoren. Sein Pontifikat stand auch im Zeichen des Dialogs mit den Jugendlichen, wobei er nach dem von der UNO 1985 ausgerufenen Jahr der Jugend den Welttag der Jugend einrichtete, der 1987 in Buenos Aires und danach alle zwei Jahre in verschiedenen Städten der Welt stattfand. „Im Namen der Kirche bitte ich um Vergebung", war ein weiterer bedeutender Moment in Wojtylas Pontifikat, als er die Kirche ins dritte Jahrtausend überführte, auch wenn die kirchlichen Hierarchien nicht immer voll und ganz dahinter standen. Der letzte Abschnitt seines Pontifikats, vom großen Jubiläum bis zu seinem Tod, steht unter dem Motto „Der Kirche so lange dienen, wie Christus es will", was die Verpflichtung unterstreicht, sich bis zum Ende zu verausgaben und die Stimmen einer angeblichen Abdankung zu dementieren. Eine bis zum Ende mit absoluter und zäher Entschlossenheit übernommene Verpflichtung, trotz des Tumors von 1992, der Parkinson-Krankheit, die 1993 in Erscheinung trat, und obwohl er nach seinem Sturz 1994 am Stock gehen und sich für seine Bewegungen eines mobilen Sessels bedienen mußte.

Jerusalem: Besuch der klagemaner im März 2000

Besuch am Berg Nebo, von wo aus Moses nach der Überlieferung das Gelobte Land sah.

Missionar für die Welt

In siebenundzwanzig Jahren Pontifikat hat Johannes Paul II. 104 Hirtenbesuche außerhalb Italiens unternommen. Er ist so oft auf Reisen gewesen, weil er hauptsächlich die persönliche Verantwortung eines Missionars der katholischen Kirche spürte, um die Jugendlichen zu ermutigen und die Evangelisation wieder zu erwecken. Er selbst erklärte der römischen Kurie, die anfangs erstaunt war über einen so dynamischen Papst: „Sich in die Unermesslichkeit der Menge begeben, das ist das Charisma der heutigen Mission Petri auf den Straßen der Welt." In der Enzyklika *Redemptoris missio* kehrt er erneut zu diesem Thema zurück: „Bereits seit Beginn meines Pontifikats habe ich mich für das Reisen an die äußersten Grenzen der Erde entschieden, um den missionarischen Eifer kundzutun." Karol Wojtyla legte mehr als eine Million Kilometer zurück, 24 Mal rund um den Globus; und zählt man auch seine italienischen Reisen, hat er ein Zehntel seines Pontifikats außerhalb der apostolischen Paläste verbracht. Auf seinen Reisen hat er Lateinamerika, Afrika und Asien den Vorzug gegeben. Nach Lateinamerika begab er sich 17 Mal und besuchte dabei 26 Länder. Viele dieser Länder wurden bei den ersten Besuchen von Militärregimen regiert oder unterstützt, welche die politischen Freiheiten unterdrückten und schweres soziales Unrecht begünstigten, wodurch breite Schichten der Bevölkerung der Not ausgesetzt wurden. Er gab den sozialen Hilferufen der lokalen Bischöfe weltweite Resonanz, lehnte jedoch das direkte politische Engagement der Priester ab, wie in Nicaragua, als er sich 1983 an den Priester Ernesto Cardenal wandte, damals Kulturminister. Dies war laut Roberto Tucci, damals Direktor von Radio Vaticana und gleichzeitig Organisator der internationalen Reisen des Papstes, eine der schwierigsten Reisen. Obwohl er ihm nach bereits zwei Besuchen in diesem Land abgeraten hatte, bestand der Papst darauf, indem er sagte, dass zwar die Zeiten nicht die besten seien, er aber die Pflicht habe, den Glauben derjenigen zu ermuntern, die noch der offiziellen Kirche angehörten. In der Erinnerung bleiben von diesem Kontinent die Umarmung mit Helder Camara, dem Bischof der Armen in Brasilien, und das Gebet auf dem Grab des salvadorianischen Bischofs Oscar Romero, ermordet von den Todesschwadronen der extremen Rechten. Auch dies war eine schwierige Reise, denn die fünf Bischöfe im Vorstand des lateinamerikanischen Bischofsrates rieten dem Papst davon ab, das Grab Romeros zu besuchen und dort zu beten. Er reagierte mit Standhaftigkeit und sagte: „Hier handelt es sich um einen Bischof, der bei der höchsten Handlung seines Bischofsamtes umgebracht wurde, der heiligen Messe!" Was den afrikanischen Kontinent betrifft, hatte er eine besondere Sensibilität für die täglichen Probleme wie das Drama des Hungers, der Kriege und der Aids-Kranken. Zu Besuch in Gorée, der einstigen Sklaveninsel vor Dakar (Senegal), sagte er am 22. Februar 1992 beim Besichtigen des „Sklavenhauses", wo drei Jahrhunderte lang Männer und Frauen, die an der Küste eingefangen worden waren, zur Versteigerung angeboten wurden, und zwar vor der sogenannten „Tür ohne Rückkehr": „Ich bin gekommen, um an alle diese unbekannten Opfer zu erinnern. Unglücklicherweise ist unsere Zivilisation, die sich christlich nannte und nennt, während dieses Jahrhunderts wieder in eine Situation der Sklaverei zurückgefallen. Wir wissen, was die Konzentrationslager waren: hier war eines der Modelle. Dies ist auch das Symbol der schrecklichen Verirrung derjenigen, welche die Brüder und Schwestern in die Sklaverei versetzten, für die das Evangelium der Freiheit bestimmt war", und er erinnerte daran, dass von dieser Insel die Evangelisation Senegals seinen Anfang genommen hat. Dann endete er mit dem Ruf: „Von diesem afrikanischen Heiligtum des schwarzen Schmerzes erflehen wir die Vergebung des Himmels." Ebenfalls zum Thema des Sklavenhandels in Afrika sagte er 1985 in Yaoundé (Kamerun): „Im Verlauf der Geschichte, haben sich Menschen, die christlichen Nationen angehörten, leider nicht immer nach dem Evangelium gerichtet, und wir bitten unsere afrikanischen Brüder dafür um Vergebung, die darunter so sehr gelitten haben." Auf dem asiatischen Kontinent kam es zu Begegnungen mit großen, nicht katholischen Massen und Autoritäten, die ihn mit höflicher Kälte empfingen. Überall hat er stets zum Dialog und zur Zusammenarbeit zwischen den Religionen aufgefordert, wobei er sich sehr wohl bewusst war, dass diese seine Mission in Asien an der Oberfläche bleiben würde, ohne einen tiefgreifenden Dialog mit den großen Religionen des Kontinents zu bewirken. Auf seinen Reisen hat Johannes Paul II. die Organisatoren immer um große Aufmerksamkeit für die lokalen Kirchen gebeten, wobei Bischöfe, Nuntien und Gruppenvertreter mit einbezogen und darum gebeten wurden, die von ihm zu behandelnden Themen zu empfehlen. Normalerweise lud er einige Bischöfe der betroffenen Länder nach Rom ein, um die Texte der Reden und die lokale Situation zu untersuchen. Diese Vorgehensweise führte zu einer größeren Wirksamkeit seiner Reden bei den besuchten Bevölkerungen.

Gesellschaft und Arbeit

Polen 1991

Gerade die Arbeit war ein Thema, für das Johannes Paul II. wegen seiner Erfahrung als Arbeiterstudent besonders sensibel war. „Die ganze Größe der Arbeit liegt in der Menschlichkeit. Über die Arbeit realisieren die Personen ihr wahres Selbst, und das menschliche Leben wird menschlicher". In der Enzyklika von 1981 *Laborem exercens* sagte er: „Der große Konflikt, der sich in der Zeit der industriellen Entwicklung zwischen Welt des Kapitals und Welt der Arbeit offenbarte, beruhte darauf, dass das Kapital integrierender Bestandteil der Arbeit ist. Die Schwierigkeiten der Arbeiter konnten weder durch den Liberalismus noch durch den Marxismus gelöst werden; sowohl die kapitalistische Wirtschaft, die den Menschen einzig als Produktionsmittel betrachtet, als auch der marxistische Materialismus, der den Menschen als Produkt der Ökonomie und der Produktionsbedingungen betrachtet, würden die Herrschaft der Person über das Objekt und das Prinzip der Priorität der Arbeit gegenüber dem Kapital verneinen." Eine Episode trug zu dieser besonderen Sensibilität für das Thema der Arbeit bei: als er im Steinbruch arbeitete, starb ein Arbeiter durch die Explosion einer Ladung Dynamit. Er verspürte ein heftiges Gefühl der Ungerechtigkeit, und ein Leben lang begleitete ihn dieses Gefühl, das immer wieder in ihm wach wurde, wenn er die Würde des Menschen und sein Recht auf ein würdevolles Leben verletzt sah. Auch in Danzig, in seinem Polen, verteidigte er das Recht der Arbeiter auf Selbstbestimmung und gewerkschaftliche Freiheit, und in Bialystok sagte er 1991: „Der Mensch lebt nicht nur für sich selbst, sondern um auch die Gesellschaft zu bereichern! Und der Staat muss dies schützen! Das Gebot, man solle nicht stehlen, bedeutet auch, dass man nicht die Macht missbrauchen soll, über deine Güter zu verfügen: oder darüber auf eine Art zu verfügen, die andere in Not versetzen. Darum sagen wir den reichen kapitalistischen Gesellschaften des Westens: wer übernimmt die Verantwortung für die Dritte Welt? Warum ist es eine Dritte Welt? Seht euch um! Revidiert euer System des freien Marktes, dieses System des privaten Eigentums, der privaten Produktion!" In seiner Enzyklika *Centesimus Annus* schrieb er 1991: „In der westlichen Gesellschaften wurde die Ausbeutung wenigstens in den von Karl Marx analysierten und beschriebenen Formen überwunden. Nicht dagegen wurde die Entfremdung in den verschiedenen Formen der Ausbeutung überwunden, wenn die Menschen sich gegenseitig als Mittel benutzen". Auch hinsichtlich der Globalisierung gab er deutlich zu verstehen, dass der Mensch das letzte Ziel den menschlichen Tätigkeit sei, und dass Dämonisierungen oder Mythologisierungen zu vermeiden seien. Er schrieb: „Es ist notwendig, am Grundsatz festzuhalten, dass kein wirtschaftliches oder politisches System einen Selbstzweck darstellen darf, und man muss darauf bestehen, dass die Globalisierung wie jedes andere System im Dienst der Person stehen muss. Die Herausforderung liegt darin, eine Globalisierung in der Solidarität und ohne Marginalisierung sicherzustellen". Sie ist ein nicht zu übersehendes Zeichen der Zeit von weit- und tiefreichenden Ausmaßen, und der Mensch ist darin als Empfänger verwickelt, aber auch als aktives Subjekt, frei in seinen Entscheidungen, die zum Guten oder zum Bösen führen.

Frieden und Gerechtigkeit

Ein untrennbares Begriffspaar, das bei jeder Gelegenheit wiederholt wird, gemeinsam mit dem Wort „Entwicklung". Ein kritisches und leidvolles Thema, das Papst Wojtyla am 17. Oktober 1978 ansprach, am Tag nach seiner Wahl. Er sagte: „Wir möchten uns an alle Menschen wenden, die als Kinder des einzigen allmächtigen Gottes unsere Brüder sind, die wir lieben und denen wir dienen sollen, um ihnen ohne Anmaßung und mit aufrichtiger Demut unseren Willen kundzutun, für die dauerhaften und vorherrschenden Grundlagen des Friedens, der Entwicklung und der internationalen Gerechtigkeit einen tatkräftigen Beitrag zu leisten." Für einen Frieden, der „aus einem neuen Herzen entsteht" als „geistiger Wert", als Frucht einer „ethischen Ordnung" und als „Werk der Solidarität" (*Sollicitudo rei socialis*). Der Frieden – wie er in einer

Botschaft an die UNO-Versammlung 1988 schrieb – hat als wesentliche Voraussetzung die „vollkommene Entwaffnung ohne Einschränkung“ sowie den Verbot des Waffenhandels. Aber auch eine konkrete Ermahnung jenseits aller Absichten, die vielleicht utopisch erscheinen könnte: „Wenn das Recht machtlos ist bei der Verteidigung der schwachen Länder, dann ist es Aufgabe der internationalen Gesellschaft, geeignete Maßnahmen zur Vorbeugung potentieller Aggressionen zu ergreifen.“ Oft wiederholte und nicht erhörte Appelle: 15 Appelle für den Libanon allein 1989; 50 Appelle, um den Golfkrieg 1990 zu verhindern, mehr als 30 für den Konflikt in Jugoslawien und weitere für die Konflikte in Afrika und auf dem Balkan. Eine seiner Mahnungen war: „Der Krieg ist niemals unvermeidlich. Er ist stets eine Niederlage für die Menschheit“.

Vergebung

Nur zwei Päpste baten für kirchliche Vergehen um Entschuldigung: Hadrian VI., Holländer und letzter ausländischer Vorgänger Wojtylas, im Jahr 1552; und Paul VI. 1963, wobei er sich an die geschiedenen Brüder im Osten richtete. Fast ein halbes Jahrtausend lang gaben die Päpste keine gegenwärtige oder vergangene Schuld zu, ganz nach dem Prinzip, dass die Kirche heilig und unfehlbar und der Papst ihr Wortführer ist. Die Pädago-gik der Vergebung wird erst mit dem II. Vatikanischen Konzil möglich, und sie wird dann von Johannes Paul II. angewandt. Er, der durch direkte Erfahrung die Stumpfsinnigkeit der Ideologien kannte, ihre Unfähigkeit, eigene Fehler und Fehlschläge einzugestehen, wollte den Unterschied zwischen der Notwendigkeit der Glau-benswahrheit und den Selbstrechtfertigungen herausstreichen, die den ideologischen Systemen eigen sind. Ei-ne Kirche, die unfähig ist, ihre Vergehen anzuerkennen, liefe Gefahr, das Evangelium zu einem geschlossenen ideologischen Horizont werden zu lassen. Seine einzige Sorge war durch die Berechtigung und Richtigkeit der zu vollführenden Handlungen motiviert; vom Vertrauen in die Kraft der Wahrheit, die zur Freiheit führt, mehr als von den utilitaristischen Ergebnissen in Sachen Gegenseitigkeit. Wenn es viele gab, die in dieser Entscheidung eine größere Glaubhaftigkeit der Kirche anerkannten, machten doch andere aus ihrer Furcht kein Hehl, dass sich die Vorurteile und Kritiken dagegen verstärken könnten, ohne einen wünschenswerten Prozess der Nacheiferung in Gang zu setzen. Hierauf bezog er sich, als er sagte, dass „die Christen aufgefordert sind, sich vor Gott und den von ihren Verhaltensweisen verletzten Menschen für die von ihnen begangenen Fehler zu verantworten. Sie mögen es tun, ohne etwas dagegen einzufordern, gestärkt einzig von der Liebe zu Gott, die in unsere Herzen gegossen ist. Die Bitte um Vergebung darf nicht als Schaustellung einer fingierten Demut verstanden werden, auch nicht als Verleugnung ihrer zweitausendjährigen Geschichte, die gewiss reich ist an Verdiensten auf den Gebieten der Barmherzigkeit, der Kultur und der Gesundheit“. Die „Reinigung des Gedächtnisses“ betraf verschiedene Epochen und Ereignisse. Zum Fall Galileo sagte er: „Das Urteil des Heiligen Offiziums, das 1633 die Abschwörung befahl, war ein Fehler in der Beurteilung, war also falsch und ungerecht gegenüber dem Wissenschaftler; und das Leiden, das ihm daraus entstand, muss als ein Unrecht der kirchlichen Behörde von damals gesehen werden, was die gegenwärtige Kirche aufrichtig anzuerkennen hat.“ (31. Oktober 1992). In Madrid sprach er am 10. September 1982 von der Inquisition: „In Zeiten wie den damaligen entstanden Spannungen und Übertreibungen, welche die Kirche heute im objektiven Lichte der Geschichte bewertet“. Am 50. Jahrestag des Ausbruchs des Zweiten Weltkriegs sagte er 1989: „Die Ungeheuerlichkeiten dieses Krieges zeigten sich auf dem Kontinent, der am längsten im Lichte des Evangeliums und der Kirche gestanden hat. Es ist tatsächlich schwierig, den Weg fortzuführen, wenn hinter uns dieser schreckliche Kalvarienberg der Menschen und der Nationen liegt“. Dabei konnte er nicht umhin, über das heikle Thema des Holocausts und der Verfolgung der Juden zu sprechen. Im August 1979 definierte er bei seinem Besuch in Auschwitz den Holocaust als „das Golgatha unserer Zeit, eine Verfinsterung des Herzens und des Verstandes“. Am 13. April 1986 besuchte er als erster Papst ein jüdisches Gotteshaus, die Synagoge von Rom,

und er traf mit dem Hauptrabbiner Elio Toaff zusammen. Bei dieser Gelegenheit sagte er: „Wir beklagen die Verfolgungen der Juden aller Zeiten und gleichgültig durch wen; ich wiederhole: gleichgültig durch wen!", wobei er sich auf seine Vorgängerpäpste bezog. Er wollte eine Zeit schwieriger Beziehungen zwischen Christen und Juden abschließen, und er versuchte, dem mit dem Konzil eingeleiteten Dialog einen neuen Impuls zu geben. Stets bei dieser Gelegenheit wandte er sich „an unsere auserwählten Brüder, in gewisser Weise könnte man sagen, an unsere älteren Brüder". Und weiter: „Es war zu wenig, was die Katholiken zu ihrer Verteidigung während der Shoah getan haben; viele zeigten dabei nicht den geistigen Widerstand, den die Menschheit das Recht hatte, sich von den Jüngern Christi zu erwarten." (1997). Beim Besuch des Yad Vashem, dem Mahnmal zur Erinnerung an den Holocaust der Juden, wiederholte er das mea culpa für „den Hass, die Verfolgungen und die Bezeigungen des Antisemitismus gegen die Juden durch Christen zu jeder Zeit und an jedem Ort". Man muss auch daran erinnern, dass er 1994 diplomatische Beziehungen zum Staat Israel herstellte, nicht ohne Widersprüche sowohl seitens der islamischen Staaten als der katholischen Kreise. Im Jahr 2000 veröffentlichte die internationale katholische Kommission das Dokument „Die Kirche und die Vergehen der Vergangenheit", das in den sieben Forderungen nach Vergebung gipfelte, die der Papst im Petersdom am 12. März desselben Jahres formuliert hatte. Dem Zeitraum der mea culpa stellte sich der Dialog mit den anderen Religionen zur Seite: am 27. Oktober 1986 fand der Welttag des Gebets für den Frieden in Assisi mit den Vertretern der wichtigsten Weltreligionen statt; wobei nicht zu vergessen ist, dass er der erste Papst war, der eine Moschee besucht hat, die der Omajjaden in Damaskus im Jahr 2001, wo er vom Großmufti Kafataro empfangen wurde. Dann das Gebet an der Klagemauer während seiner Pilgerfahrt ins Heilige Land trotz seines offensichtlich bedenklichen Gesundheitszustandes. Eine mit diesem Besuch zusammenhängende Episode liefert uns ein Element für den festen und entschiedenen Charakter Wojtylas. Monsignore Pietro Sambi, Nuntius in Jerusalem, erzählt, dass auf dem vereinbarten Programm kein Besuch des Kalvarienbergs vorgesehen war, weil es logistische Probleme gab. Nach dem Mittagessen beim lateinischen Patriarchat wandte sich der Papst an den Nuntius und sagte, er würde nicht abfliegen, ohne auf den Kalvarienberg gestiegen zu sein. „Wir werden sehen", antwortete er, und Johannes Paul erwiderte: „Wir werden nicht sehen, ich reise nicht fort, wenn ich nicht auf den Kalvarienberg steige." Pietro Sambi kontaktierte erneut die israelischen Geheimdienste, die in der Zwischenzeit den Sicherheitsapparat mobilisiert hatten. Im Auto warteten sie auf Antwort mit dem auf seiner Absicht beharrenden Papst, der den Rosenkranz betete. Nach einer halben Stunde des Schweigens kam die Erlaubnis. Er stieg allein hinauf, machte seinen Besuch, danach fuhren sie in vollkommenem Schweigen wieder ab. Vor der Abfahrt zum Flughafen sagte er beim Abschied: „Danke, Sie müssen verstehen, dass ein Papst den Kalvarienberg braucht". Zum Dialog zwischen den Religionen – ohne sich die bestehenden Probleme zu verhehlen – hat Johannes Paul II. in der tiefsten Überzeugung aufgefordert, dass die Religionen in der heutigen Welt zusammen leben müssen; zusammenarbeiten, wo dies möglich ist, sich gegenseitig respektieren und dabei die in jeder von ihnen präsente geistige Dimension zum Tragen bringen. Die Vereinigung der Christen war ein weiteres Thema, dass Wojtyla besonders am Herzen lag. In der Enzyklika *Ut Unum sint* (1995) spricht der Papst von einem anderen Kreuz, das er zu tragen hat: „Die Überzeugung der katholischen Kirche, im Amt des Bischofs von Rom das sichtbare Zeichen und den Garanten der Einheit bewahrt zu haben, stellt für die meisten anderen Christen eine Schwierigkeit dar, deren Gedächtnis von gewissen schmerzhaften Erinnerungen gekennzeichnet ist. So weit wir dafür die Verantwortung tragen... bitte ich um Vergebung". Bei Gelegenheit der außerordentlichen ökumenischen Öffnung der heiligen Pforte der Basilika San Paolo im Jahr 2000 sagte er: „Von dieser Basilika richte ich den Blick vorwärts ins neue Jahrtausend... auf dass in einer nicht fernen Zukunft die endlich wieder versöhnten Christen wieder gemeinsam als ein einziges Volk voranschreiten können."

Das Attentat

Am 13. Mai 1981, um 17.19 Uhr, kurz bevor die Generalaudienz auf dem Petersplatz begann, wurde Johannes Paul II. von drei Pistolenschüssen durch den Türken Ali Agca schwer verletzt. Nach dem Transport in die Polyklinik Gemelli wird er einem sechs Stunden dauernden chirurgischen Eingriff unterzogen. Die internationalen Verwicklungen dieses Attentats wurden niemals ganz geklärt, und Agca wurde zu einer langen Haftstrafe verurteilt. 1983 traf ihn der Papst im römischen Gefängnis Rebibbia, wobei er mit ihm ein vertrauliches Gespräch von 15 Minuten Dauer führte, bei dem er ihn erneut seiner Vergebung versicherte. Der 13. Mai ist der Tag der Jungfrau von Fatima, und im dritten Geheimnis ist die Rede von einem weiß gekleideten Bischof, der unter frevelhaften Schüssen fällt. Diese merkwürdigen Zufälle hatten Karol Wojtyla davon überzeugt, dass es einen göttlichen Eingriff gegeben habe und dadurch die Schussbahn des Projektils abgeleitet worden sei, das nunmehr in die Krone der Madonna von Fatima eingefasst ist. Es gibt eigenartige Zeichen der Vorherbestimmtheit im Leben Johannes Pauls II. Faustina Kovalska, eine polnische Mystikerin, die er später heilig sprach, sagte voraus, dass von Polen aus eine große Sonne aufgehen werde, um die Schicksale der Kirche

und der Welt zu erhellen; auch Pater Pio, den er später ebenfalls heilig sprach, erkannte in ihm einen zukünftigen Papst. Johannes Paul II. starb am 2. April um 21.37 Uhr, zu Beginn eines neuen liturgischen Tages, des ersten der Feiern der heiligen Faustina Kovalska. Seine letzten Worte standen auf einem Blatt Papier geschrieben, da er nicht mehr in der Lage war zu sprechen, und richteten sich an die Jugendlichen: „Ich habe euch gesucht, und ihr seid nun gekommen. Und ich danke euch."
Er wurde am 1 May 2011 selig gesprochen, un Papst franziskus unterschrieb das Dekret für seine Heiligsprechung.

265. BENEDIKT XVI 1927 (2005-2013)

Joseph Aloisius Ratzinger wurde am 16. April 1927 in Deutschland in Marktl am Inn in Niederbayern geboren. Der Vater war Gendarmeriemeister und die Mutter, Maria Rieger, die Tochter von Handwerkern. Im Alter von 16 Jahren wird er als Luftwaffenhelfer eingezogen und zur Verteidigung der BMW-Werke in München eingesetzt. Nach der Niederlage Deutschlands 1945 verbringt er einige Wochen in einem Gefangenenlager bei Ulm, aus dem er dann freigelassen wird.
Er studierte ab 1946 Philosophie an der Universität München und an der philosophisch-theologischen Hochschule in Freising. Am 29. Juni 1951 wird er zusammen mit seinem drei Jahre älteren Bruder zum Presbyter ernannt. 1955 habilitierte er sich und erhielt 1957 den Lehrstuhl für Fundamentaltheologie an der Universität München.
1962 nahm er am II. Vatikanischen Konzil als theologischer Berater des Kardinals Joseph Frings teil. Diese Zeit wurde durch die zahlreichen Begegnungen mit anderen Theologen geprägt: Henri De Lubac, Jean Daniélou, Yves Congar, Gerard Philips. Er arbeitete zusammen mit Theologen wie Hans Küng und Edward Schillebeeckx und erwarb sich das Ansehen eines Reformators. Von 1959 bis 1969 lehrte er in Münster und Bonn und wurde dann ordentlicher Professor für dogmatische Theologie an der Universität Tübingen.
Am 24. März 1977 wird er von Paul VI. zum Erzbischof von München und Freising ernannt; im selben Jahr kam auch die Ernennung zum Kardinal mit der Zuweisung der Titelkirche S. Maria Consolatrice al Tiburtino. Im darauffolgenden Jahr nahm er am Konklave teil, das Johannes Paul I. und etwas mehr als einen Monat später Johannes Paul II. wählte. 1981 wurde er zum Präfekten der Kongregation für die Glaubenslehre, zum Präsidenten der Päpstlichen Bibelkommission und der Internationalen Theologenkommission ernannt. 2002 erfolgte die Ernennung zum Dekan des Kardinalskollegiums, obwohl er mehrmals seinen Wunsch geäußert hatte, sich nach Bayern zurückzuziehen. Allerdings führte der Gesundheitszustand von Johannes Paul II. dazu, dass er sich anders entschied.
Am 8. April 2005 zelebrierte er die Totenmesse für Papst Woytila, während der er seine berühmte Rede über die Diktatur des Relativismus hielt: „Es bildet sich eine Diktatur des Relativismus heraus, die nichts als definitiv anerkennt und die als letztes Maß nur das eigene Ich und seine Wünsche gelten lässt. Und unter dem Schein der Freiheit wird sie für jeden zum Gefängnis, denn er trennt den Einen von dem Anderen, so dass Jeder in seinem eigenen Ich eingeschlossen ist". Am 19. April wird er nach vier Abstimmungen zum Papst mit dem Namen Benedikt XVI. gewählt.
Bei der ersten Audienz erklärt er die Gründe für die Wahl seines Papstnamens, der sich an Benedikt XV. inspiriert, der die Kirche während der schweren Zeit des Ersten Weltkriegs geführt und sich dafür eingesetzt hatte, dieses Drama zu vermeiden. Der andere Verweis betrifft Benedikt von Nursia, den Begründer des westlichen Mönchtums und einer der Schutzpatrone Europas, der in Deutschland sehr verehrt wird und einen großen Einfluss auf die Verbreitung des Christentums in Europa hatte. Im Wappen erscheint das Motto „Cooperatores Veritatis".
Mehrmals hat Benedikt XVI. an die Jahre des II. Vatikanischen Konzils und dessen fruchtbare Anregungen erinnert, wobei er jedoch hinsichtlich der Auslegung, die häufig ihm zugeschrieben wird, bekräftigt, dass „keine neue Kirche entstanden ist, die etwas Revolutionäres eingeleitet hat. Stattdessen hat die Kirche in der augenscheinlichen Diskontinuität ihr innerstes Wesen und ihre eigentliche Identität gewahrt". Er definierte diese Positionen als „anarchischen Utopismus" und er fügte hinzu: „Gott sei Dank haben die weisen Steuermänner von Petri Schiff, Paul VI. und Johannes Paul II., einerseits die Neuigkeit des Konzils verteidigt und andererseits die Einheit und Kontinuität der Kirche verteidigt."
Er holte wieder Aspekte der liturgischen Tradition hervor, wie etwa eine breitere Verwendung des Lateinischen und des gregorianischen Gesangs während der Liturgien.
Diese Maßnahme wurde mit einem Begleitbrief versehen, in dem der Wunsch zum Ausdruck gebracht wurde, dass diese neue Disziplin ein Schritt dahin sein möge, das Schisma der Lefebvrianer zu beenden.

Auch bei der Kleidung bevorzugte er eine Rückkehr zur Tradition, indem er Kleidungsstücke wiederverwendete, die seine Vorgänger getragen hatten. Er hat auch den für Leo XIII. angefertigten Thron des Heiligen Geistes sowie den kleinen Thron und das Pastoral Pius' IX. wiederverwendet.

Beim Corpus-Domini-Fest 2008 gab Benedikt XVI. den vor ihm knienden Gläubigen entsprechend der Tradition die Hostie direkt in den Mund und nicht in die Hand, wie es sonst üblich war.
Ein Problem, dass er mit Entschiedenheit angegangen hat, war das der Pädophilie beim Klerus, die auf internationaler Ebene ein breites Echo gefunden hatte. 2006 erkannte die Kongregation für die Glaubenslehre die Schuld von Marcial Maciel Degollado an, Gründer der Legionäre Christi, der der Pädophilie und anderer sexueller Missbräuche an Seminaristen sowie dessen angeklagt war, mit zwei Frauen drei Kinder gezeugt zu haben. Angesichts seines Gesundheitszustands und seines Alters wurde er keinem kanonischen Prozess unterzogen, jedoch zu einem Leben im Gebet und dazu aufgefordert, an keiner öffentlichen Tätigkeit mehr teilzunehmen. Daraufhin wurden einige Ordensregeln der Legionäre Christi geändert.
Auch in Irland gelangte die Pädophilie in die Schlagzeilen. 2009 denunzierte der Bericht über Ryan und Murphy zahlreiche Fälle von sexuellem Missbrauch durch Geistliche im Zeitraum zwischen den 30er Jahren und dem neuen Jahrtausend sowie die Vertuschungen seitens der lokalen Kirche. Der Papst sagte, er werde weiterhin mit großer Aufmerksamkeit dieses Dossier verfolgen, und er teile vollkommen den Zorn, das Gefühl des Verratenseins und der Schmach so vieler irischer Katholiken. Hieraufhin wurden die Abdankungen einiger Bischöfe der betroffenen Diözesen angenommen.
Auch in den USA wurden zahlreiche Fälle aufgedeckt, die für die amerikanische Kirche zu beträchtlichen Entschädigungszahlungen führten.
Benedikt XVI. unternahm zahlreiche Reisen sowohl in Europa als auf anderen Kontinenten: Brasilien, USA, Mexiko, Kuba, Australien und Afrika (Kamerun, Angola, Benin), Libanon und Heiliges Land.
Joseph Ratzinger hat drei Bücher über die historische Figur Christi veröffentlicht: Jesus von Nazareth (2007), Vom Einzug in Jerusalem bis zur Auferstehung (2011), Die Kindheitsgeschichten (2012).
Ein wichtiger Aspekt seines Pontifikats war die Beziehung zu den anderen Religionen, insbesondere zu den Moslems und den Orthodoxen. 2006 zitierte er an der Universität Regensburg während einer Lectio magistralis einen Satz des byzantinischen Kaisers Manuel Palaiologos über den Heiligen Krieg: „Zeige mir, was Mohammed Neues gebracht hat, und du wirst nur böse und unmenschliche Dinge finden, wie seine Anordnung, den Glauben mit dem Schwert zu verbreiten".
Es folgte eine heftige mediatische Reaktion in der islamischen Welt. Obwohl er bekräftigte, dass diese Worte sein Denken nicht wiedergeben, bat Benedikt um Entschuldigung dafür, dass er die Sensibilität der gläubigen Moslems verletzt habe. Trotzdem kam es in den folgenden Jahren mehr als je zuvor zu Begegnungen sowie zum kulturellen und theologischen Austausch zwischen Delegationen und Persönlichkeiten beider Religionen. Im selben Jahr begab er sich in die Türkei und wohnte zusammen mit Bartholomäus I. einer orthodoxen Liturgie bei. Letzterer nahm 2008 an der Synode der katholischen Bischöfe in der Basilika San Paolo fuori le mura teil und hielt eine Rede in der Sixtinischen Kapelle: der erste orthodoxe Patriarch, der aktiv an einer katholischen Synode teilnahm, an dem Ort, an dem der Nachfolger Petri gewählt wird. Benedikt XVI. war der Papst, der mehr Moscheen und Synagogen als jeder andere Papst besucht hat.
2009 gab Bischof Richard Williams, einer der vier lefebvrianischen Bischöfe, deren Exkommunikation Benedikt XVI. aufgehoben hatte, dem schwedischen Rundfunk ein Interview, in dem er die Shoah leugnete, was zu einer gewissen Spannung mit den religiösen Autoritäten Israels führte. Bei der Audienz am 28. Januar sagte er: „Ich erneuere aufrichtig den Ausdruck meiner vollen und unbestreitbaren Solidarität mit unseren Brüdern, den Empfängern des ersten Bundes mit Gott. Ich wünsche mir, dass die Erinnerung an die Shoah die Menschheit dahin bringen wird, über die unvorhersehbare Macht des Bösen nachzudenken, wenn es einmal das Herz des Menschen erobert hat". Bei derselben Gelegenheit bekräftigte er, dass die Aufhebung der Exkommunikation als ein Akt väterlicher

Barmherzigkeit vollzogen wurde, und dass daraufhin die lefebvrianischen Bischöfe weitere notwendige Schritte unternehmen müssten, um wieder in eine volle Gemeinschaft mit der Kirche zu treten, indem sie wirkliche Treue bezeugen zum Zeichen der wahren Anerkennung des päpstlichen Lehramtes und der päpstlichen Autorität sowie des II. Vatikanischen Konzils. Am 4. Februar bekräftigte das Staatssekretariat, dass die Behauptungen von Bischof Williamson unannehmbar seien; dass sie öffentlich und unmissverständlich zu dementieren seien, da sie dem Papst zum Zeitpunkt der Aufhebung der Exkommunikation nicht bekannt waren.

Sehr viel Diskussionsstoff lieferten die Positionen von Benedikt XVI., die er auf der Kamerun-Reise 2009 äußerte, als er auf die Frage eines Journalisten zum Thema Aids antwortete. Der Papst antwortete, dass die Verteilung von Präservativen keine Lösung gegen diese Krankheit sei, sondern das Problem noch erschwere. Diese Antwort löste zahlreiche Proteste bei Regierungen und unter Wissenschaftlern aus, vor allem wegen der enormen Verbreitung der Krankheit auf dem afrikanischen Kontinent.

Auch hinsichtlich der sexuellen Moral hat er bekräftigt, dass Vergewaltigung, Prostitution, Pornographie, Unzucht, Ehebruch, homosexuelle Handlungen, Masturbation und Empfängnisverhütung gegen die katholische Moral verstoßen.

Er hat sich gegen die künstliche Befruchtung ausgesprochen, weil sie „die Zeugung vom Akt der Liebe zwischen Eheleuten ausschließt und so eine Herrschaft der Technik über den Ursprung und das Schicksal der menschlichen Person errichten".

2012 kam es zum Fall Vatileaks, wobei es um die Entwendung von vertraulichen Dokumenten des Papstes ging, die von Gianluigi Nuzzi unter dem Titel „Seine Heiligkeit" in einem Buch veröffentlicht wurden. Aus diesen Dokumenten gingen Kontraste und Machtkämpfe innerhalb des Vatikans, finanzielle Unregelmäßigkeiten, Kontraste über die Geldwäscheregelung und die IOR-Verwaltung hervor.

Die vatikanische Gendarmerie nahm Paolo Gabriele fest, Kammerdiener des Papstes, bei dem sich vertrauliche Dokumente vorfanden.

Unter Hausarrest gestellt, wurde er dann prozessiert und verurteilt. Der Papst vergab ihm, und die Strafe wurde erlassen.

Benedikt XVI. beauftragte eine Kommission von drei Kardinälen damit, diesen Fall zu untersuchen, da er der Auffassung war, dass Gabriele nicht der einzige Verantwortliche sei. Der Bericht wurde ihm überreicht.

Am 11. Februar 2013 kündigte er an, dass er am 28. Februar um 20 Uhr von seinem Amt zurücktreten werde; er tat dies mit einer lateinische Rede von 11 Zeilen vor den Kardinälen. Er sagte, dass er seine Kräfte schwinden spüre und nicht mehr angemessen das Petrusamt ausüben könne. Am 13. drückte er sich während der letzten Audienz in der Sala Nervi so aus: „Es sind keine leichten Tage für mich. Ich war nicht mehr in der Lage, mein Amt mit der Kraft auszuüben, die es erfordert. Ich habe es für das Wohl der Kirche getan und mein Verzicht geschieht aus freiem Willen. Ich danke Allen für die Liebe und das Gebet; ich habe fast körperlich die Liebe gespürt, die ihr mir entgegenbringt. Betet weiterhin für mich, für die Kirche und den künftigen Papst. Der Herr wird euch leiten".

Er äußerte kritische und gleichzeitig schmerzhafte Worte gegenüber dem Kirchenkörper, als er sich auf die Uneinigkeit, den Individualismus und die Rivalitäten bezog. Nach den Danksagungen hat er im Grußwort an das Kardinalskollegium dazu aufgefordert, wie ein Orchester zu handeln, in dem die Unterschiede zu einer übereinstimmenden Harmonie führen können.

Während des letzten Angelus sagte er zu den Gläubigen auf dem Petersplatz: „Gott ruft mich auf den Berg, um mich mehr dem Gebet und der Meditation zu widmen. Aber das bedeutet nicht, die Kirche im Stich zu lassen. Wenn Gott das von mir verlangt, dann geschieht es gerade deshalb, damit ich ihm weiterhin mit derselben Hingabe und mit derselben Liebe dienen kann, mit der ich es bis jetzt getan habe, aber in einer für mein Alter und meine Kräfte angemesseneren Form".

An seinem letzten Tag als Papst verließ er den Vatikan im Hubschrauber in Richtung Castel Gandolfo, während alle Glocken der Kirchen Roms zum Zeichen

des Abschieds läuteten. Darüber hinaus gab es drei Glockenschläge der Patarina, der historischen Glocke auf dem Turm des Kapitols, die erneut um 20 Uhr läutete, zu der Uhrzeit, an der der Papst aufhörte, Papst zu sein, und die Sedisvakanz erklärt wurde.
Als er sich von der Menge verabschiedete, die ihn vor dem apostolischen Palast in Castel Gandolfo grüßen wollte, drückte er sich so aus: "Ab heute Abend bin ich einfach ein Pilger, der die letzte Etappe seiner Pilgerreise auf dieser Erde unternimmt. Ich segne euch alle, gute Nacht und habt Dank".

266. FRANZISKUS 1936 (2013)

Jorge Mario Bergoglio, 76 Jahre, der 266. Nachfolger Petri, Erzbischof von Buenos Aires, wählte den Namen Franziskus, wobei er sich von dem Heiligen aus Assisi inspirieren ließ. Er wurde im fünften Wahlgang gewählt und seine Wahl brachte einige Primate mit sich: erster jesuitischer Papst, erster Lateinamerikaner, erster seines Namens.
Im Konklave, das Benedikt XVI. wählte, war er es, der die meisten Stimmen erhielt.
Er wurde am 17. Dezember 1937 in Buenos Aires als erstes von fünf Kindern geboren. Die Eltern waren italienischer Herkunft und aus dem Piemont eingewandert. Er erlangte einen Studienabschluss als Chemietechniker und trat später in das Seminar der Villa Devoto ein, um Priester zu werden.
Am 11. März 1958 trat er das Noviziat der Jesuiten an und studierte Geisteswissenschaften in Chile. Zurück in Buenos Aires schließt er sein Philosophie-Studium am Colegio Máximo San José in San Miguel ab. 1964-65 lehrte er Literatur und Psychologie am Colegio de la Immaculada Concepcion in Santa Fe und 1966 im Colegio del Salvador in Buenos Aires. Von 1967 bis 1970 studierte er Theologie am selben Colegio, an dem er sein Studium abgeschlossen hatte. Am 13. Dezember 1969 wurde er zum Priester geweiht.
In den darauffolgenden Jahren hat er weiterhin gelehrt und wurde Professor für Theologie und Rektor des Colegio Máximo. 1973 wurde er zum Provinzial von Argentinien gewählt, ein Amt, das er für die nächsten sechs Jahre innehatte. 1980-86 war er Rektor der Fakultät für Philosophie und Theologie am Colegio Máximo, und 1986 ging er nach Deutschland, um dort zu promovieren. Danach wurde er für das Colegio del Salvador und später für die Jesuitenkirche in Córdoba als geistlicher Direktor und Beichtvater bestimmt.
Am 20. Mai 1992 ernannte ihn Johannes Paul II. zum Bischof von Auca und zum Weihbischof von Buenos Aires. 1998 wurde er Erzbischof der Hauptstadt. Von 2005 bis 2011 hatte er das Amt des Präsidenten der argentinischen Bischofskonferenz inne.
Über die Zeit der Militärdiktatur in Argentinien gab es einige kritische Stimmen hinsichtlich seiner Haltung. Es kam seinerseits zu keiner öffentlichen Verurteilung, was ernsthafte Risiken mit sich gebracht hätte, aber er wurde konkret tätig, um Priester und Laien vor der Gewalt der Militärs zu retten. Er hielt Mitbrüder zurück, die zu einer aktiven Opposition übergehen wollten, und zwei von ihnen, die die Gesellschaft Jesu verließen, wurden sofort von der Polizei verhaftet. Er begab sich persönlich zu Videla, um ihre Freilassung zu erbitten, und in den Akten der Militärjunta befindet sich der Antrag auf einen Reisepass für die beiden. Außerdem hat er Achtungsbeweise von den Führern der Bewegung für die Menschenrechte und von den Müttern der Plaza de Mayo erhalten, die sich sonst sehr hart gegenüber der katholischen Hierarchie äußerten. Auch der Friedensnobelpreisträger Perez Esquivel erklärte, dass es auszuschließen sei, dass Bergoglio sich mit der argentinischen Militärjunta kompromittiert habe.
Als am 13. März 2013 um 19.06 Uhr der weiße Rauch aufstieg und um 20.12 Uhr sich die Fenstertür der Loggia delle Benedizioni öffnete, sprach der Protodiakon Jean-Louis Tauran die rituelle Formel: *„Annuntio vobis gaudium magnum: habemus Papam! Eminentissimum ac reverendissimum dominum Georgium Marium Sanctae Romanae Ecclesiae cardinalem Bergoglio, qui sibi imposuit nomen Franciscum".*
Seine ersten Worte waren: „Brüder und Schwestern, guten Abend, ihr wisst, dass das Konklave die Pflicht hat, Rom einen Bischof zu geben. Es scheint, dass meine Brüder, die Kardinäle, ihn fast vom Ende der Welt geholt haben, aber wir sind nun hier".
Er hat es abgelehnt, die rote Mozzetta zu tragen, und vorgezogen, das Eisenkreuz seiner Ordination anstelle des goldenen Kreuzes zu tragen. Vorübergehend zog er ein Zimmer in der Kardinalsresidenz in Santa Marta vor, statt die Papstwohnung zu beziehen.

Am Tag nach der Wahl fuhr er in einem einfachen PKW zur Basilika Santa Maria Maggiore zu einem Gebet an die Madonna Salus populi romani, vor der Ignatius von Loyola seine erste Messe abgehalten hat. Danach begab er sich in die Domus Internationalis Paolo VI, um dort die Rechnung zu begleichen, wo er vor dem Konklave gewohnt hatte.
Nach der Wahl hat er seine Landsleute aufgefordert, nicht nach Rom zu kommen, um zu feiern, sondern das Geld für Wohltätigkeitszwecke zu verwenden.
Er ist ein leidenschaftlicher Liebhaber klassischer Musik und besonders Beethovens; außerdem liebt er den Tango, den er als junger Mann selber tanzte.
Am Samstag, dem 23. März 2013, begab er sich im Hubschrauber nach Castel Gandolfo, um seinen Vorgänger Benedikt XVI. zu grüßen, mit dem er zu Mittag speiste.
Franziskus erregte mit der ihn auszeichnenden Einfachheit sofort Begeisterung und Bewunderung. In der Zeit der großen Kommunikationsstrategien eroberte er die Herzen der Menschen mit einem einfachen: „Guten Abend“.

foto Osservatore Romano

DIE PÄPSTIN JOHANNA

Auf Papst Leo IV. sei die Päpstin Johanna gefolgt. Diese der blühenden Volksphantasie entsprungene Legende entstand unerklärlicherweise - wie so viele andere phantastische Erzählungen des Mittelalters - im XIII. Jahrhundert und verbreitete sich mit außerordentlicher Schnelligkeit. Sie erzählt von einer Frau, die, als Mann verkleidet, zum Papst gewählt worden sei. Wobei es ihr gelungen sei, diese Täuschung zweieinhalb Jahre lang aufrechtzuerhalten. Der Name, unter dem diese Figur bekannt wurde, scheint Johannes Anglicus gewesen zu sein. Der Betrug wurde jedoch auf Grund einer ebenso unglaublichen wie naiven Fatalität entdeckt. Während eines päpstlichen Zuges von der Peterskirche nach S. Giovanni in Laterano hielt dieser in der Nähe des Kolosseums an, weil der Papst gebären musste. Er gebärte, aber bald danach wurde er gesteinigt und zerstückelt. Schon lange vor seiner Papstwahl hatte der junge Anglicus von seiner Verkleidung Gebrauch gemacht, d.h. bereits als er sich nach Griechenland begab, wo er studiert hatte und wo er sehr gebildet wurde. Als er nach Rom zurückkam, widmete er sich der Lehrtätigkeit und machte durch seine Zusammenarbeit mit Papst Leo Karriere. Nunmehr hat die historische Kritik mit absoluter Sicherheit bewiesen, dass es sich nur um ein aus der Luft gegriffenes Märchen ohne irgendwelche reale Grundlage handelt. Die Verbreitung und Glaubwürdigkeit, die es - auch auf offiziellem Niveau - erreichte, waren jedoch enorm. Bis zum XVI. Jahrhundert stellte niemand - abgesehen von seltenen Ausnahmen - die Existenz der Päpstin Johanna in Zweifel. Diese Frage war - unter anderem - eines der sich wiederholenden Argumente in der protestantischen Polemik gegen die römische Kirche.

DIE PAPSTWAHL

Zwischen dem Tod eines Papstes und der Wahl seines Nachfolgers, d.h. in der als Sedisvakanz bezeichneten Periode, wird die Kirche vom Dekan der Kardinäle, nämlich dem päpstlichen Kardinalschatzmeister, geleitet. Er hat den Auftrag, das Kardinalskollegium für die Wahl des neuen Papstes binnen 20 Tagen nach dem Tode des Vorgängers einzuberufen. Gemäß einer Bestimmung von Paul VI. haben nur die Kardinäle das Recht, an der Wahl des Papstes teilzunehmen, welche nicht älter als 80 Jahre sind. Nach diesem Alter können die Kardinäle weder wählen noch gewählt werden. Das Konklave - aus dem Lateinischen „cum clave" (zur Herkunft des Wortes siehe Papst Nr. 179) - findet in der Sixtinischen Kapelle in völliger Isolierung und ohne jegliche Verbindungsmöglichkeit nach außen statt, um das Ausüben von Druk oder Einflüssen jeder Art zu vermeiden. Zu einem bestimmten Zeitpunkt werden die Türen geschlossen und es beginnen die Beratungen und die Wahlen. Für die Wahl kann man drei Verfahren anwenden und zwar die Abstimmung, den „Kompromiß" oder den Auftrag an eine Gruppe von Kardinälen, deren Entscheidungen als gültig anerkannt werden oder die „Inspiration", d.h. wenn die Versammlung die von einem Wähler vorgeschlagene Kandidatur einstimmig annimmt. Für die Wahl genügen zwei Drittel der Stimmen. Das Resultat jedes Wahlganges wird dem auf dem Petersplatz versammelten Volk mittels der berühmten „Rauchsäule" bekanntgegeben, welche durch die in einem Ofen verbrannten Stimmzettel des vorherigen Wahlganges erzeugt wird. Das geschieht in einem neben der Sixtinischen Kapelle liegenden Zimmer. Wenn die Rauchsäule schwarz ist, konnte kein Papst gewählt werden (in diesem Fall wird den Stimmenzetteln nasses Stroh hinzugefügt); ist die Rauchsäule hingegen weiß, so war die Papstwahl erfolgreich (in diesem Fall werden nur die Stimmzettel verbrannt). Der Rauch tritt aus einem Schornstein, der sich auf dem Dach der Sixtinischen Kapelle befindet. Nachdem der Gewählte sein Amt angenommen und einen Namen gewählt hat, nimmt er die „Gehorsamsbezeigung" seitens aller Kardinäle, die sich vor ihm zu Boden werfen und seinen Fuß küssen, entgegen. Nach Ausführung aller Riten und internen Prozeduren und nach der Ankündigung „habemus papam" - „wir haben den Papst" -, zeigt sich der neue Papst auf dem Balkon der Fassade der Basilika St. Peter, von dem er den apostolischen Segen „urbi et orbi" - „der Stadt Rom und der Welt" - der Stadt Rom, in seiner Eigenschaft als Bischof, und der Welt, als deren universaler Hirte, erteilt. In den ersten Jahrhunderten wurde der Papst vom Klerus und vom römischen Volk gewählt. Die Tatsache, dass das Papsttum eine immer größere politische Bedeutung gewann, hat andere externe Mächte dazu veranlasst zu versuchen, die Papstwahl zu ihrem Vorteil zu konditionieren oder zumindest zu beeinflussen, wie im Falle der byzantinischen Kaiser, der Kaiser des Heiligen Römischen Reiches sowie der Könige von Frankreich, Spanien und Deutschland und der mächtigen und immer anwesenden römischen Patrizierfamilien. Die ersten zwei hatten über Jahrhunderte das Recht zur Bestätigung der erfolgten Wahl, was einem anerkannten Kontrollrecht gleichkam. Die Komponente, die am schnellesten verschwand, war das Volk.

CHRONOLOGISCHE LISTE DER PÄPSTE UND DER GEGENPÄPSTE

Namen der Gegenpäpste in Kursivschrift

Hl. Petrus (64)
Hl. Linus (67 - 76)
Hl. Cletus (76 - 88)
Hl. Clemens (88 - 97)
Hl. Evaristus (97 - 105)
Hl. Alexander (105 - 115)
Hl. Sixtus (115 - 125)
Hl. Telesphorus (125 - 126)
Hl. Hyginus (136 - 140)
Hl. Pius (140 - 155)
Hl. Anicetus (155 - 166)
Hl. Soter (166 - 175)
Hl. Eleutherus (175 - 189)
Hl. Victor (189 - 199)
Hl. Zephyrinus (199 - 217)
Hl. Calixtus (217 - 222)
Hippolyt (217 - 235)
Hl. Urban (222 - 230)
Hl. Pontianus (230 - 235)
Hl. Anteros (235 - 236)
Hl. Fabian (236 - 250)
Hl. Cornelius (251 - 253)
Novatian (251 - 258)
Hl. Lucius (253 - 254)
Hl. Stephan (254 - 257)
Hl. Sixtus II. (257 - 258)
Hl. Dionysius (259 - 268)
Hl. Felix (269 - 274)
Hl. Eutychianus (275 - 283)
Hl. Cajus (283 - 296)
Hl. Marcellinus (296 - 304)
Hl. Marcellus (308 - 309)
Hl. Eusebius (309 - 309)
Hl. Miltiades (311 - 314)
Hl. Sylvester (314 - 335)
Hl. Markus (336 - 336)
Hl. Julius (337 - 352)
Liberius (352 - 366)
Felix II (355 - 365)
Hl. Damasus (366 - 384)
Ursinus (366 - 367)
Hl. Siricius (384 - 399)
Hl. Anastasius (399 - 401)
Hl. Innozenz (401 - 417)
Hl. Zosimus (417 - 418)
Eulalius (418 - 419)
Hl. Bonifatius (418 - 422)
Hl. Coelestin (422 - 432)
Hl. Sixtus III. (432 - 440)
Hl. Leo (440 - 461)
Hl. Hilarus (461 - 468)
Hl. Simplicius (468 - 483)
Hl. Felix III. (483 - 492)
Hl. Gelasius (492 - 496)
Anastasius II. (496 - 498)
Hl. Symmachus (498 - 514)
Laurentius (498 - 499; 501 - 506)
Hl. Hormisdas (514 - 523)
Hl. Johannes (523 - 526)
Hl. Felix IV. (526 - 530)
Dioskur (530)
Bonifatius II. (530 - 532)
Johannnes II. (533 - 535)
Hl. Agapet (535 - 536)
Hl. Silverius (536 - 537)
Vigilius (537 - 555)
Pelagius (556 - 561)
Johannes III. (561 - 574)
Benedikt (575 - 579)
Pelagius II. (579 - 590)
Hl. Gregor (590 - 604)
Sabinian (604 - 606)
Bonifatius III. (607 - 607)
Hl. Bonifatius IV. (608 - 615)
Hl. Adeodatus (615 - 618)
Bonifatius V. (619 - 625)
Honorius (625 - 638)
Severinus (640 - 640)
Johannes IV. (640 - 642)
Theodor (642 - 649)
Hl. Martin (649 - 655)
Hl. Eugen (654 - 657)
Hl. Vitalianus (657 - 672)
Adedodatus II. (672 - 676)
Donus (676 - 678)
Hl. Agatho (678 - 681)
Hl. Leo II. (682 - 683)
Hl. Benedikt II. (684 - 685)
Johannes V. (685 - 686)
Konon (686 - 687)
Theodor (687)
Paschalis (687)
Hl. Sergius (687 - 701)
Johannes VI. (701 - 705)
Johannes VII. (705 - 707)
Sisinnius (708 - 708)
Constantinus (708 - 715)
Hl. Gregor II. (715 - 731)
Hl. Gregor III. (731 - 741)
Hl. Zacharias (741 - 752)
Stephan II. (III.) (752 - 757)
Hl. Paul (757 - 767)
Constantinus (767 - 768)
Philipp (768)
Stephan III. (IV.) (768 - 772)
Hadrian (772 - 795)
Leo III. (795 - 816)
Stephan IV. (V.) (816 - 817)
Hl. Paschalis (817 - 824)
Eugen II. (824 - 827)
Valentin (827)
Gregor IV. (827 - 844)
Johannes (844)
Sergius II. (844 - 847)
Hl. Leo IV. (847 - 855)
Benedikt III. (855 - 858)
Anastasius (855)
Hl. Nikolaus (858 - 867)
Hadrian II. (867 - 872)
Johannes VIII. (872 - 882)
Marinus (882 - 884)
Hl. Hadrian III. (884 - 885)
Stephan V. (VI.) (885 - 891)
Formosus (891 - 896)
Bonifatius VI. (896 - 896)
Stephan VI. (896 - 897)
Romanus (897 - 897)
Theodor II. (897 - 897)
Johnannes IX. (898 - 900)
Benedikt IV. (900 - 903)
Leo V. (903 - 903)
Christophorus (903 - 904)
Sergius III. (904 - 911)
Anastasius III. (911 - 913)
Lando (913 - 914)
Johannes X. (914 - 928)
Leo Vi. (928 - 928)
Stephan VIII. (VIII.) (928 - 931)
Johannes XI. (931 - 935)
Leo VII. (936 - 939)
Stephan VIII. (IX.) (939 - 942)

Marinus II. (942 - 946)
Agapet II. (946 - 955)
Johannes XII. (955 - 964)
Leo VIII. (963 - 965)
Benedikt V. (964 - 966)
Johannes XIII. (965 - 972)
Benedikt VI. (973 - 974)
Bonifatius VII. (974; 984 - 985)
Benedikt VII. (974 - 983)
Johannes XIV. (983 - 984)
Johannes XV. (985 - 996)
Gregor V. (996 - 999)
Johannes XVI. (997 - 998)
Silvester II. (999 - 1003)
Johannes XVII. (1003 - 1003)
Johannes XVIII. (1004 - 1009)
Sergius IV. (1009 - 1012)
Benedikt VIII. (1012 - 1024)
Gregor VII. (1012)
Johannes XIX. (1024 - 1032)
Benedikt IX. (1032 - 1044)
Silvester III. (1045 - 1045)
Benedikt IX. (1045 - 1045)
Gregor VI. (1045 - 1046)
Clemens II. (1046 - 1047)
Benedikt IX. (1047 - 1048)
Damasus II. (1048 - 1048)
Hl. Leo IX. (1049 - 1054)
Victor II. (1055 - 1057)
Stephan IX. (1057 - 1058)
Benedikt X. (1058 - 1059)
Nikolaus II. (1059 - 1061)
Alexander II. (1061 - 1073)
Honorius (II.) (1061 - 1064)
Hl. Gregor VII. (1073 - 1085)
Clemens (III.) (1080; 1084 - 1100)
Sel. Victor III. (1086 - 1087)
Sel. Urban II. (1088 - 1099)
Paschalis II. (1099 - 1118)
Theoderich (1100 - 1101)
Albert (1101)
Silvester IV. (1105 - 1111)
Gelasius II. (1118 - 1119)
Gregor (VIII.) (1118 - 1121)
Calixtus II. (1119 - 1124)
Honorius II. (1124 - 1130)
Coelestin (II.) (1124)
Innozenz II. (1130 - 1143)
Anaklet (1130 - 1138)
Victor IV. (1138)
Coelestin II. (1143 - 1144)
Lucius II. (1144 - 1145)
Sel. Eugen III. (1145 - 1153)
Anastasius IV. (1153 - 1154)
Hadrian IV. (1154 - 1159)
Alexander III. (1159 - 1181)
Victor IV. (1159 - 1164)
Paschalis III. (1164 - 1168)
Calixtus (III.) (1168 - 1178)
Innozenz (III.) (1179 - 1180)
Lucius III. (1181 - 1185)
Urban III. (1185 - 1187)
Gregor VIII. (1187 - 1187)
Clemens III. (1187 - 1191)
Coelestin III. (1191 - 1198)
Innozenz III. (1198 - 1216)
Honorius III. (1216 - 1227)
Gregor IX. (1227 - 1241)
Coelestin IV. (1241 - 1241)
Innozenz IV. (1243 - 1254)
Alexander IV. (1254 - 1261)
Urban IV. (1261 - 1264)
Clemens IV. (1265 - 1268)
Sel. Gregor X. (1271 - 1276)
Sel. Innozenz V. (1276 - 1276)
Hadrian V. (1276 - 1276)
Johannes XXI. (1276 - 1277)
Nikolaus III. (1277 - 1280)
Martin IV. (1281 - 1285)
Honorius IV. (1285 - 1287)
Nikolaus IV. (1288 - 1292)
Hl. Coelestin V. (1294 - 1294)
Bonifaz VIII. (1294 - 1303)
Sel. Benedikt XI. (1303 - 1304)
Clemens V. (1305 - 1314)
Johannes XXII. (1316 - 1334)
Nikolaus (V.) (1328 -1330)
Benedikt XII. (1334 - 1342)
Clemens VI. (1342 - 1352)
Innozenz VI. (1352 - 1362)
Sel. Urban V. (1362 - 1370)
Gregor XI. (1370 - 1378)
Urban VI. (1378 - 1389)
Clemens (VII.) (1378 - 1394)
Bonifaz IX. (1389 - 1404)
Benedikt (XIII.) (1394 - 1417)
Innozenz VII. (1404 - 1406)
Gregor XII. (1406 - 1415)
Alexander V. (1409 - 1410)
Johannes (XXIII.) (1410 - 1415)
Martin V. (1417 - 1431)
Clemens (VIII.) (1423 - 1429)
Benedikt (XIV.) (1425 - ?)
Eugen IV. (1431 - 1447)
Felix V. (1439 - 1449)
Nikolaus V. (1447 - 1455)
Calixtus III. (1455 - 1458)
Pius II. (1458 - 1464)
Paul II. (1464 - 1471)
Sixtus IV. (1471 - 1484)
Innozenz VIII. (1484 - 1492)
Alexander VI. (1492 - 1503)
Pius III. (1503 - 1503)
Julius II. (1503 - 1513)
Leone X. (1513 - 1521)
Hadrian VI. (1522 - 1523)
Clemens VI. (1523 - 1534)
Paul III. (1534 - 1549)
Julius III. (1550 - 1555)
Marcellus II. (1555 - 1555)
Paul IV. (1555 - 1559)
Pius IV. (1559 - 1565)
Hl. Pius V. (1566 - 1572)
Gregor XIII. (1572 - 1585)
Sixtus V. (1585 - 1590)
Urban VII. (1590 - 1590)
Gregor XIV. (1590 - 1591)
Innozenz IX. (1591 - 1591)
Clemens VIII. (1592 - 1605)
Leone XI. (1605 - 1605)
Paul V. (1605 - 1621)
Gregor XV. (1621 - 1623)
Urban VIII. (1623 - 1644)
Innozenz X. (1644 - 1655)
Alexander VII. (1655 - 1667)
Clemens IX. (1667 - 1669)
Clemens X. (1670 - 1676)
Innozenz XI. (1676 - 1689)
Alexander VIII. (1689 - 1691)
Innozenz XII. (1691 - 1700)
Clemens XI. (1700 - 1721)
Innozenz XIII. (1721 - 1724)
Benedikt XIII. (1724 - 1730)
Clemens XII. (1730 - 1740)
Benedikt XIV. (1740 - 1758)
Clemens XIII. (1758 - 1769)
Clemens XIV. (1769 - 1774)
Pius VI. (1775 - 1799)
Pius VII. (1800 - 1823)
Leone XII. (1823 - 1829)
Pius VIII. (1829 - 1830)
Gregor XVI. (1831 - 1846)
Pius IX. (1846 - 1878)
Leo XIII. (1878 - 1903)
Hl. Pius X. (1903 - 1914)
Benedikt XV. (1914 - 1922)
Pius XI. (1922 - 1939)
Pius XII. (1939 - 1958)
Hl. Johannes XXIII. (1958 - 1963)
Sel. Paul VI. (1963 - 1978)
Johannes Paul (1978)
Hl. Johannes Paul II. (1978 - 2005)
Benedikt XVI (2005 - 2013)
Franziskus (2013)

LISTE DER PÄPSTE IN ALPHABETISCHER REIHENFOLGE

Gedruckt 2016